"十二五"职业教育国家规划教材
经全国职业教育教材审定委员会审定

电子商务项目设计与实施

主 编 黄志平 聂 强

电子工业出版社
Publishing House of Electronics Industry
北京·BEIJING

内容简介

本书是为高等职业教育需要而特地编写的创新型教材,包括项目规划与设计、资源配置与产品开发、产品运营、绩效分析与改善 4 个项目(含 12 个学习型工作任务),每个学习型工作任务按行动导向的"PDCA 循环"(Plan-Do-Check-Action,计划、实施、检查、处理)来组织具体学习过程,目的是培养学习者具备产品经理岗位需要的综合能力。

本书也是重庆市精品资源共享课程"电子商务项目设计与实施"的配套教材。本书开发有"Lotus9 社交化智能学习社区"网站,聚合这门精品资源共享课程的资源供学习者在线学习,详见前言。

无论是电子商务、市场营销等专业的师生,还是互联网行业从业者,均能从本书中获得有价值的真材实料,当然,对有互联网创业需求的人来说,本书更是良师益友。

未经许可,不得以任何方式复制或抄袭本书之部分或全部内容。
版权所有,侵权必究。

图书在版编目(CIP)数据

电子商务项目设计与实施 / 黄志平,聂强主编. —北京:电子工业出版社,2014.8
ISBN 978-7-121-23859-8

Ⅰ. ①电… Ⅱ. ①黄… ②聂… Ⅲ. ①电子商务—项目管理—高等学校—教材 Ⅳ. ①F713.36

中国版本图书馆 CIP 数据核字(2014)第 165914 号

策划编辑:刘元婷
责任编辑:郝黎明
印　　刷:北京七彩京通数码快印有限公司
装　　订:北京七彩京通数码快印有限公司
出版发行:电子工业出版社
　　　　　北京市海淀区万寿路 173 信箱　邮编　100036
开　　本:787×980　1/16　印张:17　字数:397 千字
版　　次:2014 年 8 月第 1 版
印　　次:2024 年 8 月第 12 次印刷
定　　价:36.00 元

凡所购买电子工业出版社图书有缺损问题,请向购买书店调换。若书店售缺,请与本社发行部联系,联系及邮购电话:(010)88254888,88258888。
质量投诉请发邮件至 zlts@phei.com.cn,盗版侵权举报请发邮件至 dbqq@phei.com.cn。
本书咨询联系方式:zgz@phei.com.cn

前　　言

互联网已经成为人们的生活方式，深刻地影响着我们的思想与行为，未来还将继续精彩呈现。这，就有待于我们激活更多的需求，开发更好的互联网产品（服务），尤其是电子商务项目，这也正是本书要阐述和解决的问题。

本书是基于互联网"产品经理"角色，以项目运作流程为线索，按照关联主义学习理论与认知负荷理论，整合、序化学习内容为"项目规划与设计、资源配置与产品开发、产品运营、绩效分析与改善"4个项目（含12个学习型工作任务）。每个学习型工作任务按照行动导向的"PDCA 循环"（Plan-Do-Check-Action，计划、实施、检查、处理）来组织具体学习过程，注重培养学生的商业意识、创业（创新）职业素质，以及解决电子商务项目运作的综合能力，帮助学生满足"产品经理"岗位的需要，培养发展型、复合型、创新型的互联网"产品经理"。

作者用互联网"产品经理"的思维语言、工作流程化的内容结构、学习中心化的版式设计，充分整合互联网的新鲜素材，吸取专业论文的精彩观点。

本书对应课程的教学采用课堂教学与在线学习相结合的"混合学习"模式，在"跟真实案例学"的教学环节引入作者自己运作的项目"Lotus 9 社交化智能学习社区"（http://www.lotus9.cn）（2014年12月上线测试，届时读者可结合本书案例介绍，登录该网站进行真实体验）、开发项目"108One汽车生活导航社区"（http://bbs.108one.cn），以及配套的"慕课"形式"Lotus 9 在线课堂"（http://edu.lotus9.cn）、"Lotus 9 超级课表"APP（2014 年 10 月提供测试版，请需要者到 http://bbs.lotus9.cn 注册发帖索取），让学习者能够基于真实项目进行线上、线下学习和实作。同时，作者创建"在线教育"主题论坛"响石公园"（http://bbs.lotus9.cn），为关注"混合学习"课程的教师和互联网专业人员搭建体验、交流和分享的平台。关注以上网站，读者可用手持设备扫描封底二维码。

本书由黄志平教授（重庆电子工程职业学院管理学院院长、教育部全国电子商务职业教育教学指导委员会委员）、聂强教授（重庆电子工程职业学院校长、教育部全国商业职业教育教学指导委员会委员）主编。

　　本书主要编写工作由重庆电子工程职业学院的朱堂勋、董征宇、王强、黄志君、项刚完成，参与编写的还有重庆电子工程职业学院的王晋、刘雅丹、卢建云、沈宇红、秦毅、卢双福、李法平、向红梅、杨明。感谢对本书编写有贡献的王军力（重庆金山科技集团）、姚章（重庆电子商务协会）、黄海（重庆智造科技有限公司）、卜靖（重庆立山科技有限公司）。

　　本书在编写过程中参考了大量互联网科技博客和电子商务专业论文，虽然无法一一列举文章和作者，但是，他们对于本书的编撰有极大帮助，在此表示衷心感谢。

　　鉴于时间紧张，本书编写设想中尚存未能充分实现的部分，真诚期望读者对不足之处反馈宝贵意见，以便在今后能够得到改进和完善。

重庆市（虎溪）大学城　2014.06.10
E-mail: huang_zp@126.com
QQ: 323207920

目 录

项目一　项目规划与设计 ··· 1

1.1 寻找电子商务的需求 ·· 2
1 单元：尝试真实任务（True Task） ·· 2
2 单元：相关理论知识学习（Theory Study） ·· 3
3 单元：跟真实案例学（Follow Case） ·· 10
4 单元：完成真实任务（True Task） ·· 14

1.2 商业模式设计 ·· 20
1 单元：尝试真实任务（True Task） ·· 20
2 单元：相关理论知识学习（Theory Study） ·· 21
3 单元：跟真实案例学（Follow Case） ·· 36
4 单元：完成真实任务（True Task） ·· 42

1.3 产品（服务）设计 ··· 49
1 单元：尝试真实任务（True Task） ·· 49
2 单元：相关理论知识学习（Theory Study） ·· 50
3 单元：跟真实案例学（Follow Case） ·· 57
4 单元：完成真实任务（True Task） ·· 60

项目二　资源配置与产品开发 ··· 65

2.1 资金筹集 ·· 66
1 单元：尝试真实任务（True Task） ·· 66
2 单元：相关理论知识学习（Theory Study） ·· 67
3 单元：跟真实案例学（Follow Case） ·· 76
4 单元：完成真实任务（True Task） ·· 78

2.2 团队组建 ·· 89
1 单元：尝试真实任务（True Task） ·· 89

2 单元：相关理论知识学习（Theory Study）······90
　　3 单元：跟真实案例学（Follow Case）······97
　　4 单元：完成真实任务（True Task）······98
2.3 运行平台搭建······103
　　1 单元：尝试真实任务（True Task）······103
　　2 单元：相关理论知识学习（Theory Study）······104
　　3 单元：跟真实案例学（Follow Case）······110
2.4 产品（服务）开发······124
　　1 单元：尝试真实任务（True Task）······124
　　2 单元：相关理论知识学习（Theory Study）······125
　　3 单元：跟真实案例学（Follow Case）······133
　　4 单元：完成真实任务（True Task）······138

项目三　产品运营······150

3.1 运营准备······151
　　1 单元：尝试真实任务（True Task）······151
　　2 单元：相关理论知识学习（Theory Study）······152
　　3 单元：跟真实案例学（Follow Case）······157
　　4 单元：完成真实任务（True Task）······159
3.2 网站推广与产品营销······167
　　1 单元：尝试真实任务（True Task）······167
　　2 单元：相关理论知识学习（Theory Study）······168
　　3 单元：跟真实案例学（Follow Case）······179
　　4 单元：完成真实任务（True Task）······182
3.3 客户服务······191
　　1 单元：尝试真实任务（True Task）······191
　　2 单元：相关理论知识学习（Theory Study）······192
　　3 单元：跟真实案例学（Follow Case）······203
　　4 单元：完成真实任务（True Task）······205

项目四　绩效分析与改善······208

4.1 数据分析······209
　　1 单元：尝试真实任务（True Task）······209
　　2 单元：相关理论知识学习（Theory Study）······210

3 单元：跟真实案例学（Follow Case） 219
　　4 单元：完成真实任务（True Task） 227
4.2 产品优化与升级 231
　　1 单元：尝试真实任务（True Task） 231
　　2 单元：相关理论知识学习（Theory Study） 232
　　3 单元：跟真实案例学（Follow Case） 238
　　4 单元：完成真实任务（True Task） 255

项目一

项目规划与设计

- 寻找电子商务的需求
- 商业模式设计
- 产品（服务）设计

1.1 寻找电子商务的需求

学习目标（Learning Objectives）

素质：独立创新的理念、清晰的文字组织与表达（口头交流与写作）、使用数学或结构方式进行逻辑分析与推理、脚踏实地的态度与行动。

技能：能够进行深度需求分析，从而发现存在的电子商务需求。

知识：人性假设、市场细分、需求管理。

[说明]学习时间，预计共15学时（3学时课内+12学时课外）。另外，教学过程采用行动导向的混合学习方式来组织管理，学习过程是围绕解决问题、完成任务、学会知识、掌握技能、胜任工作这样的内在逻辑来进行的。

1 单元：尝试真实任务（True Task）

[说明]学习者组成7人左右的工作团队，将自身置于职业岗位的工作环境，充分调动自己过去积累的经验和已经拥有的知识，也可在互联网搜索借鉴他人的经验，最好能进行现场实践，来尝试解决实际问题（任务）。

任务

工作任务：

从身边生活开始采集对互联网产品的需求，结合人性假设详细描述需求的具体内容与特征，从中筛选出值得投资创业的互联网商业机会（项目），撰写需求描述文档（建议：初级瞄准网上零售需求——中级瞄准垂直电子商务需求——高级社交网络需求）。

评估

- 为完成这项任务，我们做了：

- 经过努力，我们完成了下列任务：

- 在完成任务的过程中，我们遇到了下面的障碍（问题）：

解析

- 任务解读：通过需求寻找商业机会，透过人性分析需求。
- 关联理论：人性假设、市场细分与定位。
- 问题难点：需求的梳理，可借助于 Mindjet Mind Manager 之类的思维导图软件。

2 单元：相关理论知识学习（Theory Study）

[**说明**] 学习者可以根据自我评估以及指导老师给出的持续学习指导意见，有差异地选择自己需要学习的相关理论知识。如果在没有学习某部分理论知识前，学习者就能够完成对应的任务，则所需的支撑理论知识已经具备，可以在征询指导老师意见后越过这部分理论知识的学习。

学习引导

需求是任何电子商务项目出现的根源，它隐蔽在人性深处，而人性假设能够较好地帮助我们识别需求；只有没被充分竞争满足的需求才是商业机会，市场细分正是把握需求是否存在商业机会的利器；电子商务项目对需求采集、需求分析、需求筛选、需求实现全过程实施充分跟踪管理，以确保用户有效需求的满足。

理论

曾经有一个很有名的营销寓言故事，大致意思就是说在汽车尚未出现的马车时代，你去做消费者调研，只会得到这样的答案：我需要一匹更快的马，而不会得到：我需要汽车。因为对于消费者来说，他从来没有见过汽车，怎么可能回答你需要汽车呢？这个寓言故事，似乎在预示：创新，尤其是颠覆式创新、破坏性创新是不可能通过需求调研出来的。

其实问题的实质在于"什么是用户真正的需求？"在"我需要一匹更快的马"这句话里，其实"更快"才是需求，而"马"只是一个解决方案。消费者在这句话里不仅提出了需求，而且还提出了他能想到的"解决方案"。现在，我们到底是要满足他的需求，还是满足他的解决方案？颠覆式创新的要点在于由供给者提出一个全新的解决方案来满足用户的需求，而不是用户自己想到过的解决方案。

商业机会来自于未能充分满足的需求，但是，正如法国著名雕塑家罗丹说过的那样：对于我们的眼睛，生活不是缺少美，而是缺少发现。同样如此，对于电子商务的创业者来说，市场缺少的不是需求，而是发现。其实，独具商业慧眼人人可以做到，观察、联想和换位思考就极有助于我们发现需求。

通过真实生活观察，以及大量浏览信息，将涉及需求的关键词写在卡片（纸片）上进行归类；再运用归纳-演绎逻辑推理，从凌乱、碎片化的信息中启发联想，捕捉隐藏的规律和价值，以及正在发生的变化和趋势，寻找隐藏在其中的机会与威胁，这正是混沌学上蝴蝶效应的运用。

蝴蝶效应是美国爱德华·洛伦兹 1963 年提出来的：一只南美洲亚马孙河流域热带雨林中的蝴蝶，偶尔扇动几下翅膀，可能在两周后引起美国德克萨斯的一场龙卷风。其原因在于：蝴蝶翅膀的运动，导致其身边的空气系统发生变化并引起微弱气流的产生，而微弱气流的产生又会引起它四周空气或其他系统产生相应的变化，由此引起连锁反应，最终导致其他系统的极大变化。此效应说明，事物发展的结果对初始条件具有极为敏感的依赖性，也就是常说的因果链。

东汉窦太后的情人刘畅遇刺事件正像是那只蝴蝶，无意中促成了遥远国度在未来时空的狂风暴雨，而这场暴风雨倾覆了曾经不可一世的罗马帝国。东汉章和二年都乡侯刘畅被刺身亡，垂帘听政的窦太后查明买凶杀人的是哥哥窦宪，命窦宪戴罪领兵讨伐北匈奴。北匈奴兵败后离开蒙古高原，部分迁徙到黑海东北钦察草原定居,后来大饥荒迫使匈奴人沿黑海北岸向西进入了哥特人地盘。在匈奴人的猛烈攻击下,哥特人亡国,哥特人涌入罗马帝国境内避难,一度攻陷罗马,最终引发西罗马帝国灭亡。

能否通过因果链寻找电子商务需求的关键在于:对信息的高度敏感,善于联想和逻辑推理,信息的数据化和图表化。尽管在寻找需求这个问题上,丰富的经验与健康的性格或许会比学历和知识显示出更大作用,但是,通过已经成熟的人性假设、市场细分与定位等理论,进行理性分析仍然是非常有效的。

● 人性假设

需求的背后隐藏着的是人性这个核心因素(图 1-1)。人性是指所有人具有的共同的、普遍的属性,或者理解为人生而固有的本性。关于这个问题的争论,数千年来就没有平息过,产生了各种观点(人性假设 Assumption about Human Nature)。典型的有英国亚当·斯密的"经济人"假设、美国乔治·埃尔顿·梅奥的"社会人"假设、美国亚伯拉罕·马斯洛的"自我实现人"假设、美国埃德加·沙因的"复杂人"假设、美国威廉·大内的"文化人"假设等,这些从管理角度归纳起来就是人性恶(X 理论)、人性善(Y 理论)、人性复杂(超 Y 理论)3 种假设。

图 1-1 对人性假设的理解

我们关注的是人性究竟怎样影响需求，以便我们可以通过人性来预测、理解人的行为，被经济学广泛采用的人性恶假设在这方面更有助于我们形成合适的分析理解的逻辑。人性恶假设人是懒惰、自私和逃避责任的，这也就是人共同的、普遍的、持久的需要，最终会引发人参与市场交换来满足这些需要（图1-2、图1-3），自然也就形成电子商务的商机来源。

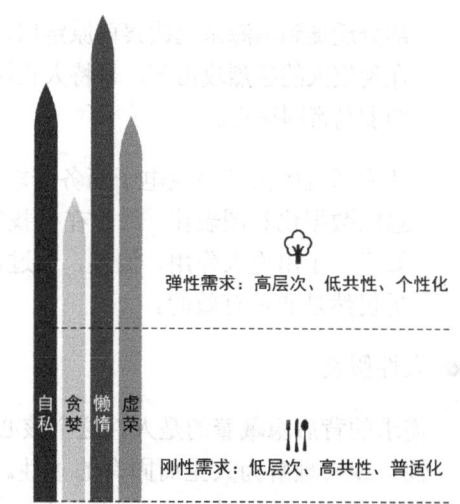

图1-2　需求背后的人性假设

图1-3　需求的产生逻辑

简单梳理流行的互联网产品都能发现背后隐藏的来自人性的需求：自私—占有欲是与生俱来的，因此有了邮箱、聊天等各种账号；贪婪—对贪婪是无止境和难以真正满足的，因此有了团购消费的糯米网、网盘容量的无限扩容竞争；懒惰—让一切变得更简单、更快捷、更自动，因此有了导购网 Pinterest、比价网、一淘网、智能输入法、手机电话簿；虚荣—自我满足是人类的心理共性，因此有了 QQ 积分等级、点亮图标、微博加 V、虚拟礼物、单击率等（图 1-4）。

1　　　　2　　　　3　　　　4
体验(经验反馈)·映射(移植需求)·再细分市场(重定位)·推理(数据挖掘)

图 1-4　挖掘需求的方法

> **微练习：**
> 罗列 5 个你自己需要而未能满足的互联网方面的需求。

● 市场细分

市场细分（Market Segmentation）的概念是美国温德尔·史密斯（Wended Smith）在 1956 年最早提出的，此后，美国菲利浦·科特勒进一步发展和完善，并最终形成了成熟的 STP 理论——市场细分（Segmentation）、目标市场选择（Targeting）和市场定位（Positioning）。

市场细分理论已被用来分析需求，寻找目标市场，对产品进行精确定位，创造市场竞争优势。而以人口世代划分理论、利益细分理论进行市场细分是其新发展，也是非常适合互联网产品的市场细分。

利益细分理论是建立在因果关系基础之上的一种市场细分方法，其基本思路是：人们在消费某一特定产品时，寻求的利益（效用）是细分市场存在的真正原因。

目标市场是指在细分市场的基础上，根据自身资源优势所选择的主要为之服务的那部分特定的需求者群体。评价细分市场和目标市场选择的依据是：细分市场的潜量、细分市场的竞争状况、组织资源与市场特征的吻合度、细分市场的投资回报水平。

创业初期洞悉市场需求、挖掘商业机会并不能简单套用经典的营销调研方法，在问卷、观察和实验等方法中，观察法成为寻找电子商务需求最可能的做法。而观察法的成功应用主要取决于观察者的敏感性、好奇心，以及丰富的联想。

- 需求管理

作为电子商务项目的产品经理（角色），要完成需求采集、需求分析、需求筛选、需求实现全过程（图1-5）。尤其是需求分析阶段，要透过用户表面的需求直达内心深处的真实需求，就像"IT宅男买电钻"故事的背后竟然是因为家中缺女主人（买电钻→打洞→挂画→找女友）。

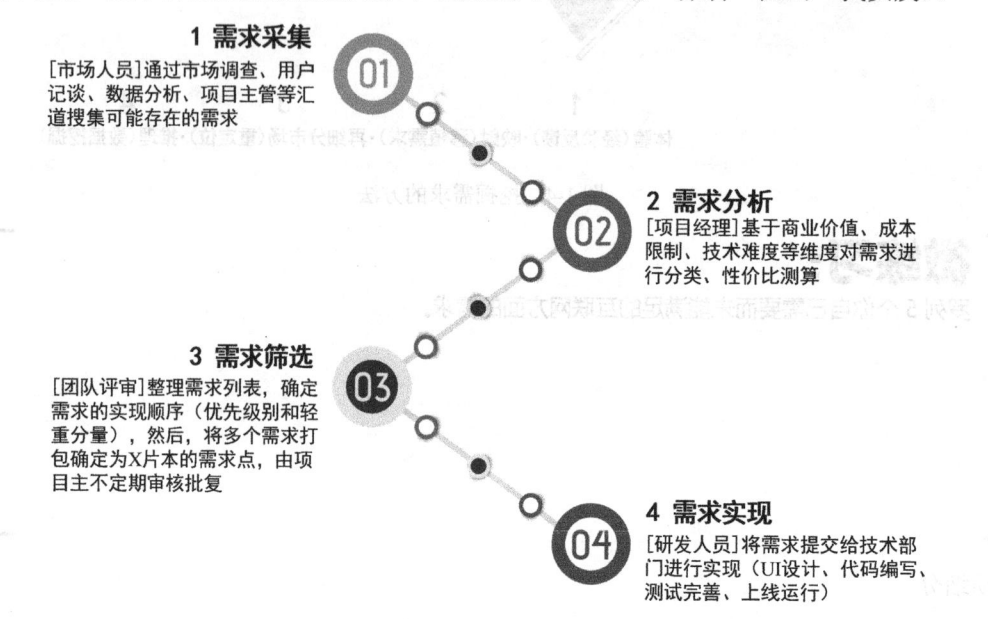

图1-5 需求管理的流程

"我要买一个电钻。"

"为什么？"产品经理问。

"我想在墙上打一个洞。"

"为什么？"产品经理问。

"我要挂一幅画在墙上。"

"为什么？"产品经理问。

"因为房间里显得太空旷了，看着不舒服。"

"为什么？"

"我是个IT宅男啊，忙得没时间找女朋友，晚上加班回家很晚，对着一块大白墙，感觉很凄凉，没有家的感觉，不够温馨。"

原来如此，对一个买电钻的人，婚介所也有机会。这个过程中任何阶段都存在着不同的需求，究竟提供什么产品去满足，完全取决于产品经理对用户需求的理解程度。如果深度挖掘需求，就会发现IT宅男真正需要的是马斯洛需求层次理论讲的社会交际需要（爱、情感、归属感）。

人说到底是一种欲壑难填的动物，作为一种物种，它的需求无边无际。真正被炮制出来的是解决方案，只不过有些解决方案失败了，沦落为无人问津的产品；有些解决方案大获成功，于是人们说：它们满足了我们的需求。

诺基亚是最早开发智能手机的企业，搞了很多年，市场依然不大。这并非代表着用户不接受智能手机，他们只是不能接受诺基亚的解决方案。而诺基亚在功能手机上巨大的利益也不会让它使劲琢磨用户的真正需求是什么，它可能只是被销售数据糊弄了一把，以为没有需求。殊不知其实真正的核心问题是：需求存在，解决方案不对。

参考

- [美]保罗·萨缪尔森，威廉·诺德豪斯. 经济学（第19版）[M]. 北京：商务印书馆，2012.01
- [美]戴维·迈尔斯. 心理学[M]. 北京：人民邮电出版社，2011.01
- [日]山上定也. 惊人的信息推理术[M]. 上海：上海文化出版社，1987.04
- http://zh.wikipedia.org 维基百科
- http://www.iheima.com i黑马
- http://www.leiphone.com 雷锋网
- http://www.36kr.com 36氪
- http://www.ifanr.com 爱范儿
- http://www.donews.com DoNews-IT门户
- http://www.paidai.com 派代网-电子商务入口
- http://www.ebrun.com 亿邦动力网
- 免费高效在线作图工具Process On（http://www.processon.com）
- 思维导图工具Mindjet Mind Manager（http://www.mindjet.com）
- 电子表格软件Office Excel（http://office.microsoft.com/zh-cn/）

3 单元：跟真实案例学（Follow Case）

[说明]学习者将"1单元"中的真实任务与以下真实案例进行对比，看看真实案例中相似问题（任务）是怎样解决的（流程、方法和技巧，以及所依据的理论知识，尤其是自己在初次尝试中遇到障碍的方面。

案例

> "Lotus9 在线学习社区"（图 1-6、图 1-7）是基于"关联主义"+"建构主义"学习理念，采用"混合学习"教学模式+"翻转课堂"学习过程组织形式，利用开放源代码技术搭建的在线学习平台。Lotus9 提供包括在线课程学习、社交网络服务、学习者求职/用人单位招聘、校友资源管理、广告媒体等 5 大产品（服务），具有社交化、智能化、泛在化、终身化特征，能够满足学习者从学习、交友、求职、应聘等学习生活工作的全链需求。
>
> "Lotus9 在线学习社区"创意提出是在 2011 年，源自作者从 2005 年开始的国家精品资源（共享）课建设过程中的深切体会。那就是课程所制作的资源完全忽视学习者的需要，导致投入大量资金建成的数千门课程资源访问者寥寥，而在教育互联网化背景下，以学习者为中心的，契合未来教育教学形态变革的学习资源开发及学习平台匮乏。作者有此需求出发，想引入全新学习理论和互联网思维方式，搭建能够实现教育教学梦想的社区（平台）。
>
> "Lotus9 在线学习社区"的 Lotus（中文意思为"莲花"）是作者偶然间闪念的结果，是因为作者对 PC（Personal Computer，个人计算机）时代早期印象极其深刻的 IT（Information Technology，信息时代）传奇故事中，美国 lotus 软件公司创始人因为喜欢佛教而用佛教标志性的"莲花"命名公司，而觉得 lotus 取义圣洁，与教育的神圣感存在某种隐含关联性。美国 Lotus 软件公司（后被 IBM 收购）的革命性产品 lotus 1-2-3 电子表格，是如日中天的 Microsoft Excel 的启蒙对象和模仿榜样。
>
> 当然，Lotus9 取名还有两个原因，一是因为在域名注册中 Lotus.com/Lotus.cn 已经被人注册过了，作者考虑通过附加数字来获得域名注册通过，而"9"是单数中最大数，也代表学习过程应该追求的境界。另一个原因是在 Logo（徽标）设计过程中，Lotus 字母组合的视觉效果符合作者追求的大气、简洁要求。
>
> "Lotus9 在线学习社区"从创意、策划、开发、运营是完整的闭环系统，2011 年提出创意、2012 年完成概念设计、2013 年确定全开源技术架构、2014 年进行代码实现和上线测试运行、2015 年进行优化完善。

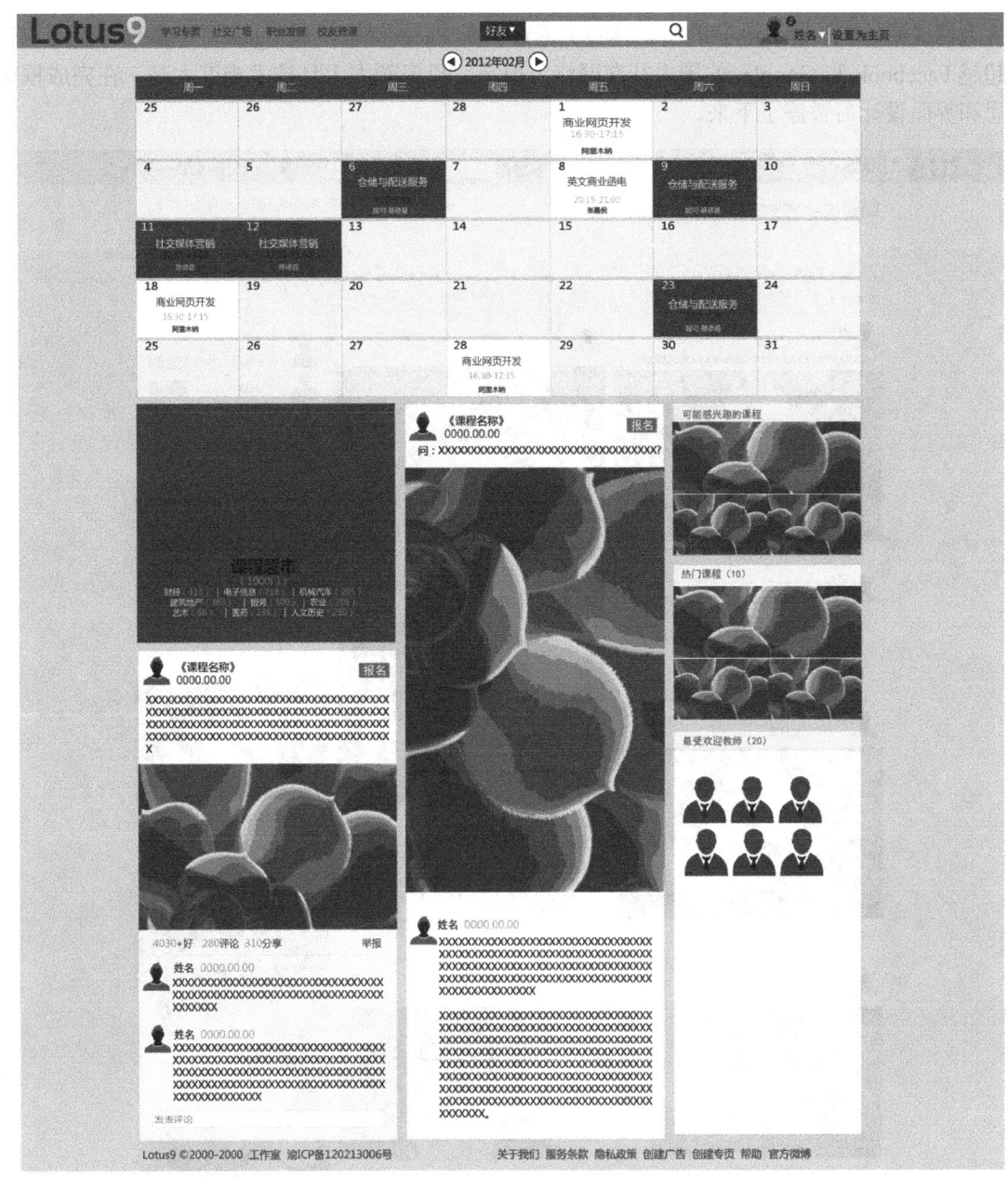

图 1-6 Lotus9 在线学习社区的课程界面

案例解读

1 我个人对 Facebook 和 Google+（https://www.facebook.com 和 https://plus.google.com）等社交网络有了浓厚兴趣，只因国内网络防火墙屏蔽而不能正常访问，国内虽有替代者人人网，但是，人人网（www.renren.com）的用户体验远远逊色于Facebook和Google+，于是想打造用户体验超越Facebook和Google+的国内社交网络，但是，投资额太大且技术难度太高，在完成框架构思和界面设计后暂停了下来。

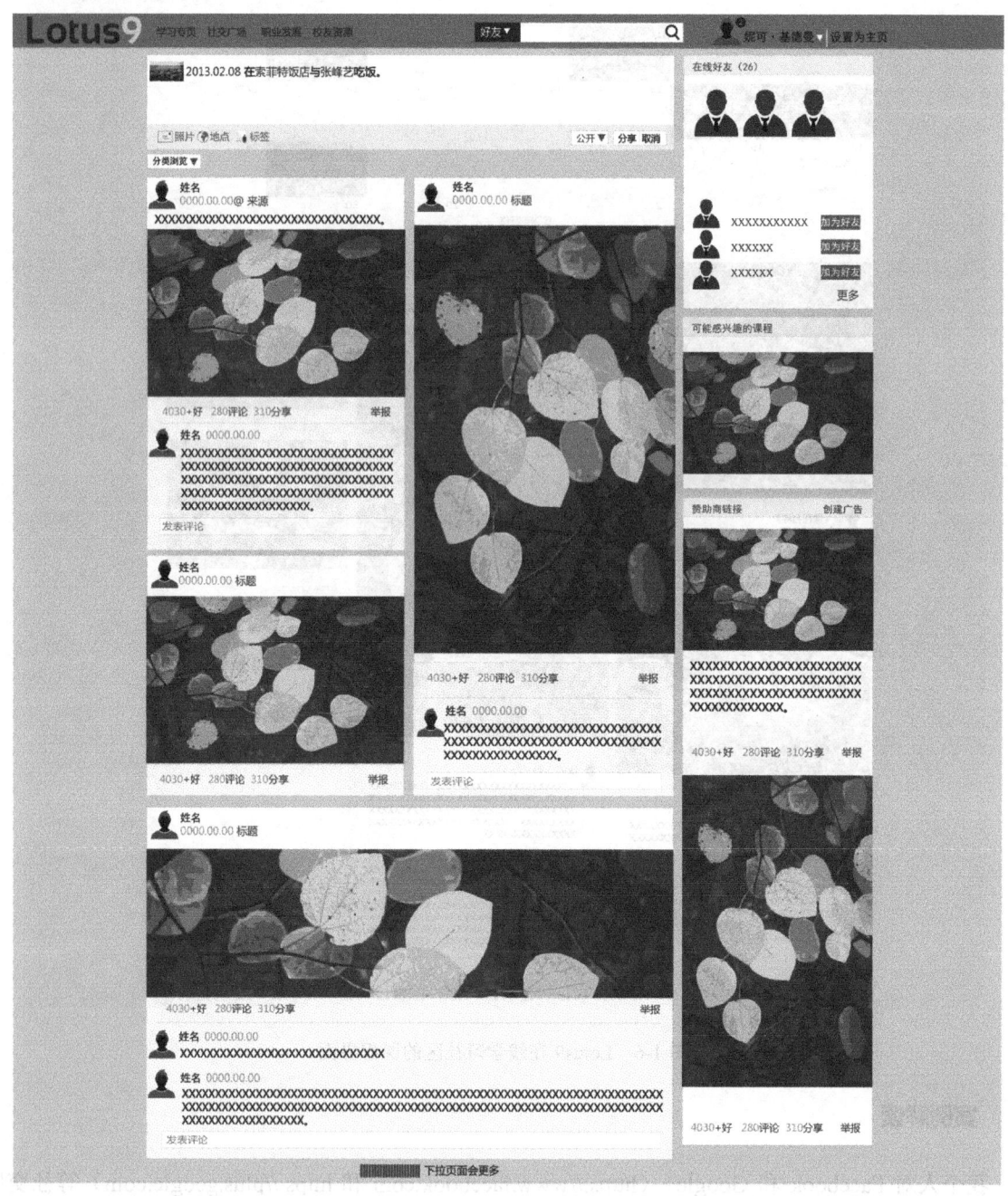

图1-7　Lotus9在线学习社区的个人主页界面

2 期间，我关注并阅读爱范儿（www.ifanr.com）、i 黑马（www.iheima.com）、36 氪（www.36kr.com）、雷锋网（www.leiphone.com）、钛媒体（www.tmtpost.com）、快鲤鱼（www.kuailiyu.com）、TECH2IPO 创见（tech2ipo.com）、虎嗅网（www.huxiu.com）、TechOrange 科技报橘（techorange.com）、创业邦（www.cyzone.cn）、i 天下网商（i.wshang.com）、Ping West 中文网（www.pingwest.com）、IT 茶馆（www.itchaguan.com）等科技博客的文章，发现其中频繁出现在线教育井喷式发展的报道，结合自己学校参与的教育部持续立项建设精品资源共享课和专业教学资源库，以及学生上课时手机网络不离手的现象，思考教学可以不在传统课堂而在手机等移动终端上的问题。

3 寻找关于在线教育的关键词：在线教育、开放大学、混合学习、翻转课堂、TED、MOCO、可汗学院、公开课。

4 我把国内外热门在线教育网找来反复浏览试用，包括 www.edx.org、www.coursera.org、www.lynda.com、www.udemy.com 、www.udacity.com、teamtreehouse.com、www.codecademy.com、www.knewton.com 等国外的，以及爱课程（www.icourses.cn）、开课吧（www.kaikeba.com）、粉笔网（www.fenbi.com）、传课网（www.chuanke.com）、沪江网（www.hujiang.com）、学而思（www.xueersi.com）、多贝网（www.duobei.com）、猿题库（yuantiku.com）等国内的，比较国内外热门在线教育网及其提供的服务。

5 按照所提供的服务（产品）以及目标市场分类，在线学习集中在基础教育、考证（公务员）辅导和设计（IT）技能培训等方面，仍存在较大的市场空隙（细分市场），就高等教育来说，高校需要在线教育平台来解决扩招后出现的生、师比严重偏高问题。高校教师因教学任务特别大而疲于应付致使教学质量下降的问题，若将优质教学资源网络化开放给学生，则可有效缓解。

6 再到中国知网（www.cnki.net）、万方数据（www.wanfangdata.com.cn）、维普期刊资源（www.cqvip.com）等国内知名的综合文献数据库以"在线教育（云学习）、网络教育"等关键词检索文章，发现基于互联网的教育活动需求非常旺盛，是对现有学校这种教育教学形态的挑战和颠覆。

（1）学习革命的新要求：

学习的互联网化、泛在化、个性化与终身化趋势引发了学习革命，基于"云计算"的混合学习模式将彻底改变目前的教育教学形态。学习者学习行为的变化导致教育教学形态的变革，学校、教师需要从工业社会的教育教学形态转换到信息社会的教育教学形态。

（2）教育教学形态改革需要：

传统课堂教学忽视学习者学习行为特征的变化，未能从以教师为中心转变到以学生为中心，学习的泛在化、个性化、终身化需求长期被忽视，而在线教育仅仅是传统课程教学的数字化拷贝，信息孤岛和为数字化而数字化问题突出，未能充分体现云计算、大数据挖据、社交化协同等信息技术的教育教学价值，远远不能满足学习革命和教育教学形态变革的需求。

7　目前在线教育所提供的课程还存在教育教学理念方法落后（比如缺少行动导向的工作过程系统化课程开发思想，缺乏混合学习模式下的教师在线实时指导与监督）、用户体验不佳（比如电大在线、国家开放课程，是简单堆砌教学资源，而缺少将教学资源按照学习者逻辑组织起来），这正是我们拟选择在线学习角度而不是在线教育角度切入市场需求的原因。

8　撰写需求描述文档。

(1) 安装 Mind Manager。

在 http://www.mindjet.com 下载思维导图工具 Mind Manager 最新试用版并安装，在互联网上搜索 Mind Manager 最新版汉化包并按说明安装。

(2) 启动 Mind Manager。

在 Windows 桌面单击"开始"→"所有程序"→"Mindjet 14"→"Mindjet 14"，启动 Mind Manager 程序，单击 Mind Manager 菜单栏的"文件"→"新建"→"New Blank Map"或中意的模版创建新的思维导图。

(3) 绘制思维导图。

从 Mind Manager 菜单栏中单击"开始"→"添加主题"→"主题"，插入新主题，以此类推，将头脑中构思的逻辑用相应图形和线条表达出来。

(4) 保存并导出思维导图。

单击 Mind Manager 菜单栏的"文件"→"保存"，保存所编辑的文档，单击"文件"→"导出"，选择导出的文件格式，比如"导出为图片"选项，在"文件名"输入框中输入文件名，在"保存类型"下拉列表中选择图形文件类型（最常见是 JPG），最后单击"保存"按钮。

4 单元：完成真实任务 (True Task)

[说明] 学习者再次尝试完成"1单元"中的真实任务，利用下表再次进行自我评估并接受指导老师的持续评估和工作意见。之后，学习者将自己所属团队完成的任务进行展示、交流（角色情景扮演），与其他团队进行交叉评估。

评估

- 为完成这项任务,我们做了:

- 对比学习目标,我们实现了:

- 对比学习目标,我们还未完成的有:

学习者自我评价(分值越大越优秀)	□1分 □2分 □3分 □4分 □5分
教师评价(分值越大越优秀)	□1分 □2分 □3分 □4分 □5分

测试

以真实案例阐述深度挖掘需求的思路。

搜索硅谷创业者 2013 年最热衷最新颖的创业项目，归纳其所针对的需求空隙和独特市场定位。

3000 万注册用户的"易信"作为 6 亿注册用户"微信"的竞争者，如何寻找到新需求并重新定位？

测试结果（分值越大越优秀）　□1分　□2分　□3分　□4分　□5分

拓展

Google 办公室文化

在 Google，工作就是生活，自由畅快的企业文化造就了它无穷的创造力。在 Google 获得巨大商业成功的背后，是一群富有创造力与激情的员工。

Google 里的每一个人都充满了故事：与你共进午餐的人或许发明了你在使用的编程语言；坐在你隔壁的同事或许为你的研究生课程编写过教材；和你一起打台球的那个人或许开发过你的桌面浏览器。

Google 在不同人的眼中含义不同：对于用户来说，Google 是一家互联网企业；对于硅谷的技术人员来说，Google 是一个创新天堂；对于华尔街的人来说，Google 是一家叛逆企业代表；而对于投资者来说，Google 或许会买下他们的投资企业。

Google 总部位于美国加利福尼亚州圣克拉拉县山景城（Mountain View）。

1 对数学独有偏好

Google 对数学独有偏好，包括它的名字都代表着数学中"无穷大"的概念。Google 的办公楼同时保留了数学中稀奇古怪的名字，比如无理数"e"（2.71828）是第二大楼的名称，第三大楼叫做圆周率"pi"（3.14），第四大楼则命名为黄金比例"phi"（1.61803）。

但现在，Google 的主办公楼已经搬迁到 40 到 43 号楼的四座楼内。步入 Google 主楼时，迎接到访者的是 Google 的标志性物件—"关键词"。在一面黑色背景的投影屏上，实时显示着全世界用户发送的各种搜索请求，英文、中文、日文、德文……凡是网络上提交到 Google 服务器的搜索关键词，都会在此直观显现。

Google 内部依然保持了当年.COM 时代的奢华待遇。公司提供员工免费餐点，早中晚餐全包。若要往来于办公室之间，员工可骑乘 Segway 电动滑板车，或者 Green Machine 车（一种适合于 11 岁儿童的玩具车）。

巧克力、懒人球（一种开会用的座椅，球状）以及巨型积木随处可见，使这里更像是托儿所。公司里面设有牙医与家庭医师，请育婴假的员工可照领 75%的薪水，婴儿出生后两周内，公司每天补贴 50 美元当作员工的"坐月子"津贴。

除此之外，公司还提供免费的班车和渡轮服务接载雇员上班，这些交通工具都有无线互联网服务，方便员工在上下班时也可以工作。

2 周五会议全是"非分"要求

在 Google，不时有 Google 的员工提到他们的周五会议—那是 Google 的一项古老传统。

每逢周五，Google 的两位联合创始人谢尔盖·布林（Sergey Brin）和拉里·佩奇（Larry Page），以及 Google 时任首席执行官（CEO）埃里克·施密特（Eric Schmidt）都会与 Google 员工们共进午餐。在一个可以容纳近千人的餐厅，大家甚至可以坐在台阶上。此时，Google 的员工工会向他们的创始人提出种种"非分"要求。一般情况下，两位创始人都会满足员工的"非分"要求。

比如：有人希望在 Google 工作时可以带自己的宠物上班，创始人思忖片刻，回答称可以，前提是"只要它不乱叫、不咬人"。第二天，Google 总部就出现了宠物狗。

有人希望在公司能够打排球，数周后，Google 办公楼中间的草坪变成了沙滩排球场。

有人希望 Google 建造一个游泳池，于是 Google 有了自己的游泳池。那是一个很小的游泳池，但这并不能限制 Google 的创造力，Google 在游泳池的一端安放了喷水装置，让人有一种在水流中游泳的感觉。

3 20%的私有时间

Google 的办公楼，随处散落着健身设施、按摩椅、台球桌、帐篷等有趣的东西。整个办公空间采用了不同的色调搭配，明亮鲜活。这些都让人感到轻松自在。

每名新到 Google 的员工都将得到 100 美元，用于装饰办公室，员工们可以在自己的办公室中"恣意妄为"。

有的员工喜欢赤脚，就用 100 美元铺了一小块高级木地板，踩着它可以舒服地工作；有的员工在 eBay 竞价买到一个古董电话亭，也运过来摆在办公室一隅（但现在因为 Google 员工人数膨胀，这个电话亭不得不被暂放在大厅）。

在 Google，人们不必时刻西装革履。每个人可以选择在自己的"时区"里工作，或者清晨 5 点就开始忙碌，或者整晚不睡、白天休息。这些弹性工作制的做法体现了企业对员工工作操守的充分信任。

另外，Google 允许每位工程师拥有 20%的自由支配时间。Google 的企业文化是鼓励创新，即使每项工程都要有计划、有组织地实施，公司还是决定留给每位工程师 20%的私有时间，让他们去做自己认为更重要的事情。这项政策带来的结果就是诞生了 Gmail 这样颇受好评的邮箱服务；还有实践六度空间理论的人际网络产品 Orkut——它的设计者来自土耳其，Orkut 正是他的姓氏。

在 Google，公司除鼓励员工尽量保留个性作风之外，保证互不干扰也是公司的一项优良传统。需要相互交流的时候，大家会把五颜六色的懒人椅滚到一起，聚首讨论；或者钻进白色的"帐篷"召开小型会议。一个人想清静时，也可以坐到大块积木围起来的小区域里尽情思考。

在 Google，其中有一间办公室给人印象深刻，里面贴满了主人与世界诸多要人的合影。这些名人包括联合国秘书长安南、美国前总统克林顿、布什政府前国务卿鲍威尔等。办公室的主人是一名来自新加坡的工程师，他喜欢和每位到 Google 参观的名人合影，因此积累了大量合影照片。现在这位新加坡工程师已成为 Google 的一道风景，每位来 Google 访问的"显要"也希望和该员工合影留念。

4 与 CEO 共用办公室

在 Google 总部，一名印度工程师到公司第一天就问 CEO 施密特："我可以和你共用你的办公室吗？"本来以为是玩笑，施密特竟同意了对方的要求。第二天，印度工程师就把自己的东西搬进了施密特的办公室。直到 Google 搬进新的总部大楼，这名工程师才选择和另外两名印度工程师一道，拥有了一间更大的办公室。而施密特则在一个角落独享一间窄小的办公室。

Google 的一位员工开玩笑说，大概施密特也怕再有人要来和他分享办公室。正是那名印度工程师为 Google 开发了一套漂亮的 3D 演示程序，放在 Google 大厅中，在一个不停旋转的大地球上，向过往的人们实时显示 Google 全球搜索量的动态状况。

Google 公司人人平等，这里的管理职位更多是强调服务，工程师们受到更多尊敬。在 Google，每个人距离总裁的级别可能不超过 3 级，人人都可公平享受办公空间。这种平等的思路也表现在其他很多方面，这都在很大程度上激发了 Google 员工的创造力。

（资料来源：陆悦 Google 办公室文化亲历记《第一财经日报》2006.05.06）

- 转入下个**工作任务：商业模式设计**的学习

1.2 商业模式设计

学习目标（Learning Objectives）

素质：独立创新的理念、清晰的文字组织与表达（口头交流与写作）、使用数学或结构方式进行逻辑分析与推理、脚踏实地的态度与行动。

技能：需求转换为产品（服务），产品转化为盈利模式，并能够撰写规范有效的商业需求文档（BRD）和市场需求文档（MRD）。

知识：SWOT 分析、定位、外部效应、商业模式（画布）。

[说明] 学习时间，预计共 18 学时（6 学时课内+12 学时课外）。另外，教学过程采用行动导向的混合学习方式来组织管理，学习过程是围绕解决问题、完成任务、学会知识、掌握技能、胜任工作这样的内在逻辑来进行的。

1 单元：尝试真实任务（True Task）

[说明] 学习者组成 7 人左右的工作团队，将自身置于职业岗位的工作环境，充分调动自己过去积累的经验和已经拥有的知识，也可在互联网搜索借鉴他人的经验，最好能进行现场实践，来尝试解决实际问题（任务）。

任务

工作任务：
将"寻找电子商务需求"中采集到的互联网需求按照价值大小筛选，选择值得开发产品去满足的需求，挖掘其中的盈利来源及其实现的方式，撰写商业需求文档（BRD）和市场需求文档（MRD）（建议：初级瞄准网上零售需求—中级瞄准垂直电子商务需求—高级社交网络需求）。

评估

- 为完成这项任务，我们做了：

- 经过努力，我们完成了下列任务：

- 在完成任务的过程中，我们遇到了下面的障碍（问题）：

解析

- 任务解读：将需求具体化为产品（服务）原型，寻找恰当的商业模式。
- 关联理论：定位、外部效应、商业模式。
- 问题难点：盈利来源及其交易模型，可借助前人（他人）经验推演。

2 单元：相关理论知识学习（Theory Study）

[说明] 学习者可以根据自我评估以及指导老师给出的持续学习指导意见，有差异地选择自己需要学习的相关理论知识。如果在没有学习某部分理论知识前，学习者就能够完成对应的任务，则所需的支撑理论知识已经具备，可以在征询指导老师意见后越过这部分理论知识的学习。

学习引导

在需求有效的情况下，通过 SWOT 分析来确定参与竞争的战略选择，通过定位来让产品（服务）清晰化；要让需求变成真正的收益，商业模式的选择（设计）极为关键，而其中核心的是盈利来源，经济学上的外部性可以提供特别的思路；将商业模式的逻辑思路整理出来，以形成清晰且易于大众理解的认识，可以充分借助商业画布工具；最后将商业画布工具分析结果整理撰写为商业需求文档（市场需求文档），作为后续工作开展的依据。

理论

- SWOT 分析

SWOT 是竞争态势分析工具，通过评价企业的优势（Strengths）、劣势（Weaknesses）、竞争市场上的机会（Opportunities）和威胁（Threats），用以在制定组织发展战略前对组织进行深入全面的分析以及竞争优势的定位。SWOT 分析在最理想的状态下，是由专属的 PK 团队来达成的，一个 SWOT 分析团队，最好由一个会计相关人员、一位销售人员、一位经理级主管、一位工程师和一位专案管理师组成。

优劣势分析主要是着眼于企业自身的实力及其与竞争对手的比较，而机会和威胁分析将注意力放在外部环境的变化及对企业的可能影响上。在分析时，应把所有的内部因素（即优劣势）集中在一起，然后用外部的力量来对这些因素进行评估。

在 SWOT 分析之后进而需用 USED 技巧来产出解决方案，原则就是如何善用每个优势、如何规避每个劣势、如何成就每个机会、如何抵御每个威胁。

微练习：

采用 SWOT 分析沪江英语学习网（http://www.hjenglish.com/new/）竞争战略态势。

- 定位

定位（Positioning）理论是美国艾·里斯、杰克·特劳特 20 世纪 70 年代提出来的。定位是指在潜在的顾客心里建立对象的地位。定位的核心思想是区隔市场、焦点经营。市场定位的过程就是企业差别化的过程，如何寻找差别、识别差别和显示差别。定位的真谛就是"攻心为上"，用户的心灵才是营销的终极战场。

定位（再定位）赋予企业以电子商务竞争对手所没有的优势。从建立独特销售主张（USP），阐明产品能够给予的特殊利益点（卖点），以此来在受众心里建立牢固和鲜明的印象与地位，最终影响受众的购买行为。

市场定位包含三个方面的内容，首先是目标定位，按照市场需求处理好自身与竞争对手在目标市场上的位置关系；其次是产品定位，就是从产品属性方面入手，处理好企业与竞争对手的现有产品在目标市场上的各自位置关系；第三是竞争定位，为了占领更大的目标市场，企业自身应该提供何种具有特色的产品和服务，以求超越竞争者，使企业立于不败之地。

将定位以战略——竞争角度体现出来，就能算是商业模式了。

- 模式

商业模式（Business Model）是 20 世纪 50 年代提出的概念，但直到 20 世纪 90 年代才开始被广泛使用和传播。

商业模式画布的创始者亚历山大·奥斯特瓦德（Alexander Osterwalder）、伊夫·皮尼厄（Yves Pigneur）认为，商业模式描述了企业如何创造价值、传递价值和获取价值的基本原理。360 董事长周鸿祎的认识更为通俗易懂：商业模式就是你能提供一个什么样的产品，给什么样的用户创造什么样的价值，在创造用户价值的过程中，用什么样的方法获得商业收益。

商业模式是一种包含了一系列要素及其关系的概念性工具，用以阐明某个特定组织（产品）的商业逻辑。它描述了组织（产品）所能为客户提供的价值以及公司的内部结构、合作伙伴网络和关系资本（Relationship Capital）等用以实现（创造、推销和交付）这一价值并产生可持续盈利的要素。

商业模式的核心要素是产品（服务）、客户、价值和交易模式（图 1-8），其中，产品（服务）是价值主张的具体载体，包括内在功能和外在形态（互联网产品尤其是用户体验）；客户是服务的对象，体现在细分的目标市场选择上面，值得关注的是多边市场；价值能够满足客户的需求，形成产品的效用和附加利益，定位是其外在表现；交易模式是价值的实现形式，决定收益的来源渠道和形式。

图 1-8　商业模式的核心要求

商业模式的选择与设计正在经历寻觅"蓝海"，挖掘遗落的价值→挑战"红海"，培育独特的价值→超越"苦海"，打造可持续的价值创新机制（图 1-9）。而经济学中的外部效应可以给我们寻找价值指引方向与线索。

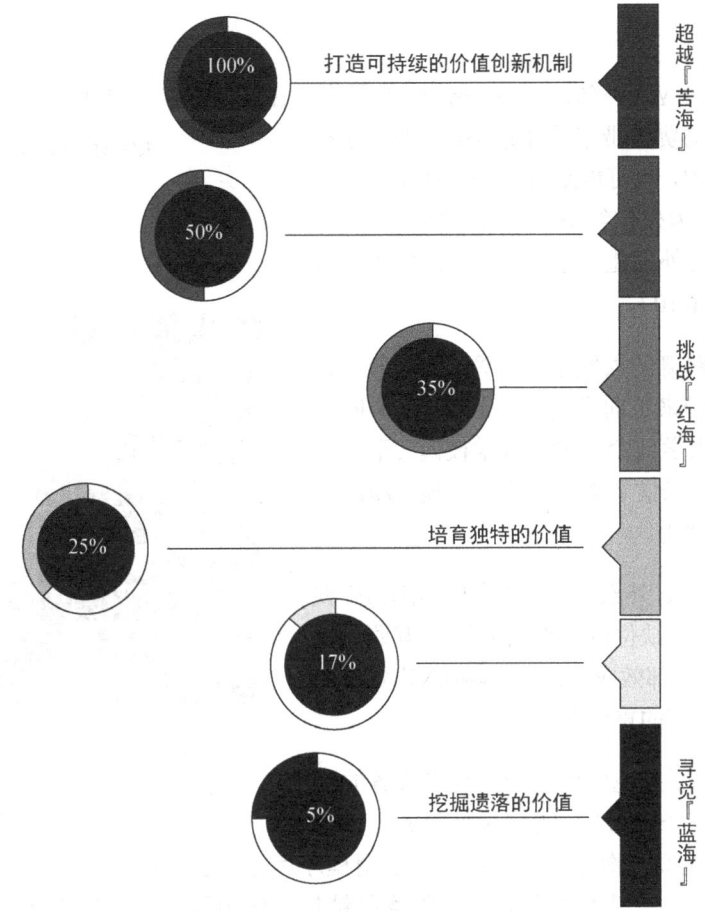

图 1-9 商业模式的选择与设计

案例：米聊—微信（蓝海，互联网时代 QQ 号码带来的价值远远高于移动通信与社交平台的账号，源自网络外部效应）｜微信—易信、微米（红海，移动互联网时代手机号码带来的价值远远高于 QQ 号码，新的网络外部效应）｜微信，是一种生活方式（天空，非工具定位）。

微练习：

列举 3 种不同的商业模式，说明其盈利来源及其实现方式。

- 外部效应

经济学中的外部效应（外部性，Externality）是指，在实际经济活动中，生产者或消费者的活动对其他生产者或消费者带来的非市场性影响。这种影响可能是有益的，也可能是有害的。有益的影响（收益外部化）称为外部经济性，或正外部性；有害的影响（成本的外部化）称为外部不经济性，或负的外部性（图1-10）。

在住宅小区跳踏踏舞的人发出的噪音（负外部性），给其他住户休息带来负面影响，却没有给受影响的住户任何补偿；大学城全开放的大学校园（正外部性）为周边居民带来惬意舒适的生活环境，却没有向居民收取任何费用。

在制度经济学家看来，外部效应产生主要是因为产权界定模糊和政府监管缺位造成的。但是，在互联网世界，存在诸多的正外部效应，如果能够纳入市场交易范畴，将是创新盈利的重要来源。

比如：Facebook 向用户免费提供社交网络服务的同时产生出附带的正外部效应，就是这种服务还具备

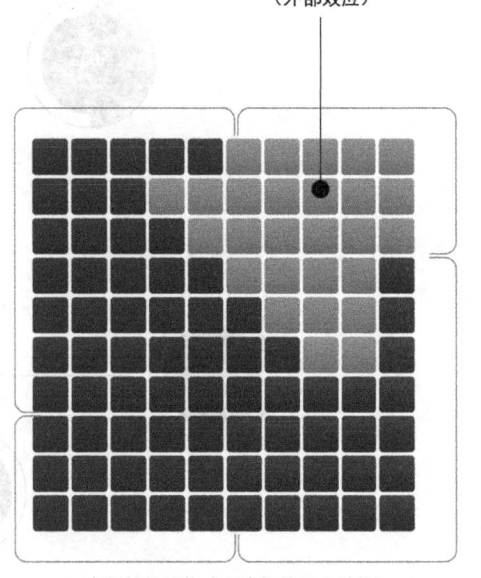

图1-10 对外部效应的理解

媒体传播价值、虚拟礼物交易平台价值、应用程序运行平台价值，将这些潜在外部效应通过市场交易进行内部化，产生出广告费、虚拟物品销售、应用程序运行收益分层等多种收益来源，反过来支撑 Facebook 提供更好用户体验的免费社交网络服务（良性循环）。

能够挖掘出高价值的潜在正外部效应，就能够创新更好的商业模式。Google 商业模式的经济学基础正是将潜在正外部效应通过市场交易内部化，成为其盈利的核心来源。具体来说就是：

Google 将搜索引擎的使用价值细分为搜索服务使用权、搜索技术使用权、搜索结果页面使用权、商标使用权等，搜索服务使用权是互联网使用者需要的，搜索技术使用权是互联网网站需要的，搜索页面使用权是广告客户需要的，商标使用权是网站发布者需要的。这样，Google 可以将搜索服务使用权、搜索技术使用权、搜索结果页面使用权、商标使用权分别提供给互联网使用者、互联网网站、广告客户、网站发布者，与其一一构成市场机制中的一组交易关系，同时从多个交易方获得运营的收益回报。由此可知，Google 将细分出来的子权利束—搜索结果页面使用权，即用户注意力，向互联网使用者之外的交易第三方—广告客户充分释放出来，让广告客户在搜索结果页面投放关联广告，向广告客户收取广告服务费，形成 Google 的主要收益来源。

然而，商业模式的寻找与提炼是创意性很强的活儿，能够让天马行空的创意更具逻辑性，我们

需要引入商业模式画布作为思维分析工具。

● 商业模式画布

商业模式画布（Business Model Canvas）是商业模式的可视化创意效率工具，提供一个商业模式的思维框架，用以帮助描述和思考自己所在的组织、竞争对手和其他组织的商业模式。这个框架可以作为一种共同语言，方便地描述和使用商业模式，来构建新的战略性替代方案（图1-11）。

图1-11　商业模式画布

商业模式画布可在电脑上或纸板上使用，流程是（以纸板上使用为例）：

1. 开始构建商业模式时，让参与者描绘组织所服务的客户细分市场。参与者根据客户细分群体的不同，将不同颜色的便利贴贴在画板上。每组客户代表着一个特定的群体（例如，在线教育的对象是学习者和教育提供机构），比如他们有特定的需求，而你得向他们提供特定的价值主张（产品或服务）。

2. 参与者描述企业对每个客户细分提供的价值主张的理解，即反映出每类客户细分的价值主张。参与者应当使用相同颜色的便利贴代表每个价值主张和对应的客户细分群体。如果每一个价值主张涉及两个差异很大的客户细分群体，那么应当分别使用这两个客户细分群体对应颜色的便利贴。

3. 参与者使用便利贴将该企业商业模式中所有的剩余模块标识出来。相关客户细分群体始终坚持使用同一颜色的便利贴。

4. 映射出整个商业模式后，可以开始评估该商业模式的优劣势。将绿色（代表优势）和红色（代表劣势）的便利贴粘在商业模式中运行良好的模块和有问题的模块旁边。除了用绿色和红色标注优劣势，也可以在便利贴上标出"+"和" "号分别标注优劣势。

5. 基于特定组织（产品）的商业模式的图形化表达方法，即参与者通过步骤 1~4 所产生的画布，选择对现有商业模式进行改进，或创建出另外一个全新的模式。在理想情况下，参与者可使用一个或几个商业模式画布来体现改进的商业模式或新的替代模式。

商业模式画布必须紧紧围绕商业模式的 4 个核心要素展开思考和绘图。另外，建议人数控制在 6 人以内，以确保每个人能快速独立思考并描绘出自己的想法。为了将个人的想法与组织现有的或是未来的商业模式联系起来，通常，参与者的经历背景差异越大，越有利于描绘出精准的商业模式。

商业模式的设计方法可以有：头脑风暴，以"假如"提问开启独特创意；用户反馈，重视用户的抱怨和不满；数据挖掘，透过积淀的海量数据建模；原型设计，利用快速原型设计工具验证新思路；思维导图，绘制可视化思维导图，讲述商业故事（图 1-12）。

- 商业需求文档（市场需求文档）

如果是创业项目需求立项评审，评审的依据主要是商业需求文档和市场需求文档。

商业需求文档（Business Requirement Document，BRD）就是基于商业目标或价值所描述的产品需求内容文档（报告），也是以后产品需求规划的蓝本，其核心的用途就是用于产品在投入研发之前，进行产品可行性评估，判断产品的前景和发展空间，由决策者作为决策评估的重要依据。

商业需求文档的主要内容包括**市场前景、项目价值、需要的资源、可能的风险**，通常不应该出现产品细节的内容（表 1-1）。

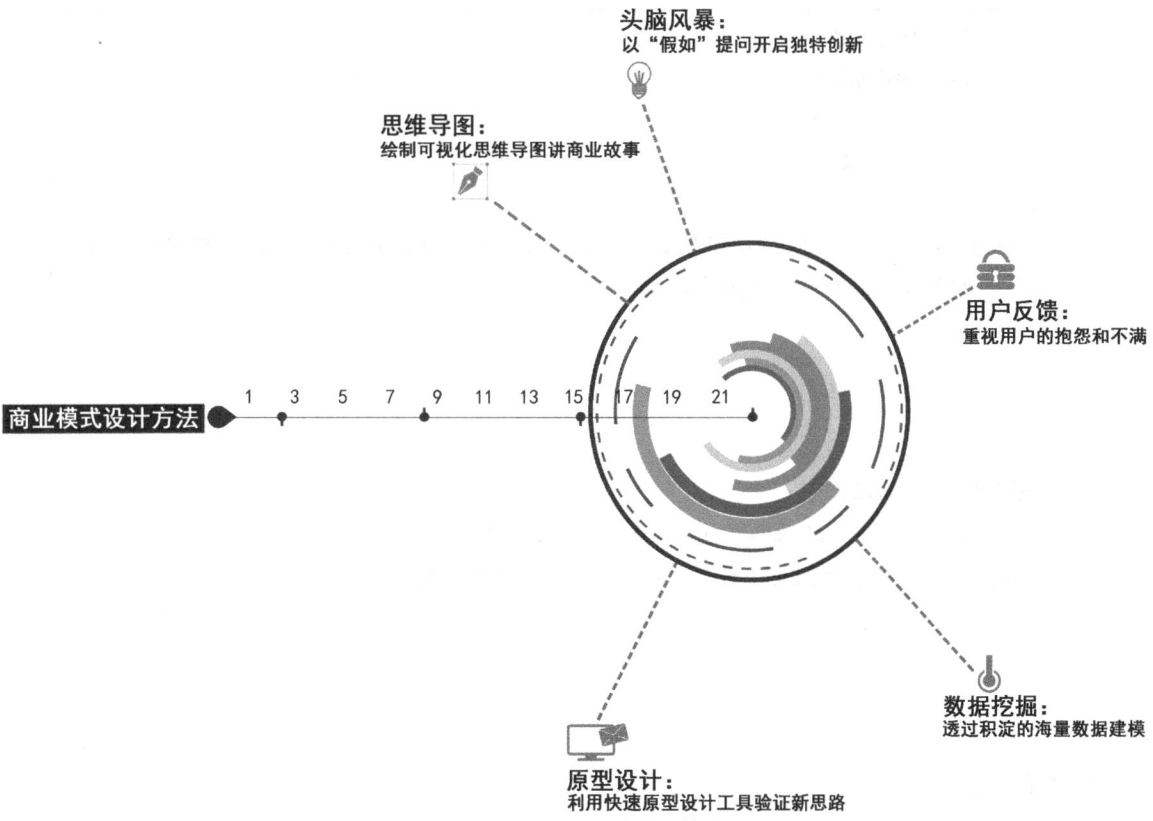

图1-12 商业模式设计方法

表1-1 商业需求文档参考模板

×××××× 公司

商业需求文档

文档版本：V1.0　　文件编号：BRD_003

1　项目背景

为什么要做这个项目，解决什么问题，可以列出一些调研数据说明项目的必要性。

（1）提案原因

说明项目提案的原因，概述一下当前产品的现状及问题；

如果是创新产品，描述一下提出本提案的调研结论；

项目类型：

培育新业务增长点；

留住或吸引用户；

现有系统的应用优化；

运营或管理支持；

产品架构调整。

（2）产品面向的用户群体

我们将解决客户哪方面的需求或期望。解决用户的需求或期望对我们而言，有什么样的客户价值。

这类客户的群体特征是什么。

2　需求调研报告——市场状况

国内外这个领域的市场状况如何？比如市场规模、发展趋势、环境变化等；

市场上是否有同类或相似的竞争对手？这些对手的竞争优势市场占有情况如何？

3　商业价值

做了这个项目以后有什么价值？如打败竞争对手、获得生存空间、创造收益、获得持续发展的动力等；

这些价值是否符合这个创业项目的商业目标？

为什么是现在做？

4　功能性需求与非功能性需求描述

功能需求描述：我们怎么去？通过做哪些事情来达到目标？把打好包的需求描述一下，可以用功能列表的形式表述，但最好能画出业务逻辑关系。

非功能需求描述：描述下重要的非功能需求，比如用户界面、安全保障、运行环境等。

5 资源评估

资源评估重点要看成本，达到项目的目标需要多大的花费或人力成本以后，才能做出决策。

职能岗位	人数	费用
业务		
市场		
运营		
产品		
研发		
测试		
运维		
合计		

6 风险和对策

内部风险：创业项目实施是否有技术实现上的风险？是否有管理上的风险？规避风险可能的对策是什么？

外部风险：创业项目是否存在未来的用户群体的风险？或者存在法律上的风险或市场上的风险？可能的对策是什么？

市场需求文档（Market Requirement Document，MRD），是项目由"准备"阶段进入到"实施"阶段的文档（报告），在项目过程中是一个"承上启下"的作用，"向上"是对不断积累的市场数据的一种整合和记录，"向下"是对后续工作的方向说明和工作指导。

市场需求文档的主要内容包括市场分析（含竞争者比较）、产品描述、用户分析、功能需求、非功能需求，通常应该出现产品细节的低保真度快速原型图（表1-2）。

表1-2 市场需求文档参考模板

××××××公司
市场需求文档
公司名称
产品名称
日期

联系人
部门
职位
E-mail
联系电话
文档接受人签字

1　文档介绍

文档目的：文档的目的收集、分析、定义主要的用户需求和产品特性，重点是找到目标用户的需求以及为什么存在这些需求；

内容概要：提供本文档简要的事实、假定和建议说明。这部分内容是电子商务市场需求文档完成的最后一个部分，相当于整个文档所有内容的简要版。

2　市场问题与机会

简单概述创业项目所提供的产品或服务现在所处的市场都有什么问题和机会，面对这个现实的市场，产品有什么问题和机会，以及产品所需技术面临的问题和机会。

（1）市场问题。

标识并证实具体的业务问题，表明有关联的市场问题。

- 目标市场的顾客问题

    说明我们的顾客是谁；

    他们可能面对的主要问题；

    我们能为他们解决什么问题。

- 产品问题

    说明创业项目提供什么样的产品和服务；

    该产品在行业中的现状，可能存在的主要问题；

    问题解决方案是什么。

- 技术问题

    简要说明技术现状及存在的难题；

    拟解决途径。

（2）市场机会。

  详细描述明确的市场机会；

  验证、评定市场机会的假定；

  解释市场机会的内部关联性。

3 用户描述

为了有效地提供满足用户的产品和服务，此部分不是为了说明需求，而是说明互联网创业项目的用户是谁，创业团队可能为他们解决什么问题。

（1）用户原型特征描述。

  用户是直接使用产品的人，用户原型是虚拟的一个理想的操作产品的用户代表。为了准确定位创业项目的目标用户，创业团队应从用户的相关技术背景、主要职责等分析每个不用的用户，并对每个可能的用户原型填写一份表。

用户原型特征项	描述
原型名称	
背景	
技能	
环境	
态度	
行为	
目标	
备注	

（2）用户环境描述。

  从用户使用服务的主流环境、场所和时间段及从用户会在什么条件或环境下产生使用或购买动机，什么可能促使改变等视角，详细描述目标用户的使用环境。

（3）关键用户需求描述。

  列出用户或客户认为的关键问题或需求，问题描述包括：问题的原因是什么、现在是怎么解决的、希望的解决方案是什么。

4 产品轮廓描述

该部分信息将对产品轮廓有一个整体性描述,以便于决策和理解整体和局部关系。

(1)产品前景。

将互联网创业项目提供的产品或服务放在竞争格局下,可能演变的情况下,从风险、机会、关键成功要素方面进行分析、描述。

(2)产品定位。

分析产品的定位,可参考下面这个表格进行分析,并将分析的结果填写在下表中。

问题	答案	答案提示
我们为谁:		(目标客户)
做了什么:		(实现需求或可能的机会)
这样的目标客户就会:		(得到什么好处,即购买或使用产品的动机)
竞争对手有哪些:		(相关竞争对手描述)
相比我们的区别和优势		(产品区别和优势描述)

(3)用户利益关系。

总结主要用户和客户价值或产品定位所需要的特性或需求,并将总结的结果填写在表中。

用户或客户利益和价值	对应服务特性

5 市场需求

市场需求从市场问题收集而来;

市场需求是市场问题的表现方面,要避免定义一个产品,避免提供详细的设计或实现规范;

所有的市场需求描述都需要从客户的角度来描述用户希望完成的东西。

(1)术语和定义。

市场问题相关的术语和描述,这些内容可能会在市场需求描述中使用。

(2)功能类型。

下面是功能特征列表,各创业团队需要对每个需求分别描述,请将描述内容填写在表中。

属性	描述	备注
ID		MR 开头表示市场需求，如"MR001"
名称		市场需求的简单名称
实现目标		需要完成的内容
优先级		描述市场需求的优先级
理由		支持需求存在的理由
源		源是验证市场需求的来源
约束		可能影响方案的约束
理由		支持这个约束可能的理由
源		源是验证市场需求的来源
用户原型		列举适合的用户原型
用例		用户做了什么导致这些问题，现在他是怎么做的，他希望怎么做来改善它。
购买指标		是否为影响购买决策的指示项，是/不是/不确定>
差异化		是否与竞争对手产品有明显差异，是/不是/不确定>

（3）市场需求概要表

下面是市场需求汇总表，一个有待解决的问题列表，各创业团队按照类型和优先级进行排序，并填写在表中。

ID	实现目标	约束	理由	客户原型	类型	优先级

参考

- [瑞士]亚历山大·奥斯特瓦德, [比利时]伊夫·皮尼厄. 商业模式新生代[M].北京: 机械工业出版社, 2011.08
- 王建国.1P 理论: 网状经济时代的全新商业模式[M]. 北京: 北京大学出版社, 2007.05
- [美]克里斯·安德森. 长尾理论[M]. 北京: 中信出版社, 2006.12
- [美]艾·里斯, 杰克·特劳特. 定位[M]. 北京: 中国财政经济出版社, 2002.02
- http://www.bizmodel.org 商业模式新生代
- http://www.paidai.com 派代网－电子商务入口
- 免费高效在线作图工具 Process On（http://www.processon.com）
- 思维导图工具 Mindjet Mind Manager（http://www.mindjet.com）
- 快速原型图设计工具 Balsamiq Mockups（http://balsamiq.com）
- 决策分析工具 Palisade DecisionTools Suite（http://www.palisade.com）
- 电子表格软件 Office Excel（http://office.microsoft.com/zh-cn/）
- 汪涛, 岳劲.创新理论的新发展: 顾客参与创新[J]. 黄冈师范学院学报, 2008(10): 24-27

3 单元：跟真实案例学（Follow Case）

[说明] 学习者将"1单元"中的真实任务与以下真实案例进行对比，看看真实案例中相似问题（任务）是怎样解决的（流程、方法和技巧，以及所依据的理论知识），尤其是自己在初次尝试中遇到障碍的方面。

案例

> "Lotus9 在线学习社区"是基于"关联主义"+"建构主义"学习理念，采用"混合学习"教学模式+"翻转课堂"学习过程组织形式，利用开放源代码技术搭建的在线学习平台。Lotus9 提供包括在线课程学习、社交网络服务、学习者求职/用人单位招聘、校友资源管理、广告媒体等 5 大产品（服务），具有社交化、智能化、泛在化、终身化特征，能够满足学习者从学习、交友、求职、应聘等学习生活工作的全链需求。
>
> "Lotus9 在线学习社区"创意提出是在 2011 年，源自作者从 2005 年开始的国家精品资源（共享）课建设过程中的深切体会。那就是课程所制作的资源完全忽视学习者的需要，导致投入大量资金建成的数千门课程资源访问者寥寥，而在教育互联网化背景下，以学习者为中心，契合未来教育教学形态变革的学习资源开发及学习平台匮乏。作者有由需求出发，想引入全新学习理论和互联网思维方式，搭建能够实现教育教学梦想的社区（平台）。
>
> "Lotus9 在线学习社区"的 Lotus（中文意思为"莲花"）是作者偶然间闪念的结果，是因为作者对 PC（Personal Computer，个人计算机）时代早期印象极其深刻的 IT（Information Technology，信息时代）传奇故事中，美国 lotus 软件公司创始人因为喜欢佛教而用佛教标志性的"莲花"命名公司，而觉得 lotus 取义圣洁，与教育的神圣感存在某种隐含关联性。美国 Lotus 软件公司（后被 IBM 收购）的革命性产品 lotus 1-2-3 电子表格，是如日中天的 Microsoft Excel 的启蒙对象和模仿榜样。
>
> 当然，**Lotus9** 取名还有两个原因，一是因为在域名注册中 Lotus.com/Lotus.cn 已经被人注册过了，作者考虑通过附加数字来获得域名注册通过，而"9"是单数中最大数，也代表学习过程应该追求的境界，另一个原因是在 Logo（徽标）设计过程中，**Lotus** 字母组合的视觉效果符合作者追求的大气、简洁要求。
>
> "Lotus9 在线学习社区"从创意、策划、开发、运营是完整的闭环系统，2011 年提出创意、2012 年完成概念设计、2013 年确定全开源技术架构、2014 年进行代码实现和上线测试运行、2015 年进行优化完善。

案例解读

1 市场前景

在线教育项目的关键成功要素（重要性递减）是，利用互联网技术提升教学效率和效果、利用互联网解决学习动力问题、利用技术改变教育提供机构的成本结构。

目前在线教育的模式有教育搜索引擎、在线教育平台（工具）、课程内容开发、资讯发布等典型业务模式，没有一种模式能够全面颠覆线下教育（培训）的价值，存在市场空白。因为这些模式全是在解决学习者的小痛点（个别需求），而没有一种模式能解决学习者最大的痛点（刚性需求）——培训效果。

2　项目价值

Lotus9 定位是社交化智能学习社区，初期目标市场是需要开展在线教育的高校（特别是正在进行政府质量工程项目建设的高职院校）+在校学生，满足其从单纯线下教育转向部分在线教育（未来甚至全面在线教育）的具体需要，包括在线学习、社交网络、求职招聘、校友资源开发等，采用线上线下结合的"Online to Offline-O2O 模式"运行，能够帮助高校面向互联网浪潮过渡。

这样的需求是现实而急迫的，高校都希望在生源急速下降的残酷现实来临之前，将生源范围从高中（中职）毕业生延伸覆盖到任何有学习需求的群体，特别是处于职业发展需求的二次择业者。

3　商业模式（画布）（图 1-13）

图 1-13　Lotus9 在线学习社区的商业模式（画布）

4 需要的资源

社交化智能学习社区 Lotus9 需要的直接资源是在线教育平台和具有互联网基因的课程教学资源，隐藏在表面需求背后的是平台开发技术人员和课程开发教师，还有就是时间积累（尤其是能够充分体现互联网特征的课程资源）。

这些资源可以通过投资来间接获取，预计"在线教育平台"开发投资在 50 万～100 万元人民币左右，课程教学资源采用合作分享机制，指导已经有精品资源共享课的老师（教育机构）进行改造升级，以符合 Lotus9 的需要。

5 可能的风险

可能的风险有 2 个方面：来自内部的是，在线教育平台使用流量未能突破双边市场的困境、课程教学资源开发缓慢而低质量；来自外部的是，类似 YY 教育等这样的资本技术强势竞争者竞争，以及迎接移动互联网技术对 PC 端应用的迅速冲击。

6 撰写商业需求文档 BRD

7 市场分析（SWOT）

(1) 优势（Strengths）。

与目前的竞争者定位差别化，商业模式设计、学习理念与模式、平台建设理念均具有超越性（领先目前主流现在教育网），课程教学资源来源的质量高。

(2) 劣势（Weaknesses）。

接入在线教育市场还是动作稍慢，缺乏风险投资（天使投资）的资金支持，创业团队自身技术经验较为有限。

(3) 机会（Opportunities）。

在线教育处于产品生命周期的导入期至成长期之间阶段，尚没有占据稳固领先地位的强势品牌，竞争者的商业模式也在尝试摸索中，先期介入者也未能够从中获得预期收益。

(4) 威胁（Threats）。

参与在线教育的强势竞争者是知名互联网企业与著名高校（包括国家开发大学和高等教育出版社），依赖政府政策庇护，国家开发大学可以颁发学历文凭，高等教育出版社垄断国家级精品课程资源。

8 产品描述（原型图）（图1-14、图1-15）

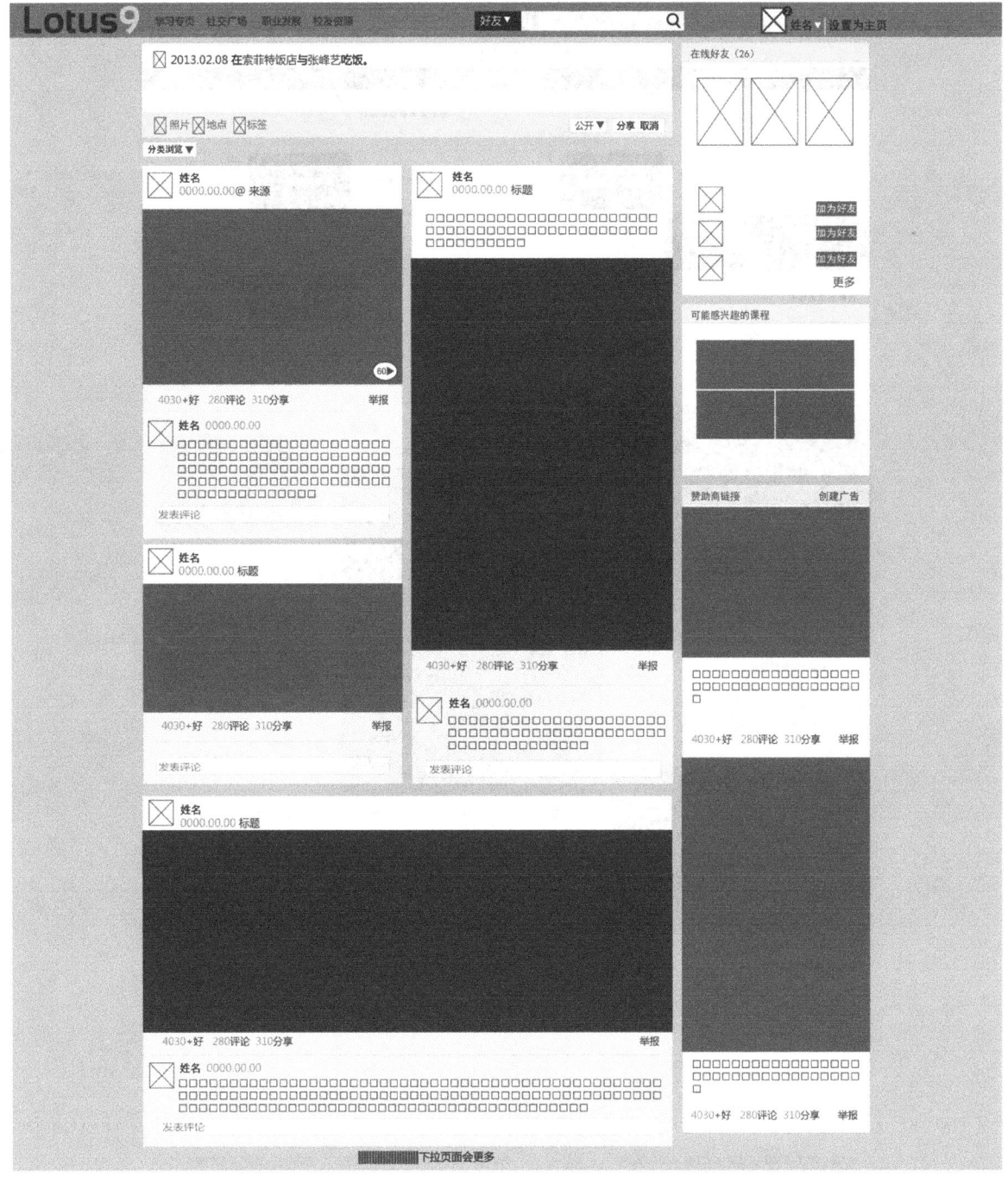

图1-14 Lotus9在线学习社区的低保真原型图1

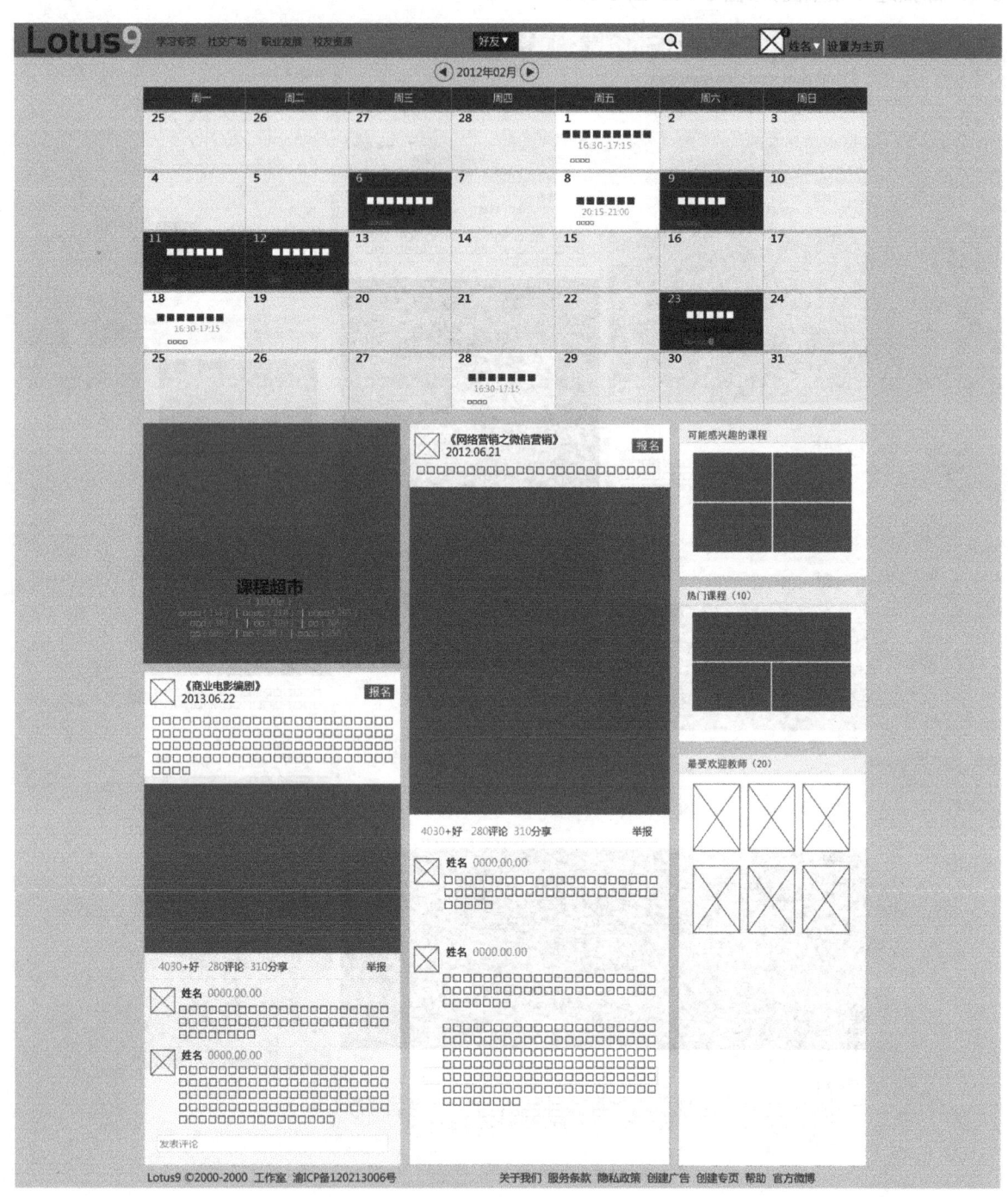

图 1-15　Lotus9 在线学习社区的低保真原型图 2

（1）安装 Balsamiq Mockups。

在 http://balsamiq.com 下载快速原型图设计工具 Balsamiq Mockups 最新试用版并安装（无汉化包）。

（2）启动 BalsamiqMockups。

在 Windows 桌面单击"开始"→"所有程序"→"Balsamiq Mockups"，启动 Balsamiq Mockups 程序就可以直接绘制原型图了，也可以单击 Balsamiq Mockups 菜单栏的"文件"→"新建"→"New Blank Mockups"或底部标签栏的"+"图标创建新文件。

（3）绘制低保真快速原型图。

拖动 Balsamiq Mockups 图标工具栏"Layout"→"LinkBar,Navigation"图标到下面编辑窗口的适当位置，作为 Lotus9 主页顶部导航栏，然后双击进入文本编辑状态，输入或增加链接文字，最后在弹出的"Link Bar,Navigation"属性窗口中设置好需要的参数。

以此类推，继续拖动图标工具栏上的图标绘制原型图的其余部分。

（4）保存并导出低保真快速原型图。

单击 Balsamiq Mockups 菜单栏的"File"→"Save"保存所编辑的文档，单击"文件"→"Export AllMockups to PNG…"，在弹出对话框的"文件夹"输入框中输入或选择文件夹，然后单击"选择文件夹"按钮完成导出。

9　用户分析

直接用户是高校在读学生，间接用户是高等教育机构（特别是高职院校）。在读学生使用 **Lotus9** 时完成与过去课程教学相同的学习任务，获得相应学分以确保能够获得大学毕业证书，因此，用户的学习动力有基本保证，学习过程同样有教师伴随指导（能够较快适应新的学习模式）。

10　功能需求

学生线上学习+教师线上交流与线下辅导结合的学教模式。

（1）在线课程学习（Online Learning）；

（2）社交网络服务（Social Network Service）；

（3）求职/招聘（Jobs / Careers）；

（4）校友资源开发（Alumni Resource Development）；

（5）广告媒体平台（Advertising Media Platform）。

11 非功能需求

（1）安全（高隐私需求+高敏感信息过滤）；

（2）速度（基于弹性云服务器+大数据）；

（3）跨平台适应（特别是要覆盖移动智能终端操作系统）。

12 撰写市场需求文档 MRD

4 单元：完成真实任务（True Task）

[说明]学习者再次尝试完成"1单元"中的真实任务，利用下表再次进行自我评估并接受指导老师的持续评估和工作意见。之后，学习者将自己所属团队完成的任务进行展示、交流（角色情景扮演），与其他团队进行交叉评估。

评估

● 为完成这项任务，我们做了：	
● 对比学习目标，我们实现了：	
● 对比学习目标，我们还未完成的有：	
学习者自我评价（分值越大越优秀）	□1分 □2分 □3分 □4分 □5分
教师评价（分值越大越优秀）	□1分 □2分 □3分 □4分 □5分

测试

用思维导图方式比较商业模式、盈利模式、交易方式的概念区别。

绘制商业模式画布讲述 Twitter 现在与将来的商业模式关键点。

用最简炼的关键词从目标市场、定位及商业模式比较 Lotus9 与 YY 教育、沪江英语学习网的差异，并给出 Lotus9 参与竞争的重要建议。

| 测试结果（分值越大越优秀） | □1分 □2分 □3分 □4分 □5分 |

拓展

科斯：经济学界的张三丰

自亚当·斯密以来，现代经济学的核心主线在于发现、论证和完善市场机制。经济学家们先是发现了"看不见的手"，在庞大冗杂的经济体系里，数不清的生产者生产出五花八门的商品，数不清的消费者又在购买并消费着形形色色他们需要的东西。而价格机制潜移默化地发挥着调节作用，最终使得供需平衡，所有产品市场都能够达到出清的均衡状态，而社会资源也由此获得优化配置，消费者效用也由此实现有约束的最大化，这真是一个神奇的机制。但口说无凭、文字描述难以服众，以至于经济学家们不得不借助数学的力量来验证市场机制的存在性和有效性，最终经济学家做到了，经济学也由此具备了一定的"科学性"并进入繁荣发展期。

1991 年诺贝尔经济学奖获得者罗纳德·哈里·科斯（Ronald·H·Coase）很早就敏锐地发现，斯密式的市场机制作用于一个假想的抽象世界，经济学赖以自鸣得意的理论体系其实都是建立在一系列假设基础之上，而这些假设尽管看上去颇有道理，但并不现实。于是，科斯进行了一系列在现在看来极具创新性和突破性的思考，而放在当时，这些思考既独辟蹊径，也有些离经叛道。首先，传统经济学有一个不易察觉的隐性假设，那就是供给者是无差异的，供给者是一个统称，而并不区分他到底是谁。但科斯注意到，商品供给者是不一样的，既有个人，也有企业，于是他提出了一个传统经济学无法回答的问题：为什么会有企业？

要回答这个问题，就必须要反思经济学另一个重要假设，传统经济学默认经济人都是理性的，所谓的市场，即生产者和消费者发生交易的地方，也是一个理想化的无成本世界，就像是物理学上"无摩擦"的世界，人们不需要克服任何阻力或困难，就能自由生产、交易和消费。但现实却是，经济世界是有摩擦力的，人们也并非完全理性，因此，交易在搜寻、协商和成交等环节都有成本。而企业的本质，就是利用管理机制替代市场机制，实现企业内部的成本集约。而企业的边界则取决于这种替代是否有效，企业规模发展到一定程度，管理机制协调资源配置的成本将等于或大于市场直接进行资源配置的交易成本，这时，企业就没有必要继续扩大了。

此外，科斯还注意到，传统经济学不仅默认供给者是无差异的，而且还默认交易是物的交换，但实际上，真实世界的交换本质上是权利的交换，无论交易对象是有形的苹果还是无形的排污权，买卖双方交换的是一系列的权利。而既然交换的是权利，那么法律上的产权设置就变得十分重要了。将法学概念融入经济学，再结合自己提出的交易成本，科斯得出了两个重要结论，这就是被后人津津乐道的"科斯定理"：如果不存在交易成本，那么只要产权是清晰的，无论产权最初如何分配，市场机制都能实现资源有效配置；如果存在交易成本，那么产权的最初分配将影响到市场机制作用后的资源配置结果。

科斯的学术成果体现在1937年的《企业的性质》和1960年的《社会成本问题》两篇这最著名的论文里。

（资料来源：程实.科斯：经济学界的张三丰[J].北京：国家人文历史，2013(10)上）

黄冈中学网校如何一年收入10亿

[提要]单纯的在线教育市场还没成熟，必须结合线下推广、集中体验、线上教学的O2O模式。

互联网教育正在迎来爆发期。

阿里、网易、优酷、腾讯、金山词霸等传统互联网公司都已涉足在线教育领域。而在国外，风靡世界的网络在线教育平台"可汗学院"先后获得了比尔·盖茨和谷歌的投资。

"在线教育这两年很火，是因为美国有一家公司获得了1.3亿美金的投资。"聚焦K-12在线教育领域（即从小学到高中的12年教育）的黄冈中学网校校长汪建宏对《创业邦》记者说："大家都在赌中国哪家公司会火。但你也可以这么理解，我们看未来其实都是问号。"

汪建宏说在线高等教育、在线职业培训有其成功的模式，但在中小学在线教育市场，"课件、产品做得再好，卖不出去有什么办法呢？不只是中小学在线教育，所有线下的辅导班都有这个问题"。他说，这两年不少VC盯在线教育市场，外界会以为它仿佛是突然间火起来的事，但其实早在2002年黄冈中学网校进入这个行业时，在线教育就开始火起来了。2003年左右，北大附中、清华附中、北京五中、天津一中等七八十所国内知名的中学都做了网校。

"我们以为一个牛气的远程教育时代已经来临。但随着时间的推移，中小学在线教育市场只开花、难结果，成功的真没几家。"汪建宏说。

汪建宏当然不怀疑在线教育是一块很大的蛋糕，但就其所垂直的K-12在线教育领域来看，他觉得服务、营销不能止步于互联网，"必须得跟线下结合。在线下设体验点，只有通过线下的推广让家长得到体验，觉得你不是骗子，让他明白这是一个好的产品，他才会有购买欲。我觉得，线下要有人去接触线上的服务才能走出这个泥潭。"

1 把网校卖出去的关键：线下推广

利用黄冈中学的名校品牌与教学资源，黄冈中学网校切入了中小学在线教育这个被汪建宏称之为"有大势"的行业。公开数据显示，2011年，中国中小学补习市场规模有2740亿元，而网络教育市场在2012年的市场规模约为700多亿元。"当我在广东省一不小心做到8000多万元的时候，才发现它有这么大的'势'。"汪建宏说，"黄冈中学至少会唤起'70后'、'80后'两代人的记忆，大家都知道它是一所名牌中学。"

2012年，作为黄冈中学网校加盟代理商的汪建宏，将其所创办的学路公司以股份置换形式合并了其东家太奇公司的黄冈中学网校项目。汪建宏接盘后的一年内，黄冈中学网校增加了数亿元的营收，加盟分校增至200多家，有近100家直营分校。如果不出意料，它的营收将迈上10亿级的台阶。

2011年，汪建宏在广东把分校业务做到近1个亿时，总校的收入却只有2千来万。10年以前它就是国内第一代网校，2千万显然不是一个令人兴奋的业绩。"它其实是一个很奇怪的行业，加盟商赚的钱会比我们多。"汪建宏说，黄冈中学网校曾对外宣称它可以得到300%的回报，"但实际上，加盟商的回报会超出这个数字。我在做加盟商的时候销售3000万元，就会有1000万元的利润"。汪建宏透露了他们与加盟商合作的相关数据，"他们在总校拿产品的折扣，最高也就两折"。

汪建宏举例，在一座小城市花10万元加盟一个区域市场，假如一年的营收是80万元，除掉房租、人工、工商税务外，剩下的全是他的。黄冈中学网校在重庆的一个加盟商，"一年就有1000多万元的收入，连办公大楼都是自己买的"。就算是在湖南湘西这样的小地方，一个大学毕业不久的年轻人，一年也能有200多万元的销售收入。

"但这是一个叫好不叫座的行业。"汪建宏说，"你很难去颠覆别人对它的认知。"名师+名校+同步教学+在线辅导是中小学在线教育行业的主流路径，黄冈中学网校也毫不例外在走这样一个路子，但在早期阶段它一直走得不顺畅，"一直在亏钱"。他后来分析为何有这么多网校只开花而难结果，是因为如果完全做线上，"也许并不靠谱。这几年，在线教育还是会有渠道为王的倾向"。

汪建宏说，在线教育市场现在以两种模式为主。一类是像淘宝同学、YY教育这样的平台模式，"让内容在平台上进行交易，它对资金的需求也很大，人们认为这是一种通吃在线教育的模式。但从目前的情况来看，它最大的一个问题是没有形成强大的内容供应商，它的内容质量也很难得到保证"。另一类就是像黄冈中学网校这样的内容模式。"不管是现在还是未来，我觉得做内容的总不会被抛弃"。

2008年，汪建宏在做加盟代理商的时候，摸索出了一套自己的做法，即黄冈中学网校现在正在践行的结合线下推广、集中体验、线上教学的O2O模式。在他的判断里，三、四线城市的家长还没有形成网购教育产品的热潮。

"这些年有人在喊在线教育很火，会颠覆，但其实喊了这么多年，你会发现谁也没有颠覆谁。在这样一个过程里，我们需要和加盟商在线下一起努力，将在线教育推到一个高度上去。"汪建宏说。这个行业很特殊，它的购买者和消费者不是同一个人，孩子的意愿与家长的选择往往并不一致。"你只有得到了家长的信任与认可，才有可能真正把产品卖出去。"

黄冈中学网校在线下设有自己的体验店，是一个"智能学习中心"，有电脑、圆桌、学习顾问、学习测评系统，家长可以和学习顾问一起类似沙龙一般地进行交流和沟通。"电脑就摆在那里，孩子和家长可以去体验网上的学习形式。"他们签约了100多名知名家庭教育方面的专家，在分校会定期进行巡讲，对家长进行沟通式教育。"我们面对的顾客不像小米手机购买者——他们会用大把时间在线搜索有关它的技术参数。但你会发现，其实这种线上营销模式的粉丝忠诚度也未必很高。"

同样具有名校的品牌，产品也不会差太远，为什么学生要选择黄冈中学网校？汪建宏的回答是，正因为这样，线下的推广才变得很迫切。目前，大家对这个行业的认知程度很低，"甚至有人误以为网校就是教人打网球的学校"。

汪建宏自己虽然处在一个有想象空间的行业，但他同时也发现现在很多大家看起来不错的互联网公司，它们在早期阶段都需要企业自己去推广还没有被大众广泛接受的产品理念。他举例说，携程在刚出现的时候，让人们发现在网上订票便捷而且便宜，"大家一时都反应不过来。最后，它必须得去机场、火车站推广这种模式"。在他看来，携程之后的同业者在商业模式上未必比它高明，"只不过，一个公司在切入一个行业的早期阶段时，必须得靠自己去推广，要走很多弯路"。

2 把教育产品做得"简单、标准、易复制"

黄冈中学网校几乎包揽了黄冈中学所有的特级、高级教师及享受国务院津贴的专家。"我们有严格的集体备课制度,网校学生接受的实际上是一群名师的辅导。"

不过汪建宏也承认,无论是品牌、教学资源,黄冈与同行并无明显差异,因而如何让产品卖出去,形成一个可复制的模式变得很重要。"简单、标准、容易复制",汪建宏说这是他追求的商业模式。

他直言不讳,一个教育产品并不在于有多创新,而在于其对这个行业能构成多大的颠覆性。"无论是家长还是孩子,来上网校的目的很简单,就是让自己的学习成绩有所进步。很多人可能会攻击我把教育产品做得标准化,但从一个教育机构的角度来看,我们的目的就是让孩子的学习效果达到最好。"黄冈中学网校极力想把产品、商业模式、学习做得标准化,目的是容易复制和操作,"从而形成规模效应,加盟商只要把这一套产品销售出去就可以了。怎么做线下的活动、管理体系、商业模式我们都会帮他们搭建好"。

黄冈中学网校结合了加盟商所在城市的特点定制当地的产品,打造了 300 多个结合地方的教学版本。"我们打造的是一个最古老的学习方法:预习,知道重点、难点问题;听课,听完了可以在线测评自己听课的效果,我们会出一些题目给学生做,学生能立即查询到答案;然后就是复习;再之后是在线提问答疑,3 个小时内老师会回复学习的疑问。"为此,汪建宏不会去设置五花八门的栏目,"这样会把孩子们搅得很晕,其实我觉得怎么能用更少的时间去复制知识,有效学习是很重要的事情"。

"大家会认为在线教育是不需要服务的,我把产品卖给顾客就结束了,但我们会把这个看作是服务的开始。"黄冈中学网校拥有网上设班、积分奖罚、学习计划管理、学习记录管理等功能,以填补传统网校对学生管理的缺失。家长学校、网上家长会、短信沟通等措施,也使家长成为网校学习的主体。"产品的消费者和购买者是两个人,我们会对购买者进行'教育',如何去做一个合格的家长,让家长和孩子一起成长。"

3 "跟随式创业"容易有现成的市场

"一个创业者如果单枪匹马进入这个行业,要去找老师,建立一个完整的教学和销售体系会比较艰难。"汪建宏说,当大家看到一个很好的行业,很多人都会为此独自去创业,但事实上没有想象中那么容易。

他结合自己的创业经历告诉人们:"早期创业者其实没有那么牛,教育市场很庞大但跟你没多大关系。"大家都推崇小米,"但这不意味着雷军成功了,你就能成。你没有他的个人影响力,也没有他手头的资源,你感觉他在做一件创新的事,但实际上他在行业内已经有了很深的积累"。

汪建宏说初创企业最大的问题不是战略,不是如何去颠覆行业,"现在大家都在鼓励创新,鼓励与别人格格不入的创业姿态。但其实初创企业每天面对的最大问题是生存，自己要明白账面上的钱够不够发下个月的工资。"他举例说，在潮汕、温州那一带的生意人看到别人做什么自己就跟上去一起做，并且能赚到钱。"所以，对于草根创业者而言，类似潮汕、温州这种跟随式创业，我觉得会更容易成功。"

2010年，汪建宏在广东主要的地市都开满了分校。当时跟着黄冈中学网校做这件事的时候，只是觉得黄冈中学的品牌肯定有影响力。"赚钱了才发现这是一个很大的市场，但在当时我并没有想到要去颠覆什么，我自己其实就是一个跟随式创业者。"

汪建宏认为，只做黄冈中学网校还是比较封闭，从品牌权属上应当接触更多的名校，形成一个众多名校结合的学习网。"我们还有个想法，让它与平板电脑、屏幕等硬件产品结合，开发一款专门针对儿童、青少年学习的平板电脑，成为一个专门用来学习的移动工具。"

[资料来源：夏宏.这个年收入10亿元的网校是如何做成的？[J]. 北京：创业邦, 2013(12)]

● 转入下个**工作任务：产品（服务）设计**的学习

1.3 产品（服务）设计

学习目标（Learning Objectives）

素质：独立创新的理念、清晰的文字组织与表达（口头交流与写作）、使用数学或结构方式进行逻辑分析与推理、脚踏实地的态度与行动。

技能：能够提出产品概念（创意），通过快速原型（图）设计可视化展示产品设想，撰写产品需求文档（PRD）。

知识：整体产品模型、产品生命周期、原型（图）。

[说明] 学习时间，预计共 24 学时（6 学时课内+18 学时课外）。另外，教学过程采用行动导向的混合学习方式来组织管理，学习过程是围绕解决问题、完成任务、学会知识、掌握技能、胜任工作这样的内在逻辑来进行的。

1 单元：尝试真实任务（True Task）

[说明] 学习者组成 7 人左右的工作团队，将自身置于职业岗位的工作环境，充分调动自己过去积累的经验和已经拥有的知识，也可在互联网搜索借鉴他人的经验，最好能进行现场实践，来尝试解决实际问题（任务）。

任务

工作任务：
将"商业模式设计"中撰写出来的商业需求文档（BRD）和市场需求文档（MRD）细化，制作产品（服务）原型，撰写规范的产品需求文档（PRD）。（建议：初级瞄准网上零售需求——中级瞄准垂直电子商务需求——高级社交网络需求）

评估

● 为完成这项任务，我们做了：
● 经过努力，我们完成了下列任务：
● 在完成任务的过程中，我们遇到了下面的障碍（问题）：

解析

- 任务解读：将所发现的需求转化为产品创意，完成产品快速原型设计。
- 关联理论：整体产品模型、产品生命周期、原型设计。
- 问题难点：产品原型，头脑风暴法仍然是有效思维方式。

2 单元：相关理论知识学习（Theory Study）

[说明] 学习者可以根据自我评估以及指导老师给出的持续学习指导意见，有差异地选择自己需要学习的相关理论知识。如果在没有学习某部分理论知识前，学习者就能够完成对应的任务，则所需的支撑理论知识已经具备，可以在征询指导老师意见后越过这部分理论知识的学习。

学习引导

有了清晰的商业模式，就需要细化产品描述，我们从整体产品概念模型出发，结合产品生命周期分析结果,形成对产品原型的设想;将产品设想绘制为可视化的低保真产品原型图,同时编撰产品需求文档,为后续产品技术开发提供清晰的指导性文件。

理论

● 整体产品模型

产品(Product)是指人们通过购买而获得的能够满足其需求的要素组合体,既包括具有物质形态的实体,又包括非物质形态的利益,这就是"产品的整体概念"。综合皮特·贝内特(Peter.D.Bennet)、库尔茨和布恩(David L.Kurtz-Louis E.Boone)、菲利普·科特勒(Philip Kotler)、西奥多·莱维特(Theodore Levitt)等研究者先后提的从二层次到五层次的产品整体模型,我们理解的产品是基本效用、有形实体、附加利益三个层次要素的组合整体。

其中,基本效用(Utility)是指人们通过产品使用所获得的特定需求满足,如买轿车是为了代步,买快餐是为了充饥,买化妆品是希望美丽;有形实体是指产品实现其基本效用的有形载体,包括造型、材质、颜色、质量、包装等;附加利益是指能够增强产品满足用户需求的元素,包括服务、价格、品牌等(图1-16)。

图1-16　整体产品的理论模型

电子商务本质上属于服务产品(Service,简称服务)。服务产品是指能够满足客户需要的功能和作用,具有无形性、不可分离性、易逝性、可变性等特征,无形性是指服务产品提供给客户的组合整体中通常没有有形实体元素，但会有提供服务的条件（实体环境或网络平台，这是不会随购买行为提供给客户拥有的）；不可分离性是指服务产品的生产和消费（使用）是同步进行的，服务就在过程进行中提供。

- 产品生命周期

产品生命周期（Product Life Cycle Theory，PLC）是美国哈佛大学教授雷蒙德·弗农（Raymond Vernon）1966 年提出的概念，他认为产品和人的生命一样，会经历形成、成长、成熟、衰退这样的周期。后来研究者发展完善为导入期、成长期、成熟期和衰退期（图1-17）。产品生命周期是产品的市场寿命，也就是新的产品从开始进入市场到被市场淘汰的整个过程。

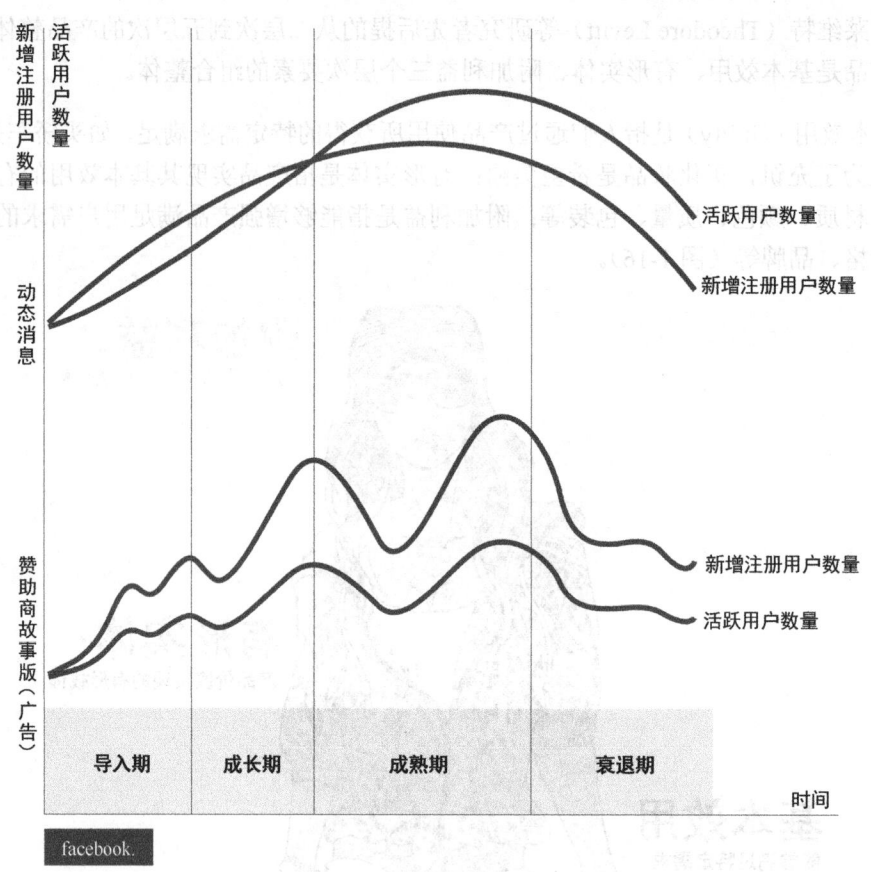

图1-17　产品生命周期的理论模型

产品生命周期的识别方法基本上有两大类：一类是经验判别法，主要包括销售增长率法、类比预测法、普及率分析与预测法；另一类是数学模型法，主要指龚伯兹（Comperz）曲线拟合法以及模糊数学方法。

销售增长率法，就是用产品销售增长率的大小，来判断产品生命周期的各个阶段。产品投入初期，销售增长速度缓慢时为导入期；销售增长速度呈直线上升时为成长期；销售稳定时为成熟期；销售增长速度呈直线下降时为衰退期。销售增长速度快慢的具体判断，主要参考经验数据。类比预测法就是把对比产品与相类似的产品生命周期的发展变化规律进行比较分析，以判断对比产品的生命周期阶段，主要是用于产品生命周期阶段的分析和预测。

产品生命周期帮助我们识别所采集到的需求转化为产品时的市场空间，也就是商业机会的大小，同时，帮助我们针对所处生命周期阶段采取适当的营销组合策略。

● 产品原型

产品原型（Product Prototype）是把产品主要功能和样式，通过快速开发制作为"模型"（图1-18），将创意构思以可视化的形式展现给客户，用以交流沟通确定需求（降低需求理解与描述的多义性和非完整性——不确定性），从而为产品开发流程的后续环节提供精确的依据，从而降低成本、节约时间、提高开发效率和产品质量。

图1-18　Lotus9在线学习社区的低保真原型图3

原型就是在将太多时间与资源投入产品开发活动之前完成的产品概念和框架设计。从开发者角度来说，原型确保未来产品能够被不同的参与群体正确理解，以及验证产品的可用性，提高与他们的沟通效率，降低产品迭代周期；而对于客户或者投资人来说，能够直观地通过"使用"原型，来想象产品的最终形态，比较原型是否反映了自己的真实需求以及产品是否能够满足其需求，从而引导客户参与设计，帮助开发者准确找到客户的核心需求。

就像商业楼盘要制作 3D 模型和样板房，3D 模型就是供设计人员验证设计的真实效果，样板房除了水电气未通达不能使用外，具备住房全部居家空间与功能，就是为购房者制作的逼真原型。

依据原型制作阶段和使用目的，原型大致可分为低保真原型（Low-Fidelity Prototype）、高保真原型（High-Fidelity Prototype）（图 1-19、图 1-20），区别就在于内容、视觉和交互性（功能实现的完善程度）保真度上，前者表达出产品的粗略概念轮廓，作用是跟客户确认产品的需求和业务逻辑，后者在细节程度上高度仿真产品的最终形态，是用于客户验收的产品上线后效果，也作为产品开发的标准。

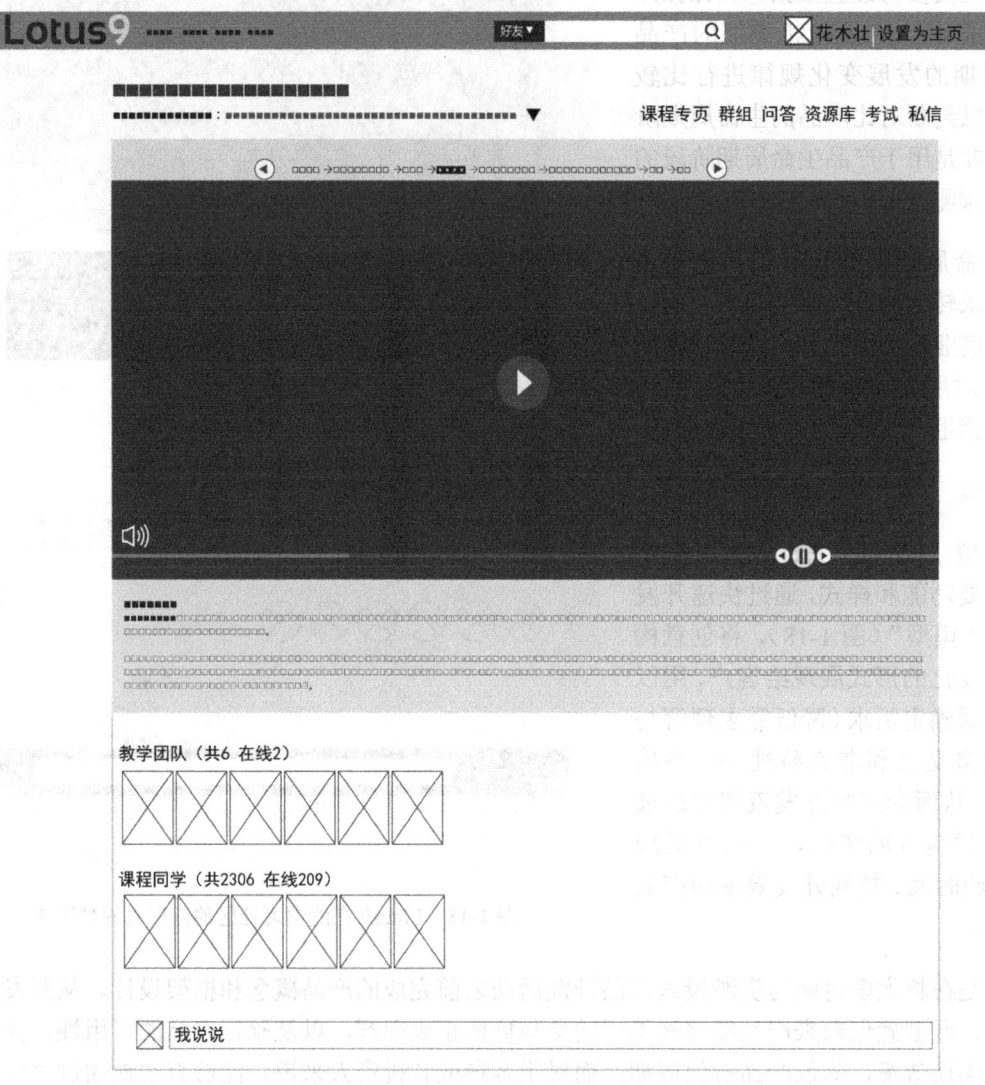

图 1-19　Lotus9 在线学习社区的低保真原型图 4

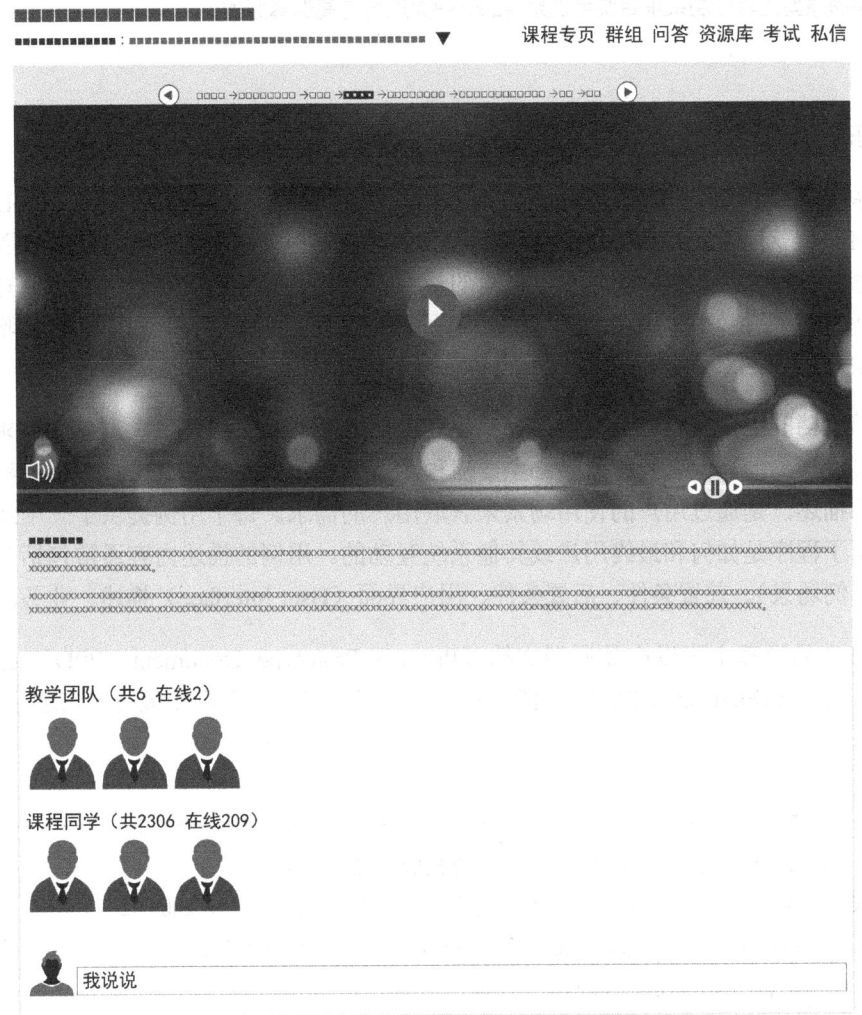

图 1-20　Lotus 在线学习社区的高保真原型图

快速原型设计就是以发现新创意和检验设计为主要目的的原型设计行为，原型会在产品形成的整个流程中使用，尤其是需求评审、产品概念设计以及交互设计与视觉设计阶段被广泛使用和依赖。

快速原型设计工具从简单的纸质原型、白板线框图，到专门的快速原型设计软件 Balsamiq Mockups、WireframeSketcher、Axure RPPro、Adobe Muse，其中 Balsamiq Mockups、WireframeSketcher 的突出特点是能够实现手绘草图效果，Axure RP、Adobe Muse 则能够制作交互程度高的高保真原型。

> **微练习：**
> 用快速原型工具绘制京东商城手机频道的低保真原型与高保真原型。

● 产品需求文档

产品需求文档（Product Requirement Document，PRD）是将商业需求文档（BRD）和市场需求文档（MRD）对产品的描述，用专业技术语言详细描述产品的最终形态。产品需求文档是产品由"概念化"阶段进入到"图纸化"阶段的最主要文档，其作用就是对 MRD 中的内容进行指标化和技术化，这个文档的质量好坏直接影响到研发部门是否能够准确理解和再现产品的需求与特征，决定产品的基础架构、前端页面与后端逻辑。

产品需求文档的主要内容包括项目概述、产品框架结构、用例说明、功能需求、非功能需求，通常应该出现产品最终形态的高保真快速原型、主要流程图。其中，用例（Use Case）是对程序如何反应外界请求的描述，是通过用户的使用场景来获取用户的需求。每个用例提供了一个或多个场景，该场景说明了程序是如何和最终用户或其他系统互动的。用例的描述内容通常包括简要说明、用户角色（用例场景）、前置条件、后置条件、用户界面（User Interface）描述、业务流程等要素。

现在也有产品经理主张以产品原型文档（Product Prototype Document，PPD）或产品设计文档（Product Design Document，PDP）代替产品需求文档（PRD），对产品最终形态进行详尽技术描述。

参考

- 苏杰. 人人都是产品经理[M]. 北京: 电子工业出版社, 2012.06
- [美]艾·里斯, 杰克·特劳特. 定位[M]. 北京: 中国财政经济出版社, 2002.02
- http://www.chanpin100.com 产品100-全方位的产品经理交流学习平台
- http://www.yixieshi.com 互联网的一些事
- http://www.pmtoo.com 产品中国
- http://www.woshipm.com 人人都是产品经理
- http://www.joshes.cn 行者的产品设计博客
- http://tangjie.me 产品经理@唐杰
- http://icojump.in ICOjump - 关于交互&产品设计的相关点滴
- http://www.iptimes.cn 互联网产品时代_产品经理分享交流基地
- http://yang16.com 氧16-做设计爱摄影乐分享
- http://www.paidai.com 派代网 - 电子商务入口
- 快速原型图设计工具 Balsamiq Mockups（http://balsamiq.com）
- 快速原型图设计工具 Wireframe Sketcher（http://wireframesketcher.com）

- 快速原型图设计工具 Axure RP（http://www.axure.com）
- 免费高效在线作图工具 Process On（http://www.processon.com）
- Web 前段页面设计工具 Adobe Muse（http://www.adobe.com）
- 业务流程分析解决方案 iGrafx（http://www.igrafx.com）

3 单元：跟真实案例学（Follow Case）

[说明] 学习者将"1单元"中的真实任务与以下真实案例进行对比，看看真实案例中相似问题（任务）是怎样解决的（流程、方法和技巧，以及所依据的理论知识），尤其是自己在初次尝试中遇到障碍的方面。

案例

"Lotus9 在线学习社区"是基于"关联主义"+"建构主义"学习理念，采用"混合学习"教学模式+"翻转课堂"学习过程组织形式，利用开放源代码技术搭建的在线学习平台。Lotus9 提供包括在线课程学习、社交网络服务、学习者求职/用人单位招聘、校友资源管理、广告媒体等 5 大产品（服务），具有社交化、智能化、泛在化、终身化特征，能够满足学习者从学习、交友、求职、应聘等学习生活工作的全链需求。

"Lotus9 在线学习社区"创意提出是在 2011 年，源自作者从 2005 年开始的国家精品资源（共享）课建设过程中的深切体会。那就是课程所制作的资源完全忽视学习者的需要，导致投入大量资金建成的数千门课程资源访问者寥寥，而在教育互联网化背景下，以学习者为中心的，契合未来教育教学形态变革的学习资源开发及学习平台匮乏。作者有此需求出发，想引入全新学习理论和互联网思维方式，搭建能够实现教育教学梦想的社区（平台）。

"Lotus9 在线学习社区"的 Lotus（中文意思为"莲花"）是作者偶然间闪念的结果，是因为作者对 PC（Personal Computer，个人计算机）时代早期印象极其深刻的 IT（Information Technology，信息时代）传奇故事中，美国 lotus 软件公司创始人因为喜欢佛教而用佛教标志性的"莲花"命名公司，而觉得 lotus 取义圣洁，与教育的神圣感存在某种隐含关联性。美国 Lotus 软件公司（后被 IBM 收购）的革命性产品 lotus 1-2-3 电子表格，是如日中天的 Microsoft Excel 的启蒙对象和模仿榜样。

当然，**Lotus9** 取名还有两个原因，一是因为在域名注册中 Lotus.com/Lotus.cn 已经被人注册过了，作者考虑通过附加数字来获得域名注册通过，而 9 是单数中最大数，也代表学习过程应该追求的境界，另一个原因是在 Logo（徽标）设计过程中，**Lotus** 字母组合的视觉效果符合作者追求的大气、简洁要求。

> "Lotus9 在线学习社区"从创意、策划、开发、运营是完整的闭环系统，2011 年提出创意、2012 年完成概念设计、2013 年确定全开源技术架构、2014 年进行代码实现和上线测试运行、2015 年进行优化完善。

案例解读

1 产品描述

   提供在线学习、社交网络、求职招聘、校友资源、广告媒体等 5 个核心服务（产品），服务对象包括在线学习者、提交教育（培训）服务的机构、用人单位和广告投放者。

2 信息架构（图 1-21）

3 用例说明

   以高职院校在线学生为例，基本使用流程是"注册/登录→（课程超市）选择课程→浏览课程专页→开启课程学习流程→课程社区/问答交流→课程学习评估（考试）→在个人主页分享"。

4 功能需求

   （1）在线课程学习（选课、学习辅导、练习、问答、社区交流、评估考试等）；

   （2）社交网络服务（社交圈子、分享、浏览、评论、转发等信息）；

   （3）求职/招聘（简历制作与管理、应聘过程管理、发布招聘信息、筛选应聘者等）；

   （4）校友资源开发（校友社区）；

   （5）广告媒体平台（自助广告发布、广告效果监控与分析等）。

5 非功能需求

   （1）安全（高隐私需求+高敏感信息过滤）；

   （2）速度（基于弹性云服务器+大数据）；

   （3）跨平台适应（特别是要覆盖移动智能终端操作系统）。

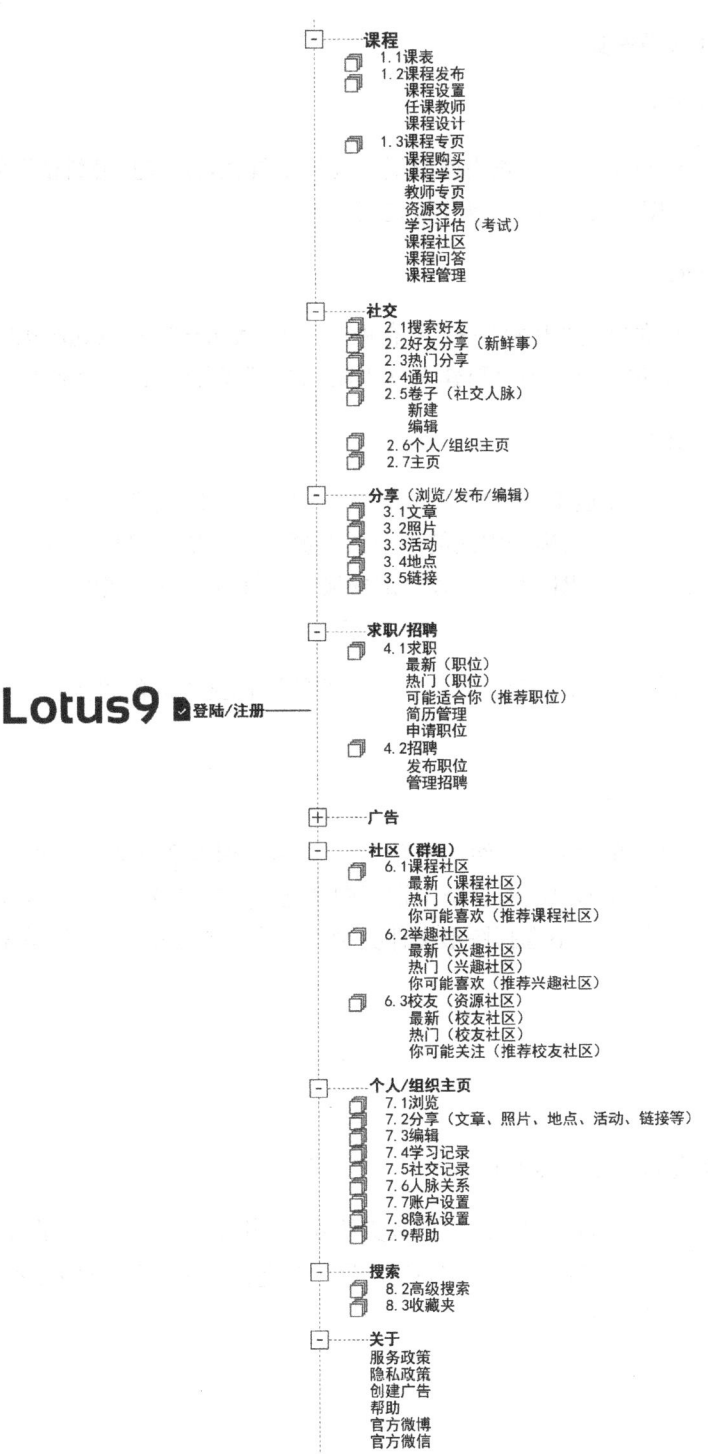

图 1-21　Lotus9 在线学习社区的信息架构

6 快速原型图设计（高保真度）

（1）安装 Axure RP：

在 http://www.axure.com 下载快速原型图设计工具 Axure RP 最新试用版并安装，在互联网上搜索 Axure RP 最新版汉化包并按说明安装。

（2）启动 Axure RP：

在 Windows 桌面单击"开始"→"所有程序"→"Axure"→"Axure RP Pro7.0"，启动 Axure RP 程序，单击对话窗口的"新建"→"RP 文件"创建新的快速原型图。

（3）绘制快速原型图：

在 Axure RP 界面左边工具栏单击"部件"→"选择部件库"→"线框图"选择，从"部件"工具栏拖动"矩形"图标到中间的"主页"窗口，调整位置和大小作为 Lotus9 的顶部导航栏，然后，在 Axure RP 界面右边"部件属性和样式"→"属性/样式"中设置矩形的属性与样式。

以此类推，继续从"部件"工具栏拖动需要的图标到中间的"主页"窗口，调整并设置好相关参数。

（4）保存并导出原型图：

单击 Axure RP 菜单栏的"文件"→"保存"命令，保存所编辑的文档，单击"文件"→"导出主页为图片"，在弹出的对话框中设置图片格式，在"文件名"输入框中输入文件名，在"保存类型"下拉列表中选择图形文件类型（最常见是 JPG），最后单击"保存"按钮。

7 产品需求文档 PRD

4 单元：完成真实任务（True Task）

[说明] 学习者再次尝试完成"1单元"中的真实任务，利用下表再次进行自我评估并接受指导老师的持续评估和工作意见。之后，学习者将自己所属团队完成的任务进行展示、交流（角色情景扮演），与其他团队进行交叉评估。

评估

- 为完成这项任务，我们做了：

- 对比学习目标，我们实现了：

- 对比学习目标，我们还未完成的有：

学习者自我评价（分值越大越优秀）	□1分 □2分 □3分 □4分 □5分
教师评价（分值越大越优秀）	□1分 □2分 □3分 □4分 □5分

测试

从产品经理角度阐述 PRD、MRD、BRD 之间的关系。

梳理互联网产品开发主要环节和交付结果（物），以此绘制互联网产品开发流程图。

选择你想要做的互联网项目，撰写其 PRD（简要大纲）。

测试结果（分值越大越优秀）	□1分 □2分 □3分 □4分 □5分

拓展

● 产品服务体系的三度空间

产品和服务是一对双胞胎，商业上都是为了满足客户需求存在的，产品的管理包含了对服务的管理。既然产品服务是为了满足客户需求、获得商业价值存在，那么就必须要回答三个问题：

面向谁？这是客户群体的特征。

满足什么？这是具体的需求。

提供什么？这是产品服务的形式。

总是能看到产品经理在沉思"我能为用户提供什么新花样？"向产品线上搭载新的产品不是拍脑袋想出来的，其中存在着规律和方法，这就是产品服务的三度空间。

1 建立产品服务的三维坐标系

我们以某具体的概念作为原点（有关概念设计，请参考《从概念设计到信息架构》），建立一个包含目标客群（X 轴）、需求（Y 轴）、产品服务类型（Z 轴）三个相互垂直的坐标空间（图 1-22）。每轴都会沿着箭头方向衍射出无数个节点，这些节点可以根据社会关系的变化、技术的进步不断地增加或删除。

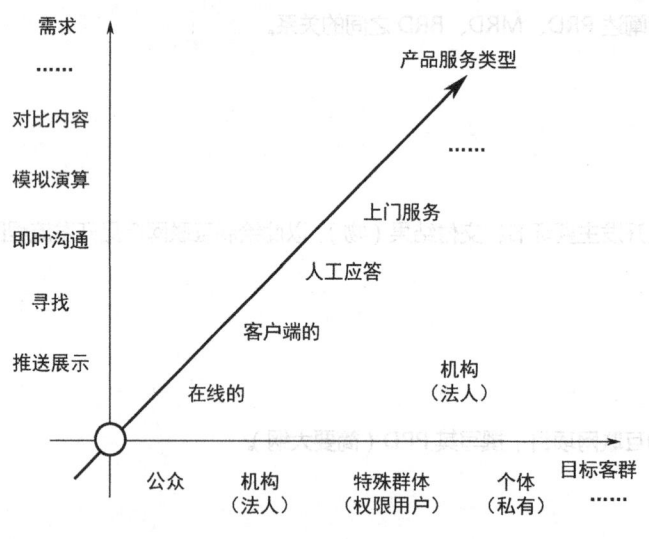

图 1-22 产品服务体系的三维坐标

建立一个产品服务体系的三维坐标系，例如：目标客群（X 轴）可能包含节点：公众、机构（法人）、特殊群体（权限用户）个体（私有）……需求（Y 轴）可能包含节点：推送展示、寻找、即时沟通、模拟演算、对比内容……产品服务类型（Z 轴）可能包含节点：在线的、客户端的、人工应答、上门服务……

以上举例中的节点可能根据公司、项目的不同有所变化取舍，请产品经理具体问题具体分析，不要认为节点必须包含它们。

2   空间交集那一点就是潜在的产品（服务）

在标定了 XYZ 的具体节点值之后，我们就可以得到空间上的一点，那就是可能存在的产品与服务（图 1-23），我们要一一判定那些点是否要去开发和投放市场。

在产品服务体系描述文档中，可以简单地以坐标来描述具体的产品服务。参考形式：产品（编号）坐标{X, Y, Z}

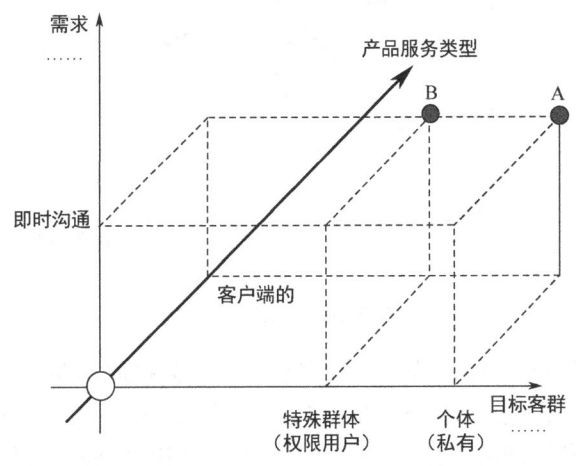

图 1-23   可能存在的产品与服务

通过标定 XYZ 节点，分别得到三维坐标系中的 A 点和 B 点（QQ 和 QQ 群）。A 点：IM（个体，即时沟通，客户端的），含义：QQ 是一个针对个人用户的，满足即时沟通需求的客户端产品。B 点：IM 群（特殊群体，即时沟通，客户端的），含义：QQ 群是一个针对特殊群体用户的，满足即时沟通的客户端产品。

不要觉得这么做很麻烦，当你必须去管理几十、上百种产品，而又害怕新产品会对已有产品产生冲击和叠加的时候，这个坐标系可以非常便捷地处理这个问题。

3   增加一个节点等于增加了一个面

产品管理中的减法很容易，只要把现有产品中那些经营效果不好的进行合并剔出就可以了；产品管理中的加法很复杂，每次技术革新和新应用的出现，都会在三维坐标系的某一个轴增加一个节点，而对于其他两个轴，将有一个"面"可以与新节点汇合。面对节点的增加，产品管理者只需要按图索骥,把可以投放市场的产品服务找到,**评估**它们、**设计**它们、**验证**它们、**投放**它们。

4 三度空间在产品管理中的深层含义

如果把正在运行的左右产品标注在三维坐标系中,并且以交点的大小表示投放量、经营效益、产品状态等属性,那么可以得到一系列的点;按照从属关系或时间先后把这些点串起来,我们可以得到一条三维的产品线(图1-24)。

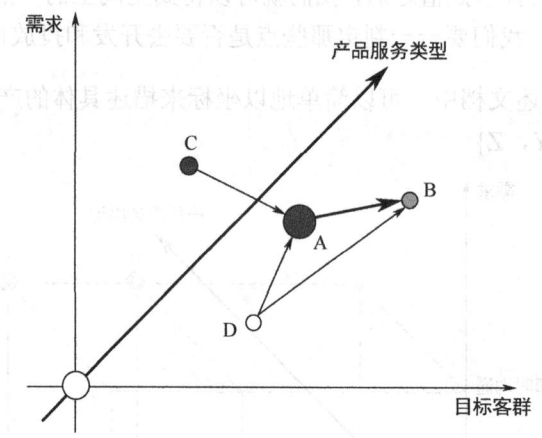

图 1-24 三维产品线

图中 A 点为支撑产品,B 点为待开发产品,C 点为投放初期产品,D 点为成熟产品,CD 支撑 A,AD 支撑 B,在三维坐标系标定具体产品服务的基础上,产品管理人员甚至可以确定一个支撑点,利用产品支撑原理衍生新产品,使用链路将支撑点的用户群输送到新产品的使用中,实现新的赢利。除了对新增产品服务进行管理之外,当然也可以包括同类产品的版本更迭和修正信息。

(资料来源:hozin.产品服务体系的三度空间.
http://www.hozin.com/Point/200908/Product-Management-3D-System.html,2009.08.15)

- 转入下个**工作任务:资金筹集**的学习

项目二

资源配置与产品开发

- 资金筹集
- 团队组建
- 运行平台搭建
- 产品（服务）开发

2.1 资金筹集

学习目标（Learning Objectives）
素质：独立创新的理念、清晰的文字组织与表达（口头交流与写作）、使用数学或结构方式进行逻辑分析与推理、脚踏实地的态度与行动。
技能：能够测算项目的资金需求量，计算项目的投资回报率（投资回收期）以及投资估值，撰写用于引入风险投资的商业计划。
知识：投资回报率（投资回收期）、盈亏平衡、风险投资、投资估值、商业计划。
[说明] 学习时间，预计共 18 学时（6 学时课内+12 学时课外）。另外，教学过程采用行动导向的混合学习方式来组织管理，学习过程是围绕解决问题、完成任务、学会知识、掌握技能、胜任工作这样的内在逻辑来进行的。

1 单元：尝试真实任务（True Task）

[说明] 学习者组成 7 人左右的工作团队，将自身置于职业岗位的工作环境，充分调动自己过去积累的经验和已经拥有的知识，也可在互联网搜索借鉴他人的经验，最好能进行现场实践，来尝试解决实际问题（任务）。

任务

> **工作任务：**
> 为"产品（服务）设计"中确定的互联网项目募集资金，测算资金需求量以及项目估值，撰写商业计划。

评估

- 为完成这项任务，我们做了：

- 经过努力，我们完成了下列任务：

- 在完成任务的过程中，我们遇到了下面的障碍（问题）：

解析

- 任务解读：项目能够成功启动需要若干资源支持，最要紧的就是资金问题。
- 关联理论：商业计划、资金筹集。
- 问题难点：项目估值，可参照同类上市公司招股说明书中的估值。

2 单元：相关理论知识学习（Theory Study）

[说明] 学习者可以根据自我评估以及指导老师给出的持续学习指导意见，有差异地选择自己需要学习的相关理论知识。如果在没有学习某部分理论知识前，学习者就能够完成对应的任务，则所需的支撑理论知识已经具备，可以在征询指导老师意见后越过这部分理论知识的学习。

学习引导

要将规划中的产品付诸实现，就需要足够的资金投入来保证，预先较为准确地测定资金需求、项目风险和未来投资收益，编制简洁可行的筹资方案，解决项目的资金问题，再撰写正式的商业计划书，以作为未来工作的规范性基础文件。

理论

筹资就是为满足电子商务运营与发展的需要而筹措资本的财务行为,筹资的数量、成本、方式可依据电子商务运营与发展的具体需要而定。由于资产是由所有者权益和负债两部分组成,因而资本来源也就是所有者权益和负债两大类。

● 资金需求

通常以 12~18 个月为周期计算融资需求,12 个月为预计没有运营收入情况下的生存资金需求底线,18 个月为预计基本运营收入情况下的生存资金需求中线。

1　明确资金用途

2　估计资金需求量

资金需求量主要满足资本投入和运营支出两方面需要,前者主要用于对增加未来发展能力方面的投入,后者用于日常的运营开销。估计资金需求量就从满足这两方面需要的角度进行预算,从用途着手编列资金需求金额(表 2-1)。

表 2-1　资金需求量测算表

序号	资金用途	6 个月金额需求(万元)	12 个月金额需求(万元)	18 个月金额需求(万元)
01	产品开发费用	5*0.5*6	5*0.5*12	5*0.5*18
02	云服务器等租用			
03	带宽租用			
04	场地租金			
05	营销推广			
06	日常运营			
07	其他			
	合计			

3　选择筹资渠道(方式)(表 2-2)

(1)内部积累(自我滚动发展);

(2)直接投资(股东增资);

(3)发行股票;

(4)银行借款;

（5）发行债券；

（6）融资租赁；

（7）商业信用；

表 2-2　筹资渠道（方式）比较

序号	方式	可能筹集额	成本	难度	速度
01	内部积累	少	低	易	慢
02	直接投资	多	低	较难	快
03	发行股票	多	低	难	慢
04	银行借款	多	较高	较难	快
05	发行债券	较多	较高	难	慢
06	融资租赁	少	高	易	快
07	商业信用	少	较高	难	较快

资金筹集方式选择主要考虑资金需求金额、资金筹集成本、资金筹集难易程度、管理控制权要求程度，应寻找最佳筹资结构。

4　测算资金筹集成本

5　评估资金回收周期和风险（资金使用收益、回收周期预测、风险预测）

采用自由现金流量法，把电子商务项目的投资价值与其未来的获利能力联系起来。预测电子商务未来将会产生的期望现金流的现值，将其贴现后，加上一个贴现后的企业终端值，作为现时的投资价值。

> **微练习：**
>
> 浏览 360、Facebook 和 Twitter 的招股说明书，查看其中关于其公司估值的方法、指标和结果。

● 项目估值

现金流折现模型（Discount Cash Flow，简称 DCF）是传统企业估值模型，估算未来 5 年甚至 10 年现金流的现值，却完全不适用于互联网项目，因为互联网项目具有高风险高收益的突变特征，尤其是初创期间可能仅仅只有一个创意或一个初略计划，没有营业收入。

1. 产品原型期（种子期）

互联网项目早期，基本只能从产品创意、市场潜力、创业团队构成等影响因素来估算，经验成分非常大。

美国人博克斯提出了更为简单的方法：一个好的创意 100 万元，一个好的盈利模式 100 万元，优秀的管理团队 100~200 万元，优秀的董事会 100 万元，巨大的产品前景 100 万元，加起来，一家初创企业的价值为 100~600 万元，这样可融得资金 100~600 万元。

种子期的创业项目能够获得投资者青睐，往往是因为共同的价值观和市场敏感度，看起来更像是用理想和激情共同创业，双方各自投入自己的资源一起做事。成熟的创业者在创业项目早期更需要这些因素支持，其次才是资金。

2. 产品试用期（股票价值折现分析法）

产品测试期是产品已经上线试运行了，会有相应的用户了，就可以使用摩根斯坦利公司分析师 Mary Meeker 在 1995 年提出的**股票价值折现分析法**（Discounted Equity Valuation Analysis，简称 DEVA）代替直觉经验。具体的计算公式是 $E=M\times C^2$，其中，E 为项目价值，M 为项目初始投资（固定成本），C 为用户总价值。

假定 Facebook 每位客户的市场价值为 10 美分，1 亿个客户的市场价值就是 1000 万美元。估值时，使用 1000 万美元的平方，为 100 亿美元。以 Facebook 现有的 8 亿用户，那么最小市值达 800 亿美元。

DEVA 模型的核心思想可以用梅特卡夫法则来说明。罗伯特·梅特卡夫提出的梅特卡夫法则（Metcalfe's Law），是指网络价值以用户数量的平方的速度增长，即网络价值 $V=K\times n^2$，其中，K 为单位用户价值系数，n 为用户数量。梅特卡夫法则的本质是经济学上的网络外部性（NetworkExternalty）规律。

但是，需要注意的是一个人能产生有效交互的数量是有限的，英国利物浦大学进化心理学教授 Robin Dunbar 研究得出结论是，人类的社会群体规模"平均组大小"为 148（约等于 150）。大量的数据证实，从新石器时代的村庄规模，到罗马军团的战斗单位，再到 Facebook 的平均好友数量，基本都在 150 上下。

3. 产品试用期（类比法）

对创业早期项目估值的典型做法还有**类比法**，即参照市面上同类型项目估值进行对比。将潜在用户数、现有活跃用户数、单用户价值、市场份额等指标与参照项目（同类型企业）进行的比较，按照指标值加权折算与参照对象的比例，再乘以参照对象的实际估值。

例如：在线旅游服务的"携程网"，市值为 73 亿美元，2013 年 1~6 月运营收入 25 亿元人民币，为"去哪儿"的 7 倍；而"去哪儿"的增长速度是"携程网"的 3 倍，依次为参照，"去哪儿"的估值有望达到 30 亿美元。

当然，Facebook 和 Twitter 的投资人实际使用"单用户价值"来计算估值，其参照对象是更早上市的 Google，以 Google 年收入除以用户数即得到了一个基准线。

4 快速发展期

资金主要是满足市场竞争和规模扩张需要，这个时候已经有清晰的商业模式，以及较为稳定的运营收入，可以采用信用方式获得金融机构贷款，也可以采用股权融资方式获得投资者投资。

5 收益回报期

创业项目已经获得初步成功，部分投资者有退出创业项目、兑现投资收益的想法，往往选择股票上市进行实现。现金流折现模型 DCF 就可以有效使用。

这时候涉及两个重要概念，区分在招股前获得的融资与招股后获得的融资。融资前的估值（Pre-money Valuation），是将外部融资额加入资产负债表前的价值。融资后的估值（Postmoney Valuation），是将外部融资额加入资产负债表后的价值，即融资前估值+VC 投进来的钱。

- 风险投资

风险投资（Venture Capital，也可称为创业投资，简称 VC）是由专业投资机构承受风险，向其认为是新兴的、迅速发展的、具有巨大竞争潜力的公司或项目投入资本，并增加其投资资本的附加价值的特殊商业性投资活动。风险投资正在成为电子商务运营和发展需要的资金的重要来源。

首先要熟悉风险投资机构所遵循的投资准则：

1 项目本身及转化为产品和服务的潜力；

2 投资项目的市场潜力；

3 公司管理层的能力、品德、信誉；

4 公司的商业模式；

5 公司的成长潜力。

其次按照电子商务争取风险投资的流程操作：

1 准备商业计划

风险投资机构要求提交的商业计划应涉及到以下各个方面：项目概况、市场分析、竞争优势、商业模式、管理团队、近 3 年的财务报告、2 年内的融资计划。

2 寻找风险投资机构

3 双方商业会谈与接受风险投资机构的尽职调查

　　风险投资者通常在两周左右对商业计划做出反应。经过初步审查之后，可能要通过会谈对其疑虑进行询问、核实。之后风险投资机构的尽职调查，是从行业技术、市场、风险、财务、管理团队等多个方面，对拟投资项目或企业进行详细的投资风险、投资质量与效益的调查。

4 进行投资条件谈判

　　风险投资机构从资本增值潜力、资本流动的潜力、未来的资本需求等方面对投资项目的价值进行评估，在诸如所占股份、董事会名额等关键投资条件达成共识后，起草"投资条款清单"，向企业家做出初步投资承诺。

5 签署投资的法律文件

　　文件包括：投资协议、发起人协议和保密协议、知识产权和防止非法竞争协议等。主要内容涉及双方出资额与股份分配、管理团队组成、各自担任的职务，以及其他的附带条件，如风险投资机构的董事会席位及其他权益、企业需定期提供财务报告和运营报告等。

　　最后在打动投资人上需要下点工夫：

1 心里有创业激情。创业者对事业和团队有特别的爱，而且一定要表达出这份热爱。

2 显得真诚：光让对方感觉到热情还不够，还必须真诚，最简单的方法就是说真话，叙述自己的创业经历：为什么决定做这件事，如何一步步走到今天。通过展现实力或显现努力的细节打动投资人。

3 引起共鸣：当通过众筹形式募集资金的时候，构筑起认同和共鸣让自己迅速聚拢大批支持者。

4 更广泛的宣传。当创业项目展示在公众面前，如果真的经得起大多数人考验，有口皆碑，是会吸引更多优质的投资人注意的。

5 提升个人魅力：提升个人魅力最重要的因素是增强自信，自信来源于两个方面：一是创业者多年的积累和坚持，显得有底气；二是客观数据的支持，创业者的个人魅力很大程度建立在他做出的业绩上。

● 商业计划

　　如果是创业项目可选择撰写商业计划（Business Plan），主要用于寻求外部投资。商业计划是包括项目筹融资、战略规划等经营活动的指南，也是电子商务的行动纲领和执行方案。好的商业计划应能具备下列三项功能：协助创业者认清方向、策略及经营形态，提供组织未来成长的蓝图，协助组织资金募集的需求（图2-1）。

图2-1 商业计划书的结构

1 项目摘要

摘要的目的在于简明扼要描述清楚项目情况，引起投资者的兴趣，引导他们继续阅读商业计划书中的其余部分。摘要是对商业计划书核心内容的高度概括，尤其应当清楚表达你的创意、所提供的产品或服务、对消费者的价值、针对的目标市场、管理团队的价值、项目融资要求以及可能的投资回报。

2 产品（服务）

产品和服务是构成商业模式的核心要素，能够描述项目对于市场的价值，也就是说，有哪些主要产品及服务、为哪些客户提供怎样的产品及服务、这些产品及服务解决了客户什么样的需求，以及与竞争对手相比，项目的优势在哪里（核心竞争力在什么地方），最终回答公司将靠什么去赚钱。

3 管理团队

投资者会仔细考察管理团队的构成及其成员的成长履历，研判管理团队是否具备经营一个有前景的项目的能力。这部分需要描述管理团队的结构、成员履历，以此说明是否具有相同价值观和共同愿景，过往经历反映出来的优缺点能否通过团队组合扬长避短。

4 市场需求（竞争对手）

项目所在行业目前可能的市场规模和自己的市场份额、未来五年的市场空间有多大和推动市场需求增长的主要因素（商业运营环境），主要竞争对手及其目前市场份额、在竞争中的主要优势和劣势（竞争状况），通过 SWOT 分析明细自身竞争优势如何在竞争压力下持续保持、如何规避弱势（竞争资源及以往业绩）。

5 市场营销

根据目标市场选择、产品定位、市场营销目标筛选的结果，设计出产品和服务进入市场的战略途径，参与竞争的营销组合策略（产品、价格、渠道和促销），以此形成缜密的市场营销规划。

6 组织结构

绘制组织结构图，描述组织的运营结构（包括研发、生产、营销、服务等完整业务流程），梳理客户价值创造的业务流程树（让投资者明白业务如何开展、依托什么样的资源、与合作伙伴的关系等）。

7 项目进度

罗列出较为详尽完整的项目实施进度表（标注出主次轻重环节），以及实施过程中可能存在的难点（关键环节）。

8 项目风险与规避

项目的风险可能来自于市场需求（行业景气）、政府政策调整、技术进步以及竞争者的策略（博弈）等方面，项目实施中预先设置的对应规避措施、投入的成本及对收益产生的影响等问题。

9　财务规划

财务规划根据项目在种子期、成长期、发展期等不同阶段的业务需要,计算资金需求量、使用途径和投资回报,然后从可能的资金来源(政府资助、个人或天使投资者、风险或机构投资、抵押贷款、租赁、银行贷款、发行股票等)中选择合适的融资组合,帮助自己评估创业设想是否能够盈利以及是否可以得到融资。

李开复管理的"创新工场"的投资经验可以参考,其特别注重成熟的创业者、出色的创业者素质、优秀的核心团队(图 2-2)。成熟的创业者是指在所处专业领域有持续经验,或者自己曾经创业或跟随创业,或者曾经在大公司担任高级管理者,从事产品、技术、推广等相关工作;出色的创业者素质是指创业者具备正直可靠、成就动机驱动、冒险精神、眼光长远、执行专注、坚韧毅力等综合素质;优秀的核心团队是指初始核心团队至少 2~3 人,覆盖初创期所需的核心职能,其能力经验互补且彼此信任度高。

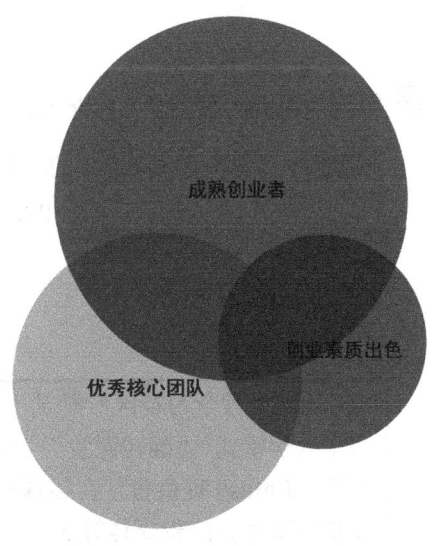

图 2-2　创新工场的投资理念

参考

- [美]戴维·马歇尔, 韦恩·麦克马纳斯, 丹尼尔·维勒. 会计学:数字意味着什么. [M]. 北京: 人民邮电出版社, 2005.05
- http://www.36kr.net36 氪+ | 36Kr.net | 互联网创业服务平台
- http://angelcrunch.com 天使汇－在线创业项目和投资人对接平台
- http://www.wabei.cn 挖贝网
- http://www.ctsbw.com 《创投时报》_创业投资新闻门户
- http://www.coinsay.com 资本实验室
- http://www.chinastartup.cn 天使投资与创业孵化平台|创业津梁
- http://www.imeigu.com 美股
- http://www.leiphone.com 雷锋网
- http://www.investide.cn 投资潮
- http://www.pedaily.cn 投资界
- http://www.bnet.com.cn BNET 商学院-BNET 中国
- http://www.cyzone.cn 创业邦
- http://www.chuangxinji.com 创新集
- http://www.ycpai.com 缘创派| 找互联网创业合伙人
- 决策分析工具 Palisade Decision Tools Suite (http://www.palisade.com)
- 电子表格软件 Office Excel (http://office.microsoft.com/zh-cn/)

3 单元：跟真实案例学（Follow Case）

[说明] 学习者将"1单元"中的真实任务与以下真实案例进行对比，看看真实案例中相似问题（任务）是怎样解决的（流程、方法和技巧，以及所依据的理论知识），尤其是自己在初次尝试中遇到障碍的方面。

案例

"Lotus9 在线学习社区"是基于"关联主义"+"建构主义"学习理念，采用"混合学习"教学模式+"翻转课堂"学习过程组织形式，利用开放源代码技术搭建的在线学习平台。Lotus9 提供包括在线课程学习、社交网络服务、学习者求职/用人单位招聘、校友资源管理、广告媒体等 5 大产品（服务），具有社交化、智能化、泛在化、终身化特征，能够满足学习者从学习、交友、求职、应聘等学习生活工作的全链需求。

"Lotus9 在线学习社区"创意提出是在 2011 年，源自作者从 2005 年开始的国家精品资源（共享）课建设过程中的深切体会。那就是课程所制作的资源忽视了学习者的需要，导致投入大量资金建成的数千门课程资源访问者寥寥，而在教育互联网化的背景下，以学习者为中心的，契合未来教育教学形态变革的学习资源开发及学习平台匮乏。作者由此需求出发，想引入全新的学习理论和互联网思维方式，搭建能够实现教育教学梦想的社区（平台）。

"Lotus9 在线学习社区"从创意、策划、开发、运营是完整的闭环系统，2011 年提出创意、2012 年完成概念设计、2013 年确定全开源技术架构、2014 年进行代码实现和上线测试运行、2015 年进行优化完善。

其中，2011 年曾想从互联网上找到现成产品，但是符合我们的设计理念、技术架构和用户体验的没有，于是，2012 年计划找专业软件公司开发，经过若干次沟通交流后，开发企业均提出高弹性学习活动过程所需的工作流程引擎、高并发访问需求导致的代码设计与优化工作量浩大、复杂社交网络关系导致的数据结构异常复杂等问题，致使所需资金节节攀升超出我们的预期。2013 年后开始将技术架构改为以 Linux+开源代码为基础，项目团队重新调整，大幅度增加软件技术背景的老师，特别是对最新前沿技术高度敏感的人员。

"Lotus9 在线学习社区"的开发涉及到团队、资金和技术若干道门槛，这样的创业过程是逐步摸索过来的，只是时间机会略微有些等不起。2011 年提出来的时候，让所有交流者都感到惊讶：非常超前和非常有创意。迈入 2014 年，互联网大鳄已经对在线学习/教育动作频频，有上升到战略层面来对待的趋势了。

案例解读

1 资金需求（表）（表 2-3）

预计 1 期资金需求在 50~80 万元，主要用于产品开发、云服务器和带宽租用，实现在线学习、社交网络 2 个核心产品上线运行，资金使用周期 6~12 月开发期+（6~12）个月运行期。

表 2-3　Lotus9 项目资金需求测算表

序号	资金用途	6 个月金额需求（万元）	12 个月金额需求（万元）	18 个月金额需求（万元）
01	产品开发费用	5*0.5*6	5*0.5*12	5*0.5*18
02	云服务器等租用	1.5*6	1.5*6+3.0*6	1.5*6+3.0*12
03	带宽租用	0	0	5
04	场地租金	0	0	0
05	营销推广	1*6	1*6+1.5*6	1*6+1.5*12
06	日常运营	1*0.5*6	1*0.5*6+2*0.5*6	1*0.5*6+2*0.5*12
07	其他	0	0	0
	合计	33	81	134

2 筹资方式与成本

采用股权融资（直接融资成本趋于零，成本体现在股权分割比例上），预计 40%股权由创业团队持有，40%股权引入机构投资（特别是风险投资），20%股权留作未来骨干核心员工的股权激励（股票期权）。

目前 Lotus9 的资金来源是高职院校的质量工程建设项目资金投入，以及创业团队自有资金。

3 投资回收

按照财务数据计算的直接投资回收期 5~8 年，Lotus9 项目的投资回收主要是供第二轮投资者收购，或者股票通过国内创业板或美国纳斯达克股票市场上市，让初始投资者获得溢价收入作为投资回报，预计周期 5 年左右。

4 项目估值

Lotus9 目前处于项目初始阶段，无任何运营收益，产品（服务）尚在开发中，未上线运行也就无从监测流量进行估值。

5 商业计划（书）

4 单元：完成真实任务（True Task）

[说明] 学习者再次尝试完成"1单元"中的真实任务，利用下表再次进行自我评估并接受指导老师的持续评估和工作意见。之后，学习者将自己所属团队完成的任务进行展示、交流（角色情景扮演），与其他团队进行交叉评估。

评估

● 为完成这项任务，我们做了：
● 对比学习目标，我们实现了：
● 对比学习目标，我们还未完成的有：
学习者自我评价（分值越大越优秀）　　□1分　□2分　□3分　□4分　□5分
教师评价（分值越大越优秀）　　　　　　□1分　□2分　□3分　□4分　□5分

> **测试**
>
> 如何计算互联网项目筹资的成本?
>
> 撰写你所选择项目的商业计划,提供结构完善、格式规范的文档(doc、PPT)。
>
> 选择本地土特产在淘宝网上开店销售,预估资金需求、盈亏平衡点。
>
> 测试结果(分值越大越优秀)　　□1分　□2分　□3分　□4分　□5分

拓展

● 商业计划撰写技巧

1 写商业计划到底是用 Word 的形式好还是 PPT 好?

没有差别。

2 商业计划最好写多少页?写多少字?

字数没有限制,核心要点说明白就好,不必多写。页数嘛,14 页足够写出一份好的商业计划,外加 1 页封面,1 页封底(联系方法),共 16 页。总之,14 个要点的内容都要包含进去,一条也不能少。

3 怎样才能找到 VC,需不需要有人引荐?

自己找 VC 和有人引荐的效果差别,至多是如果是熟人介绍的商业计划,VC 可能会找时间快点儿读而已,但对于是否会投资这个项目的决定,引荐人起不到任何作用。

建议你千万不要将商业计划群发给所有投资人。你最好稍微花些时间做点作业:到这些 VC 的网站上去看一下他们各自的投资方向和领域,对症下药。如果你做的是生物医药项目,把你的商业计划发给只投 TMT 的 VC，那只会是有去无回。归根到底，找 VC 融资就是在私募市场上兜售自己公司的股份，就像卖任何一件产品一样，要找对自己的可能买主，做精准营销。不过你要做好思想准备，出售创业公司股份和卖"脑白金"不一样，只有很小一个圈子里的很少一部分人会对你的项目有兴趣，你千万别做梦 VC 会争先恐后踩断你家门槛。

4. 可以让财务顾问帮我写商业计划吗？

商业计划是核心创业团队的任务，是 CEO 们的 War Plan（作战计划），我从来没听说过巴顿将军出征身旁离不开财务顾问。通常财务顾问对你的行业并不熟悉，也没有运营的经验，他们只能对你在财务方面的问题做一些解答和帮助，比如在做财务计划时，如果你对此活不太熟悉的话，可以找一个财务顾问咨询一下，但是万万不可将商业计划、财务计划，甚至融资这件大事统统承包给了财务顾问。VC 面对的是你，投资的也是你，如果你没有清晰的业务思路、完整的财务预测，说不清财务数字和业务发展之间的有机关系，你搞到 VC 钱的可能性极小。

建议你即使用了财务顾问，也要把他们安排在你的幕后，你自己出面和 VC 演示与谈判，不要带着你的财务顾问让他（她）到处为你张罗，成为你和 VC 之间的一堵挡风墙。

5. 是否要带律师去见 VC？

否。律师的工作要在你收到"Termsheet（投资意向合作书）"以后才有必要。

6. 把商业机密发给 VC，他们会偷走我的 Idea（创意）吗？

不入虎穴，焉得虎子。怎么连这么一点冒险精神都没有！有些创业者会要求 VC 签保密协议之后才发出商业计划，我不知道这是不是一种明智的策略，至少这样做你会过滤掉一大堆 VC，其中不乏是正在寻找你的 VC。

不客气的 VC 你要一提出这样的要求，人家便就此挂断电话，省掉了下面那些婆婆妈妈的琐事；客气的 VC 会要求你签他们的标准保密协议版本，而不是律师帮你起草的那一份。有些 VC 甚至明文规定不签任何保密协议。

有意思的是，我每天收到大量商业计划——并不是我要求他们发过来的，而是他们主动发给我的，封面上密密麻麻的已经注明了严格的"保密协议"，意思是我只要收到、看到这里面的内容，出了问题我就得负责。幸亏我是个好人，从不偷东西。要是你错发到一个贼的信箱里，那岂不是把一个百宝箱送到了一个贼的面前，同时留给那个贼一张条子说："你不要偷啊。"

绝大部分 VC 都是品行端正的正派专业人士。VC 不愿意签"保密协议"的原因很简单：这个 VC 桌子上有 5 份太阳能的项目计划书，如果和 A 签了保密协议，结果投资了 B 的项目，

A 到时候会不会把这 VC 送上法庭给告了呢？

7　怎样才能知道 VC 对我的项目是否有兴趣？

问得好！教你一个小诀窍。你准备 3 个钓 VC 的诱饵：项目简介、16 页的商业计划、完整的财务预测计划。

垂钓步骤：

（1）根据你作业中找到的对口 VC 名单，写一封简短的邮件，包括一二句甜言蜜语，附上你的"项目简介"发出去。

（2）如果 VC 马上有回信，问你有没有更加详细的商业计划，你应该兴奋地立刻把 16 页的那份商业计划发出去。

（3）在你发出商业计划之后，VC 又主动和你联系，问你有没有详细的财务计划，你应该兴奋地立刻把详细的财务计划发出去，并独自一人去哈根达斯买一杯最好吃的冰淇淋自我庆祝一下，瞧，你的商业计划所花的工夫见效了！你应该开始做好准备，很可能 VC 过几天就会来主动邀请你去他（她）办公室面谈。

（4）如果在两个星期以内 VC 对你的"项目简介"没反应，你可以再次发邮件，包括一二句甜言蜜语，并主动附上你的"商业计划"。

（5）如果该 VC 有正面回复，请把（3）的动作重复一遍。如果在两个星期内该 VC 对你的商业计划没反应，你不妨主动再发邮件询问一下他（她）对你的商业计划的反馈。如果还是没有反应，你不必再浪费诱饵了，这池子里没鱼。

（资料来源：查立.商业计划的 21 条军规.http://blog.sina.com.cn/s/blog_5ce0a6480100b5ax.html，2008-11-17）

● 生意难做，看天猫开一个店需要多少成本。

"让天下没有难做的生意！"马云的一句号召，让苦寻出路的广大 80、90 后们一头扎进了淘宝&天猫搞起了网店，有的人做了三四年电商，还弄不明白"成本"里包含哪几项。就像央视打星巴克咖啡，以为出厂价 20 元拿到手的产品，只要卖上 40 元，自己就赚了 1 倍。事实上在今天，如果你在"天猫"开店经营，20 元出厂价的产品，3 倍的价 60 元卖出去，结果只能是亏本。淘宝卖家闹事，为何闹事？或许本文揭示了其中的根源。（注：本文为 I 黑马从淘宝论坛上抓取，原文作者不详）

1　一般的商家

举个例子，我来帮大家做个测算，其实"成本"不止是产品本身，而是产品整个销售过程中不可避免发生的费用，最基础的来说，"成本"包括 6 大项：

（1）产品成本（比如 20 元）；

（2）包装成本（内包装、外包装、吊牌、售后卡、包装耗材，比如是 5 元）；

（3）物流成本（仓储、快递，比如是 12 元。这里要说明，卖家说这不是"成本"，可以不包邮啊。但对消费者购物过程而言，包邮不包邮，都是一次性支付，包邮的物流费用包含在其中，不包邮的消费者得加上快递费后一并付款，人家只要掏出多少钱都算一次消费，管你包还是不包，那只是你自己的说法，所以快递是"硬成本"）；

（4）天猫扣点（平均扣点 4%，比如以 60 元销售价计算，是 2.4 元）；

（5）税收（就算平均 8% 吧，不要提网店不交税了，天猫店铺对应企业银行账户，不是私人的银行卡，所有交易一分钱的税都少不掉，那就是 4.8 元）；

（6）拍摄和制作费用（快速消费品尤其很高，还要模拍，以单件产品 SKU 上架看，需要拍摄，修图和后期制作等，算少点 3% 吧，所以是 1.8 元）。

好了，上面 6 项成本，加起来是 45.4 元，占 60 元销售价的 75.7%，而且是水涨船高，是销售的硬支出，不可能降得下来。

那么就是说，一件出厂价为 20 元的商品，在天猫卖出去 60 元，硬成本就占了 75% 以上，剩下的毛利为 25% 左右，是 15 元。

那么问问："你赚到了钱吗？"

除了上面的"固定成本"，"可变成本"更可怕，而可变成本分以下几项：

（1）人工成本。就是说你要花钱养团队做电商，做天猫的成本，算少点 6 个人吧（运营、设计、客服、库管……），由于天猫是公司化运作，除员工的工资外，养老保险，办公支出全摊上，在杭州不会低于 7500 元/人，那么每个月就是 4.5 万元。如果按上述"乘 3 倍销售"，你的店铺每月销售 50 万元，人工成本为 9%。然而事实上，一般商家，人工成本能控制在 15% 之内的，就很不错了。

（2）广告成本。广告成本就是推广，卖流量，这是电商作为互联网产业，必不可少的支出，一般而言，广告的推广成本最少不低于销售额的 12%～15%。

超过 20% 也正常。按上述商品成交价 60 元为客单价计算，每月销售 50 万元，需要销售出 8333 件商品，每天需要销售 277 件。如果天猫平均转化率为 2%，每天需要引入 UV（人）数为 13850 人，假定广告占每日引入流量（UV 数）的 20%，那么推广需要引入 2770 人，在淘宝，营销主要通过直通车、钻石展位、促销工具（比如聚划算），假定平均花费 1 元引入 1 个用户，那么每天需要花费 2770 元（其实远远不够），那么一个月需要花费广告费 83100 元，占 50 万月销售额的 16%。

这两项相加，控制得好的情况下，占销售额的22%~30%。

这就是说，固定成本加可变成本，全贴进去了，没钱赚，或者最多打平……慢着，你真的没亏本吗？

还没完，要做生意，需要多少钱，库存得备多少货，还有资金链和库存的成本是多少呢？假定月均销售50万元，则一年为600万元的总销售额。按一年4个季度分解如下（假定平均售出率为80%）：1季度销售60万元，需资金约36万元，剩7万元库存成本；2季度销售100万元，需资金约60万元，剩12万元库存成本；3季度销售140万元，需资金约84万元，剩16万元库存成本；4季度销售300万元，需资金约180万元，剩36万元库存成本，加起来，一年做600万元的生意，需要资金量在200~250万元之间。

在传统行业，如果投资回报率低于15%，那么这个生意还是不做的好：因为每年CPI如果上涨10%，你投入的200万，需要220万才会不贬值。

然后，上述固定成本加可变成本已经基本全开销掉，没钱可赚了，这里还多出来资金量和库存需要花的钱，这不亏得都底朝天了嘛。

好吧，这就是"一般的"商家在天猫的经营逻辑，我敢肯定地告诉你：90%的天猫商家都是如此，疲于奔命。那么还有不一样的吗？

2 非一般的商家

经过上述经营成本分析后，那么要在天猫生存，得这样：

（1）产品出厂价20元，乘以4倍销售，固定成本得控制在50%~60%以下，毛利才会达到40%~50%以上，年净利可以达到10%~15%，和CPI上涨差不多，其实还是没赚钱；

（2）产品出厂价20元，乘以5倍销售，固定成本得控制在50%以下，毛利才会达到50%以上，年净利可以达到20%~30%，有点小钱赚了；

（3）产品出厂价20元，乘以5倍以上销售，比如乘以6倍，8倍，10倍……慢着，你凭什么乘以那么多？天猫上任何品类都有成千上万的竞争商家和同类产品，你的商品不具性价比，拼的是什么？消费者凭什么肯买这么贵的东西？而且，网购不就是为了贪便宜吗？所以，一旦商品的销售价是产品出厂价的5倍以上，你的"转化率"和销售就堪忧了。

好的，既然是"非一般的商家"，总还是有提升利润的办法：

（1）客单价。

如果客单价高于100元，而且，合单率高于1.5（每个包裹包含几件产品），物流、包装成本会下降10%以上，但客单价高会降低转化率；

（2）转化率。

如果转化率高于3%，则广告成本会大幅下降1/3以上；

（3）回头率。

回头率是不花钱的流量，重点是品牌，即产品质量和用户体验，那么产品成本，拍摄和制作费用，包装成本又会上升。

另外，就是所谓的塑造"品牌"和"调性"了，这无非是在竞争对手和市场中跃然而上，用"品牌"去建设消费者对产品的认知。换言之，即消费者本来的购物需求是从产品款式、品类、价格等维度去淘宝和天猫这样的大市场"搜索"并找到所需物品而产生购物的，变成了认识品牌，再按品牌的固有特征去找到产品，比如"御泥坊""阿芙精油"或"三只松鼠"，品牌即产品，品类即品牌，想到精油就想到阿芙，干果即三只松鼠。但这不易成功，因为每个淘宝的"类目"，消费者记住的只能是第一，理论上没有第二。血淋淋的真相拨开：第一的是烧钱而不是赚钱，靠烧钱打造品牌，烧钱获得市场领先规模，靠市场规模获得投资，再用投资扩大规模……如此循环，这其中哪有第二的戏好唱？当然也不是没有"逆袭"的可能，"逆袭"的原则是更大胆更够狠地烧钱砸钱，亏本也要打败第一，归结起来，这不是一样！

所以非一般的商家，他们不差钱，但不赚钱，数百万卖家都能学这样的金字塔逻辑吗？要知道，金字塔顶部如此辉煌，下面都是尸骨堆出来的。

3　经营天猫的逻辑：赚钱还是赚人气

骂星巴克咖啡的人都该醒醒了，20元的东西卖60元都要亏死，人家商家要赚钱太难了。

这就提出了致命的问题：在天猫，多数商家都是亏本，只有少数商家赚钱。对于那些有先发优势的商家来说，比如韩都衣舍，每天自然流量都是几十上百万，即便1分钱广告费不花，也可以卖出几百万的东西，因为他们实现了"原始积累"，成为了行业标杆。这就不得不谈到经营天猫的逻辑：

（1）卖货走不通。

做天猫必须是品牌，消费者如果是贪便宜，那么只能买成本3倍以下的商品，所以消费者消费的是价格，是款式，而不是品牌，因为大多数消费者都是通过需要商品的"搜索"找到商品，筛选商品的，那么流量就是随"搜索"走，商家就得花大量广告费去做搜索广告。

（2）卖品牌。

所谓品牌，就溢价逻辑，即把商品乘以 4 倍以上价格，由于性价比消失，必须花更多钱和工夫去做品牌的"调性"，就是所谓的用户体验，抓住消费者购物崇拜"屌丝"的心。这样消费者找商品就直接搜索品牌，搜藏店铺，这样的流量不花钱。或者说，由于卖价高了，可以花更多的钱去打广告，打败那些花不起钱做广告的商家。好吧！上面都是些基础的电商知识，开始进阶……

4 淘宝和天猫的内在冲突根源

淘宝每天交易不低于 30 亿～40 亿元，天猫如果今年交易 2000 亿，每天约 8 亿～10 亿。

（1）双"11"代表什么？

双"11"，购物狂欢节，天猫的商家约 7 万，只有 2 万能参与，而淘宝的 600 万家店铺一家都参与不了，双"11"的 350 亿元交易奇迹的后面其实是：

- 压抑消费

都知道双"11"要来了，那么本来要买的商品，就提前 10 天不消费了吧，这样就抑制了上百亿需求，在双"11"当天爆发。淘宝上年末的交易起码每天 40～50 亿元，压抑 10 天，你懂的……

- 消费力集体迁移

2 万个经过筛选的品牌商家，集中分享掉原本 600 多万个商家的消费，原本在淘宝消费，"打死不上天猫购物"的消费者，都在当天集体转移到天猫的少数商家，而 2 万个商家中的 20%，即 4000 个商家，又占掉了其中的 90%以上。

- 收费站

天猫筛选商家，都会有扣点，加入平均扣点 4%，那么 350 亿元成交天猫收入应该有 16 亿元，加上卖出去的硬广告，去掉退换货和蓄积成交，收入不会超过 20 亿元。

另外，双"11"的大商家们，通过向天猫缴费，垄断了几乎所有成交流量，获取了新的消费者资源，消费者集体从零散的淘宝市场集体迁移成为品牌和大卖家的"初次购买"用户，这就像是把草原上分散的羊，驱赶到了固定的几个饲养场。

因此，看上去很美的双"11"，阿里收入不会有想象那么高，只不过通过营销过度压榨了消费能力而已。那么，淘宝的数百万卖家在这场盛宴中连汤也没喝上，不会闹意见吗？

（2）淘宝究竟是什么模式？

淘宝、天猫、聚划算……都属"大淘宝"范畴，大淘宝的商业模式，是"平台"+"收费站"模式。

B2C 是什么？B2C 一端是工厂，一端是消费者，电商的魅力在此，即通过入驻平台，一步把工厂产品卖给消费者，由于中间环节减少，因此费用降低，可以把价格让给消费者而从中赚钱。

但是，这说法忽略了"竞争"成本和其中的高额"收费"，而这才是阿里系，马云的生财之道。

我们从 B2C 的整个生态链条看，商家寄生在其中才可以做生意，必须经历的环节是：

- 头部，是品牌加产品，在中国，大多是工厂；
- 尾部是消费者；
- 中间环节：工厂出货——经销商（代理、代运营）——平台入驻——拍摄制作——店铺运营维护——营销（引入流量）——服务（转化流量）——客服和售后——仓储发货。

在这样的模式中，特定的淘宝消费群约数亿，但每个特定的品牌和特定的产品都是对应其中特定购物需求的消费者，这种特定，就如大海捞针，比如一款名表，价格 2 万元，在淘宝消费群中特定的消费需求有 2 万人，那如何找到这 2 万人？在淘宝平台给出的答案是：搜索。这 2 万人的具体需求不同，他们如何找到产品？影响他们购物决策的除了价格、款式、功能、品牌……还有成百上千个来"找到"，"搜索"到产品的逻辑。

因此，如果你是卖名表的商家，你得每时每刻在这特定的消费者"搜索"时，要在第一时间第一位置"呈现"或美化你的产品。假定每天有 3000 人搜索这类款式的名表，在消费者看到你商品进行单击时，你进行了"搜索"营销，即直通车，那么你至少得花费 1000～2000 元去竞价搜索，才有可能导入流量，这是做淘宝最基本的常识。

那么，等于说，你在淘宝每天数亿的搜索需求中，精确地筛选到你要的特定消费者，这就是一条"通道"。只不过，如今淘宝和天猫上所有的"通道"，对于流量，都给出了"收费站"的模式，而且还要竞价、拍卖，你出钱够狠，持续，天天花费，这个通道才能通畅，这简直就是中国的高速公路呀！

我说的常识你都懂，但你或许不懂的是：如果我是一个这样的品牌，我应该直接跳过收费站，先找到这 2 万潜在需求的客户，直接找到他们，说服他们，干嘛那么费劲，天天烧，反复缴过路费，天天把产品放到推广位置守株待兔。这才是淘宝电商经营的逻辑。

按照社交媒体的定义，用户是通过分享激发需求，先变成特定品牌和个人的"粉丝"，他先告诉你喜欢，你再按需提供产品和内容的，这就绕开了"收费站"，用户喜欢就关注，这种"信用"，几乎无价。

这里先不谈微信如何有可能是直接绕过收费站颠覆"淘宝式"购物的逻辑。因为你要看明白了上面的逻辑，你就会知道，微信和社交媒体是主动关注+相应的双向机制，甚至是消费者关注+商家按需求响应的驱动模式，一旦成立，从工厂到消费者，就成为了一条不收费的康庄大道，B2C 才是去掉了所有中间链条，一步到底。

所以，"大淘宝"今天给出的模式，只是阿里巴巴电商的逻辑，前提是流量必须花钱获得，高速公路其实早就是通畅的，但他们在建设好后，上面加了无数收费站，随着阿里巴巴集团上市的商业化进程，为了完善这个模式，收费站只会越建越多。

那么，你看懂淘宝和天猫的内在冲突了吗？

这就是，天猫用"品牌"来聚集了少数有实力的公司化运作商家，开动"收费站"模式，促使"花钱卖流量"的商业模式可以成立。而淘宝的 600 万商家，多数是用价格血拼，在价格差的空间中，不可能花得起钱去购买更多的流量，不花钱就慢慢走不收费的国道、乡道，最后道路荒废。打个比方吧：等于淘宝 600 万卖家养起来了整个血管和网络的大市场，最后被天猫这一超级收费高速公路的强大运力终结了。

5 天猫如此，其他平台呢

京东、一号店、易迅和天猫有啥不同？

当然不同了，不同首先在于淘宝已经培养了消费者购物的一套"中国标准"，而这些平台，多采用采销制，他们是"平台"+"一次性付费"模式，所谓"一次性"即这些平台，集中向外采购流量，吸引消费者，对于经营者和入驻品牌而言，天猫模式本来就已接受，而这类平台，选择的首先是"品牌"，而品牌入驻，不过是增加了在互联网上的"橱窗"，这就是所谓的全网营销。

这个费用是"显性"的，清楚可见，而经营天猫的几项叠加成本是"隐性"的。这有助于商家在经营中时刻控制风险成本和规模。

6 未来和颠覆

电子商务最终要回归的是互联网常识，即互联网不仅有"平台"，更重要的本质还是"通道"。

未来必然是"通道"的天下，手机是，APP 是，微信也是，你不需要平台，你只要有通道，就可以经营。

但是他能"掐死"吗？

未来必然是移动互联网的天下，商品在工厂，在仓库，在货架，在虚拟的线上和线下都不要紧，通过物联网技术连接起来，再通过网络上的各自"通道"，直达消费者。电商的定义，不仅是淘宝式的电商。归根结底，互联网的信息流直通消费者，可以随时随地，我们还要一个专门的购物"平台""万能的淘宝"才能找到商品。

互联网的革命性，决定了消费者购物不需要"收费站"的隔离，也决定了卖家必然走向开放式经营。

在模式之争中，天猫和其他平台并不一样，天猫只是转移淘宝的消费力即可，马云的电商根基还深得很，大家模式不一样，用不着慌张。

（资料来源：i 黑马. 生意难做，看天猫开一个店需要多少成本？. http://new.iheima.com/detail/2013/1230/57494.html，2013-12-30）

- 转入下个**工作任务：团队组建**的学习

2.2 团队组建

学习目标（Learning Objectives）
素质：独立创新的理念、清晰的文字组织与表达（口头交流与写作）、使用数学或结构方式进行逻辑分析与推理、脚踏实地的态度与行动。
技能：建立与项目匹配的流程化组织结构，培育组织的互联网创新文化，制定决策、执行与监督的基本规则。
知识：组织结构、人员配备、组织文化。
[说明] 学习时间，预计共 15 学时（3 学时课内+12 学时课外）。另外，教学过程采用行动导向的混合学习方式来组织管理，学习过程是围绕解决问题、完成任务、学会知识、掌握技能、胜任工作这样的内在逻辑来进行的。

1 单元：尝试真实任务（True Task）

[说明] 学习者组成 7 人左右的工作团队，将自身置于职业岗位的工作环境，充分调动自己过去积累的经验和已经拥有的知识，也可在互联网搜索借鉴他人的经验，最好能进行现场实践，来尝试解决实际问题（任务）。

任务

> **工作任务：**
> 为"产品（服务）设计"中确定的互联网项目搭建合适的团队，确定团队的核心成员，设计基本的组织框架和文化基调（氛围）。

评估

- 为完成这项任务，我们做了：

- 经过努力，我们完成了下列任务：

- 在完成任务的过程中，我们遇到了下面的障碍（问题）：

解析

- 任务解读：这是个管理问题，关键在管理团队与技术研发团队的构成。
- 关联理论：组织结构、优秀团队、组织文化。
- 问题难点：人员配置，初创期间可参考李开复创新工场的团队组合建议（具体参见"理论"部分）。

2 单元：相关理论知识学习（Theory Study）

[说明]学习者可以根据自我评估以及指导老师给出的持续学习指导意见，有差异地选择自己需要学习的相关理论知识。如果在没有学习某部分理论知识前，学习者就能够完成对应的任务，则所需的支撑理论知识已经具备，可以在征询指导老师意见后越过这部分理论知识的学习。

学习引导

解决了资金问题,紧接着的是"人"的问题,需要及时组建高效团队全面启动开发、运营等各项工作;项目初创期间就要形成基本良好的组织结构和组织文化,形成团队的聚合效应,关键就是志同道合协作共赢的优秀团队。

理论

● 组织结构

组织结构(Organization Structure)是基于组织目标、战略设计出来的,由组织要素相互联结而成的相对稳定的构成模式。组织结构描述了组织构成框架、组织要素关系和运行规则,反映出组织分工协作程度(Complexity)、组织依靠规则和流程引导员工行为的程度(Formalization)、组织决策与指挥权力的分布状态(Centralization)。

组织结构图是组织结构的可视化表现形式(图 2-3),其中的方框代表组成单元,水平实线代表管理层次,垂直实线代表职权关系(向下指挥与向上汇报)中的指挥权,虚线代表职权关系中的参谋权。有效的组织结构应该是符合满足组织战略需要、分工协作与统一指挥、管理幅度适度、职权与职责对等原则。有史可考的第一张组织结构图是纽约铁路公司的总裁丹尼尔·麦卡伦(Daniel McCallum)1854 年编制的。

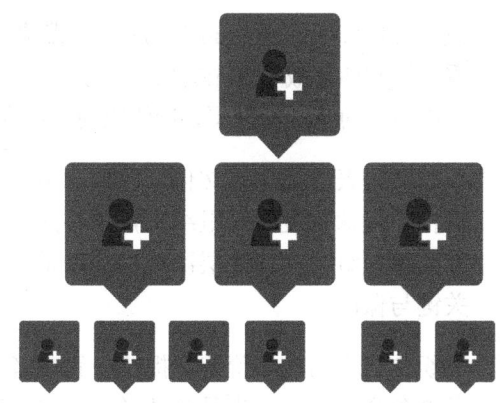

图 2-3 组织结构图原型

组织结构设计包括纵向设计与横向设计两方面,横向设计是指确定管理幅度(Span of Control),纵向设计是指确定管理层次(Span of Control),以此整合成结构化的整体。具体来说,管理幅度是管理者直接指挥的下级人员的人数,管理层次是从组织最高层到最基层之间体现隶属关系的管理环节数量。

管理幅度和管理层次是反向变动关系,管理幅度越大令管理层次越少,管理幅度越小令管理层次越多。按照管理幅度的大小及管理层次的多少,可分成两种组织结构特点:扁平化和垂直化。所谓扁平化(Flat Structure),是管理层次少而管理幅度大的结构;而垂直化(Tall Structure)则是管理层次多而管理幅度小的结构。扁平化与垂直化各有优势,创业型组织多采用扁平化组织结构,以提高管理效率。

典型的组织结构形式有职能型组织结构、矩阵型组织结构和流程型组织结构,职能型组织结构是以职责分工为中心,矩阵型组织结构是以项目或任务为中心,而流程型组织结构则是以客户为中心。

> **微练习：**
> 旅游搜索引擎"去哪儿"的业务模式可概括为信息聚合商，通过技术手段对行业高度分散的信息流进行有效、实时整合。搜集相关资料，绘制"去哪儿"的组织结构图。

● 组织文化

文化力量不可低估，比如宗教能用近于松散的管理模式，绵延几千年，纵横数万里，其实靠的是宗教文化渗透。只要是人构成的组织，就存在主流意识形态（文化的核心）"渗透"，以潜规则形式表现出来，激励和约束成员的行为。组织文化现象是不容回避的客观存在。

组织文化（Organizational Culture，惯称企业文化）概念在20世纪80年代初由美国波士顿大学教授斯坦利·M·戴利首先提出。组织文化的内涵是支配组织及员工在活动中，与自然和社会交往中所持的共同的理想、价值取向、行为准则，以及与此相适应的组织制度、组织形象等的总称。

组织文化表层是物质文化，例如：组织视觉识别系统；组织文化中层是制度文化，例如：组织机构、规章制度等；组织文化核心是精神文化，例如：价值观念、理想信念、道德规范、行为准则等。组织文化的层次结构关系是：物质文化是基础，精神文化是灵魂和核心，制度文化是关键与保证。

组织文化中的核心价值观提炼：管理者（尤其是创始者）是组织的决策者，要对组织的生存与发展负全面责任，也是管理者实现自己理想和自我实现的地方。管理者的地位决定了其对组织文化形成的重要影响力，组织文化的形成必然深受管理者个人的价值观、道德观的影响。组织历史的经验教训，能够让组织创业时的员工从实践经验中领悟到的真谛，对其中成功与失败的经验教训的总结、提炼、升华，逐渐形成完整的组织文化体系。

通过招募对组织文化认同度高、兼容性强的人，也可以内部提拔对组织文化支持度高的员工，形成真正志同道合的环境氛围，来提高分享思想、利益以及感情的程度，增强员工对组织文化的接纳程度，不失为快捷简便的方法。

1　图腾化：每种宗教都设立有信徒顶礼膜拜的图腾，从创始人到象征性器物，基督教有耶稣与十字架、佛教有释迦牟尼与菩萨、伊斯兰教有穆罕默德与古兰经……让信徒能够随时随地感受其存在，以此熏陶信徒的思想与意识，进而影响其行为。组织文化中的价值观念抽象又无形，只有将无形的东西有形化（借鉴宗教传播的模式），才能够让组织员工感受得到（随时接受熏陶），图腾就是具备这样效果的。图腾是原始人崇拜的事物，属于神的象征，通常被使用且有图腾价值的对象包括雕塑、画像、旗帜、文物等。

2 言传：管理者们与员工沟通、提倡企业文化的第一种方式是言传，即通过言谈及文字阐释公司的核心价值观。在提炼、坚持、重复的循环中逐渐加深组织文化在员工心里的印象，最终成为员工的个人价值观念。进行组织文化的言传，不仅要传播价值观念的内容，更要传播对价值观念的强烈认同和坚定不移的信仰，给接受者以强烈的信心支持，使得接受者能够被传播者的坚定意志所融合，增强其对价值观念的认同。因此，言传需要包括内容与信心。

3 身教：在解放战争中，共产党的军官在战场上高喊"同志们，跟我冲！"身先士卒，国民党的军官在战场上高喊"兄弟们，给我冲！"让士兵先卖命，最后战争的胜负实际在这时已经决定。管理者也靠身体力行来影响他人。最有意义的沟通是行动，行动比言辞更重要。在组织中，每个人都懂得去看管理者的实践是否与其鼓吹的原则相一致。当管理者以服务他人引路，管理者就成为员工学习的榜样。

此外，奖惩强化、活动强化、舆论强化、情境强化也是非常有效的必要的手段与工具。

● 团队组合

团队（Team）是由愿意为了共同的目的，而相互协作和承担责任的，有互补技能的少数人所组成的群体。团队据此可以理解为，是以任务为中心，互相合作，每个人都乐意把个人的智慧和技能贡献给自己正在从事的工作，达到这样状态的人组成的共同体。

使用团队是因为团队具有巨大的潜力，以团队为基础的工作方式已经取得了比任何人所预言的都要深远的效果。团队工作大大改善了组织的经营状况，并增强了员工的凝聚力。团队管理就是把一盘散沙变成凝固成整块的混凝土，将一个个独立成员组合成一个坚强有力的团体，从而能够顺利完成既定目标。

根据麦肯锡的团队理论与框架，组建团队就是建立下面的基本要素（图2-4）。

1 确定共同的、有意义的目的与目标（Purpose）

共同的、有意义的目的能确定基调、方向和动力，具体的业绩目标是这个目的整体的核心部分，目的与具体目标应该符合激励相容原则，能体现群体需要、工作需要和个人需要的协同，以维持成员保持较高的团队工作意愿。团队在目的与目标方面的状态表现在：这个目的是否包含了大于近期目标的更为广泛而深刻的理想，这个目的是否独立于更大组织的目的还是一个个人的目的，所有的成员是否都按同样的方式了解和说明这个目的，团队成员是否经常提起这个目的并开拓它的潜在含义，团队成员是否认为其目的是重要的即便它并不令人激动。

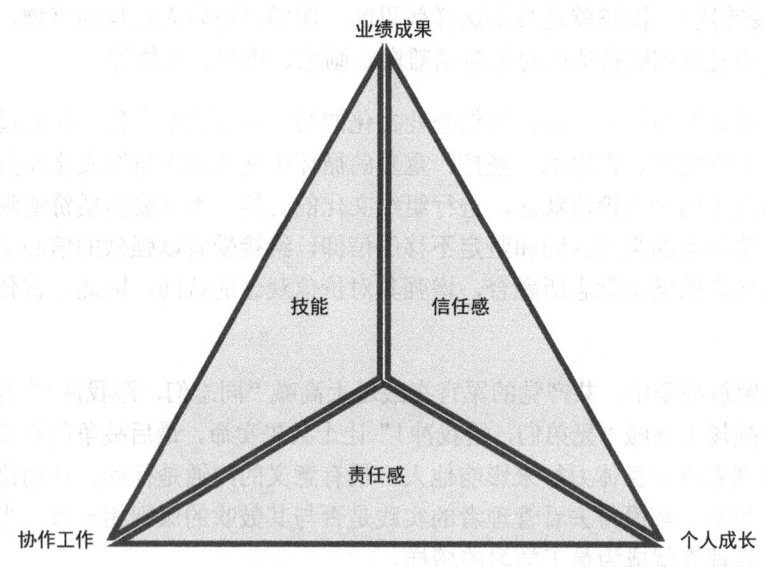

图2-4 组建团队的基本要素

2 明确互相应承担的责任（Responsibility）

互相承担责任乃是成员对自己和他人做出的严肃承诺，是从两个方面支持团队的保证：责任和信任，相互承担责任可以用来检验团队目的和方法的质量。团队在互相承担责任方面需要特别关注：个人和大家是否都愿意为团队的目的、目标、方法和工作产品负起责任，能否并是否根据具体的目标来衡量进步，是否所有的团队成员都感到对所有的衡量指标负有责任，是否所有的团队成员都明确个人责任与共同应负的责任，有没有"团队只会失败"的感觉。

3 确定的共同工作方法（Method）

形成共同工作方法的核心在于，在工作的各个具体方面以及如何能把个人的技能与提高团队业绩联系起来拧成一股劲的问题上达成一致。团队在共同工作方法方面体现在：所使用的工作方法是否具体、明确，每个人是否都能真正理解并一致接受这种方法及它是否能导致目标成就，这种方法能否利用和增强所有成员的技能，这种方法是否要求所有成员对实际工作做出同样的贡献，这种方法能产生开放的相互影响、就事论事地解决问题、根据成果进行考核等结果。

4 确认需要的互补技能的存在（Skill）

团队中的每一种技能都是为完成团队的目标所必需的能互济余缺的技能，它可分为三类：

技术性或职能性的专家意见、解决问题的技能和决策技能、人际关系的技能。团队在互补技能方面的表现来自：不论是实际的还是潜在的技能能否反映团队的成员资格，每个成员有无可能在三类技能上把自己的水平提高到团队目的和目标所要求的水平，是否有对团队的业绩很重要的技能被漏掉或低估，无论从个人或是集体的角度，团队的成员是否愿意花时间帮助自己和他人学习和发展技能。

5　选择成员（Member）

数量较多的人群，理论上可以成为一个团队，但实际上很可能再分出一些下级团队，而不是作为一个团队发挥作用。因为人数较多，则很难达成共识（目标与意愿），相互间较难配合以采取有效的行动。团队的人数掌控取决于：是否能够经常并且轻易地举行会议，所有成员是否能够轻易而经常地交流沟通，所有成员是否都能开诚布公相互配合做事，每个人是否都能了解其他人的作用和技能。

团队的成长是有路径（过程）的，通常是在工作群体的基础上开始发展起来（图2-5）。

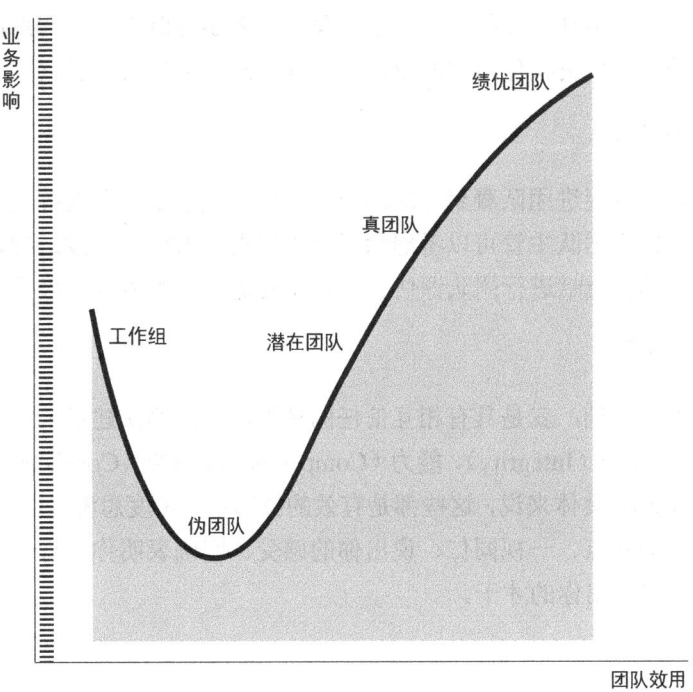

图2-5　团队的成长路径

高效团队体现在"清晰的目标、相关的技能、相互的信任、良好的沟通、恰当的领导、内外部支持"几方面。通过"树立共同目标、完善成员技能、分配团队成员角色、建立内部激励机制、培养相互信任精神"，建设有效团队。

1. 树立共同目标

    共同目标能够为团队成员指引方向和提供动力，目标会使个体提高绩效水平，目标也使群体充满活力。成功团队的成员通常会用大量的时间和精力来讨论、修改和完善一个被大家接受的目标。当然，成功的团队会把他们的共同目标转变成具体的可以衡量的现实可行的绩效目标。目标能提高绩效，也能使群体充满能力。具体的目标可以促进沟通与合作。

2. 完善成员技能

    要有效地运作，团队需要 3 种不同技能类型的成员，对具有不同技能的人进行合理搭配是极其重要的。在团队形成之初，并不需要以上 3 方面的成员全部具备。在必要时，一个或多个成员可以去学习团队所缺乏的某种技能，从而使团队充分发挥其潜能。

3. 分配团队成员角色

    团队容易使人想起运动员在接力赛中的形象，或者足球队在球场踢球的形象。这些形象都表明，不同的团队成员担任不同的角色，并都对最终结果做出贡献。

4. 建立内部激励机制

    对团队的激励可以促进团队凝聚力的形成，而内部竞争是为了发挥出我们最大的潜能，而团队更具竞争力，团队主管可以考虑除了组织根据个人业绩贡献进行评估和奖励之外，以成员对团队的其他贡献进行团队评估、激励及其他方面的措施，来强化成员的团队精神。

5. 培养相互信任精神

    团队工作的本质基础，就是具有相互信任的精神，这是团队建设的核心。培养信任感要从 5 个维度着手：正直（Integrity）、能力（Competence）、可靠（Consistency）、忠实（Loyalty）、开放（Openness）。具体来说，这些都是有效的技巧：多角度思考、用语言和行动支持团队、善于表达自己的观点、一视同仁、说出你的感受、明确表明你的行为与价值观一致、学会保密、关键时表现出你的才干。

参考

- [美]奥利弗·E·威廉姆森, 西德尼·G·温特. 企业的性质[M]. 北京: 商务印书馆, 2007.02
- [美]弗雷德里克·泰罗. 科学管理原理[M]. 北京: 机械工业出版社, 2013.05
- [美]迈克尔·希特, 斯图尔特·布莱克, 莱曼·波特. 希特管理学[M]. 北京: 中国人民大学出版社, 2009.10

- 王建国. 1P 理论：网状经济时代的全新商业模式[M]. 北京：北京大学出版社, 2007.05
- http://bbs.tianya.cn/list-no100-1.shtml 管理前线_天涯论坛
- http://www.vsharing.com 畅享网
- http://bbs.pinggu.org 人大经济论坛
- http://www.ycpai.com 缘创派| 找互联网创业合伙人
- 思维导图工具 MindjetMindManager（http://www.mindjet.com）
- 电子表格软件 OfficeWord（http://office.microsoft.com/zh-cn/）

3 单元：跟真实案例学（Follow Case）

[说明]学习者将"1单元"中的真实任务与以下真实案例进行对比，看看真实案例中相似问题（任务）是怎样解决的（流程、方法和技巧，以及所依据的理论知识），尤其是自己在初次尝试中遇到障碍的方面。

案例

"Lotus9 在线学习社区"是基于"关联主义"+"建构主义"学习理念，采用"混合学习"教学模式+"翻转课堂"学习过程组织形式，利用开放源代码技术搭建的在线学习平台。Lotus9 提供包括在线课程学习、社交网络服务、学习者求职/用人单位招聘、校友资源管理、广告媒体等 5 大产品（服务），具有社交化、智能化、泛在化、终身化特征，能够满足学习者从学习、交友、求职、应聘等学习生活工作的全链需求。

"Lotus9 在线学习社区"创意提出是在 2011 年，源自作者从 2005 年开始的国家精品资源（共享）课建设过程中的深切体会。那就是课程所制作的资源忽视了学习者的需要，导致投入大量资金建成的数千门课程资源访问者寥寥，而在教育互联网化的背景下，以学习者为中心的，契合未来教育教学形态变革的学习资源开发及学习平台匮乏。作者由此需求出发，想引入全新的学习理论和互联网思维方式，搭建能够实现教育教学梦想的社区（平台）。

"Lotus9 在线学习社区"从创意、策划、开发、运营是完整的闭环系统，2011 年提出创意、2012 年完成概念设计、2013 年确定全开源技术架构、2014 年进行代码实现和上线测试运行、2015 年进行优化完善。

其中，2011 年曾想从互联网上找到现成产品，但是符合我们的设计理念、技术架构和用户体验的没有，于是，2012 年计划找专业软件公司开发，经过若干次沟通交流后，开发企业均提出高弹性学习活动过程所需的工作流程引擎、高并发访问需求导致的代

> 码设计与优化工作量浩大、复杂社交网络关系导致的数据结构异常复杂等问题，致使所需资金节节攀升超出我们的预期。2013年后开始将技术架构改为以 Linux+开源代码为基础，项目团队重新调整，大幅度增加软件技术背景的老师，特别是对最新前沿技术高度敏感的人员。
>
> "Lotus9在线学习社区"的开发涉及到团队、资金和技术若干道门槛，这样的创业过程是逐步摸索过来的，只是时间机会略微有些等不起。2011年提出来的时候，让所有交流者都感到惊讶：非常超前和非常有创意。迈入2014年，互联网大鳄已经对在线学习/教育动作频频，有上升到战略层面来对待的趋势了。

案例解读

1 团队组合

初始创业团队成员5～7人，产品策划1人、技术开发3～5人、运营维护1人，以降低团队运行与磨合成本。其中，技术开发以高校IT专业教师+在校学生为主，引入行业企业资深网站架构和移动应用技术开发成员1～2人。

2 组织结构

创业团队成员分工负责，以策划、开发、运行3个工作组形式构建扁平化矩阵式组织结构，暂时不做复杂的机械式组织结构设计，以完成产品开发、确保及时上线运行为需要，组织结构具有较高弹性和自由度，更多的是靠项目文档以及创业者激情来统筹参与者的行为规范。

3 组织文化

项目创业至上，获取商业利益其次，追求事业成就感。

4 单元：完成真实任务（True Task）

[说明] 学习者再次尝试完成"1单元"中的真实任务，利用下表再次进行自我评估并接受指导老师的持续评估和工作意见。之后，学习者将自己所属团队完成的任务进行展示、交流（角色情景扮演），与其他团队进行交叉评估。

评估

- 为完成这项任务，我们做了：

- 对比学习目标，我们实现了：

- 对比学习目标，我们还未完成的有：

学习者自我评价（分值越大越优秀）	□1分 □2分 □3分 □4分 □5分
教师评价（分值越大越优秀）	□1分 □2分 □3分 □4分 □5分

测试

举例描述优秀创业团队的组织特征和个人特征。

绘制适合互联网创业团队的组织结构（图）。

搜集相关资料，撰写小米科技董事长雷军的简历，说明团队中领袖人物的价值如何体现、影响力如何形成。

测试结果（分值越大越优秀）	□1分 □2分 □3分 □4分 □5分

拓展

小米模式再次引发热潮，刷新中国互联网公司的成长速度。在小米取得一系列成就的同时，人们也思考小米公司成功的原因，其中管理创新给小米的高速发展提供了充沛的助力。

1　花80%时间找人

小米团队是小米成功的核心原因。和一群聪明人一起共事，为了挖到聪明人不惜一切代价。如果一个同事不够优秀，很可能不但不能有效帮助整个团队，反而有可能影响到整个团队的工作效率。真正到小米来的人，都是真正干活的人，他想做成一件事情，所以非常有热情。来到小米工作的人聪明、技术一流、有战斗力、有热情做一件事情，这样的员工做出来的产品注定是一流的。这是一种真刀实枪的行动和执行。

所以当初我决定组建超强的团队，前半年花了至少80%时间找人，幸运地找到了7个牛人合伙，全是技术背景，平均年龄42岁，经验极其丰富。3个本地加5个海归，来自金山、谷歌、摩托罗拉、微软等，土洋结合，理念一致，大都管过超过几百人的团队，充满创业热情。

如果你招不到人才，只是因为你投入的精力不够多。我每天都要花费一半以上的时间用来招募人才，前100名员工每名员工入职都亲自见面并沟通。当时，招募优秀的硬件工程师尤其困难。有一次，一个非常资深和出色的硬件工程师被请来小米公司面试，他没有创业的决心，对小米的前途也有些怀疑，几个合伙人轮流和他交流，整整12个小时，打动了他，最后工程师说："好吧，我已经体力不支了，还是答应你们算了！"

2　少做事，管理扁平化

中国很长时间是产品稀缺，粗放经营，做很多，却很累。一周工作7天，一天恨不得12个小时，结果还是干不好，就认为雇佣的员工不够好，就得搞培训、搞****、洗脑，但从来没有考虑把事情做少。互联网时代讲求单点切入，逐点放大。

扁平化是基于小米相信优秀的人本身就有很强的驱动力和自我管理的能力。设定管理的方式是不信任的方式，我们的员工都有想做最好的东西的冲动，公司有这样的产品信仰，管理就变得简单了。当然，这一切都源于一个前提，成长速度。速度是最好的管理。少做事，管理扁平化，才能把事情做到极致，才能快速。

小米的组织架构没有层级，基本上是三级：7个核心创始人——部门leader——员工，而且不会让团队太大，稍微大一点就拆分成小团队。从小米的办公布局就能看出这种组织结构：一层产品、一层营销、一层硬件、一层电商，每层由一名创始人坐镇，是能一竿子插到底的执行。大家互不干涉，都希望能够在各自分管的领域给力，一起把这个事情做好。

除7个创始人有职位，其他人都没有职位，都是工程师，晋升的唯一奖励就是涨薪。不需要你考虑太多杂事和杂念，没有什么团队利益，一心在事情上。

这样的管理制度减少了层级之间互相汇报浪费的时间。小米现在 2500 多人，除每周一的 1 小时公司级例会之外很少开会，也没什么季度总结会、半年总结会。成立 3 年多，7 个合伙人只开过 3 次集体大会。2012 年 815 电商大战，从策划、设计、开发、供应链仅用了不到 24 小时准备，上线后微博转发量近 10 万次，销售量近 20 万台。

我的第一定位不是 CEO，而是首席产品经理。80%的时间是参加各种产品会，每周定期和 MIUI、米聊、硬件和营销部门的基层同事坐下来，举行产品层面的讨论会。很多小米公司的产品细节，就是在这样的会议当中和相关业务一线产品经理、工程师一起讨论决定的。

3　强调责任感，不设 KPI

全员 6×12 小时工作，小米坚持了将近 3 年。维系这样的工作，从来没有实行过打卡制度，而且也没有施行公司范围内的 KPI 考核制度。

小米强调你要把别人的事当成第一件事，强调责任感。比如我的代码写完了，一定要别的工程师检查一下，别的工程师再忙，也必须第一时间先检查我的代码，然后再做你自己的事情。其他公司可能有一个晋升制度，大家都会为了晋升做事情，会导致价值的扭曲，为了创新而创新，不一定是为用户创新。其他公司对工程师强调的是把技术做好，在小米不一样，它要求工程师把这个事情做好，工程师必须要对用户价值负责。

4　透明的利益分享机制

小米公司有一个理念，就是要和员工一起分享利益，尽可能多地分享利益。小米公司刚成立的时候，就推行了全员持股、全员投资的计划。小米最初的 56 个员工，自掏腰包总共投资了 1100 万美元——均摊下来每人投资约 20 万美元。

我们给了足够的回报，一是工资上我们是主流；第二是在期权上真的是有很大的上升空间，而且每年我们公司还有一些内部回购；第三是团队做事确实有时候压力很大，但他会觉得有很强的满足感，很多用户会极力追捧他，比如说某个工程师万岁。

5　与米粉交朋友

做朋友的心理就是，如果这个问题是你的朋友来找你解决的话，你会怎么做？那当然是你能解决就给他立刻解决了，解决不了也要想办法帮他解决。

小米学习的是海底捞。就是把它变成一种文化，变成一种全员行为，给一线赋予权力。比如，用户投诉或不爽的时候，客服有权根据自己的判断，赠送贴膜或其他小配件。又如，曾有用户打来电话说，自己买小米是为了送客户，客户拿到手机还要去自己贴膜，这太麻烦了。于是在配送之前，小米的客服在订单上加注了送贴膜一个，这位用户很快感受到了小米的贴心。

再比如，小米在微博客服上有个规定：15分钟快速响应。还专门开发了一个客服平台。不管是用户的建议还是吐槽，很快就有小米的人员进行回复和解答。从我开始，每天会花1个小时的时间回复微博上的评论。包括所有工程师，是否按时回复论坛上的帖子是工作考核的重要指标。

为了让工程师拥有产品经理思维，我们从一开始就要求所有员工，在朋友使用小米手机过程中遇到任何问题，无论硬件还是软件，无论是使用方法或技巧的问题，还是产品本身出现了Bug，都要以解决问题的思路去帮助朋友。甚至要求所有工程师通过论坛、微博和QQ等渠道和用户直接取得联系。

小米还让工程师们直面每一段代码成果在用户面前的反馈，当一项新开发的功能发布后，工程师们马上就会看到用户的反馈。小米甚至要求工程师参加和粉丝聚会的线下活动。这样的活动让工程师知道他做的东西在服务谁，他感受到的用户不仅仅是一个数字，而是一张张脸，是一个实实在在的人物，有女用户、女粉丝非常热情地拉他们签名、合影。这些宅男工程师就会觉得他写程序不是为了小米公司，而是为了他的粉丝在做一件工作的时候，这种价值实现是很重要的。

（资料来源：游戏创业.雷军：小米团队管理的创新[EB/OL].http://www.youxicy.com/archives/1811，2013.09.02）

- 转入下个**工作任务：运行平台搭建**的学习

2.3 运行平台搭建

学习目标（Learning Objectives）

素质： 独立创新的理念、清晰的文字组织与表达（口头交流与写作）、使用数学或结构方式进行逻辑分析与推理、脚踏实地的态度与行动。

技能： 能够域名注册与备案，选择服务器架构与技术方案，租赁或搭建应用所需的云服务器。

知识： 域名、大数据挖掘、Apache HTTP Server。

[说明] 学习时间，预计共 24 学时（6 学时课内+18 学时课外）。另外，教学过程采用行动导向的混合学习方式来组织管理，学习过程是围绕解决问题、完成任务、学会知识、掌握技能、胜任工作这样的内在逻辑来进行的。

1 单元：尝试真实任务（True Task）

[说明] 学习者组成 7 人左右的工作团队，将自身置于职业岗位的工作环境，充分调动自己过去积累的经验和已经拥有的知识，也可在互联网搜索借鉴他人的经验，最好能进行现场实践，来尝试解决实际问题（任务）。

任务

> **工作任务：**
> 为"产品（服务）设计"中确定的互联网项目建立在线运行平台，建议采用完全开放源代码的套件 Linux 操作系统、Apache/Nginx（Web 服务器）、MySQL/MariaDB+MongoDB 数据库、Python/PHP/JavaScript（Web 开发语言）来搭建。

评估

- 为完成这项任务，我们做了：

- 经过努力，我们完成了下列任务：

- 在完成任务的过程中，我们遇到了下面的障碍（问题）：

解析

- 任务解读：为项目搭建起运行平台（环境），纯技术事情。
- 关联理论：云计算、大数据。
- 问题难点：云服务器搭建中准确预估未来并发访问流量及其对带宽、网络加速、高安全性的需求，尤其是满足高并发访问、非关系型数据库、基于大数据挖掘的智能分析需要问题，通常创业项目还是建议租用云服务器，未来并发访问流量采用每年动态预估与调整方式进行测算。

2 单元：相关理论知识学习（Theory Study）

[说明] 学习者可以根据自我评估以及指导老师给出的持续学习指导意见，有差异地选择自己需要学习的相关理论知识。如果在没有学习某部分理论知识前，学习者就能够完成对应的任务，则所需的支撑理论知识已经具备，可以在征询指导老师意见后越过这部分理论知识的学习。

学习引导

项目必须的人财物方面就剩下"**物**"了，互联网项目"**物**"方面的需求主要表现在运行平台，基于"云计算+大数据"理念构建软硬一体化的云服务器，作为将来项目运行的可靠条件。其中，域名注册备案有较为特殊的条件和程序步骤。

理论

● 域名（IP 地址）（图 2-6）

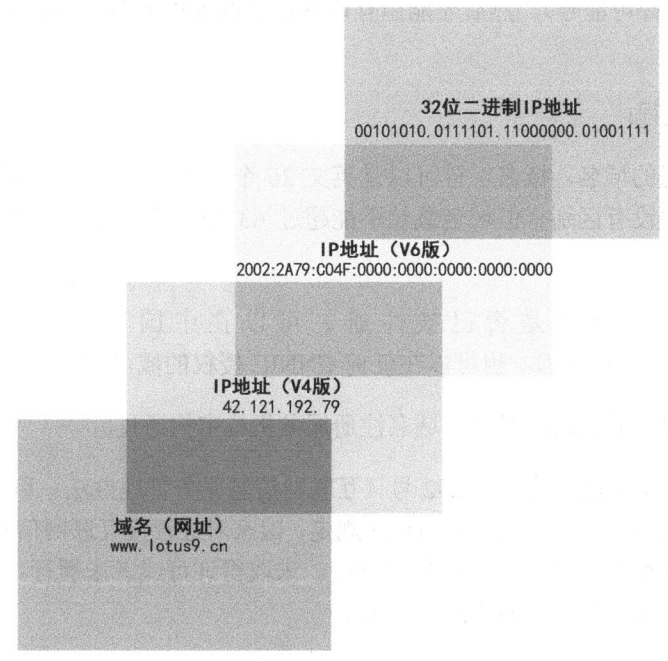

图 2-6　域名与 IP 地址的理解

IP 地址是互联网协议地址（Internet Protocol Address）的缩写，用来给每台连接入 Internet 的设备（电脑、手机等）分配地址，可理解为互联网上的门牌号码，分为 IPv4 与 IPv6 版本。IPv4 地址由 32 位二进制数组成，分为 4 组，以 8 位为一组，每组间以圆点"."隔开，常以 XXX.XXX.XXX.XXX 形式简化表现，每组 XXX 代表小于或等于 255 的 10 进制数。IPv6 地址由 128 位二进制数组成，分为 8 组，以 16 位为一组，每组间以冒号":"隔开，常以 XXX:XXX:XXX:XXX:XXX:XXX:XXX:XXX 形式表现，每组 XXX 以 4 位十六进制表示。

比如：IP 地址（V4 版）00101010.0111101.11000000.01001111，简化表示为 42.121.192.79，对应的 IP 地址（V6 版）是 2002:2A79:C04F:0000:0000:0000:0000:0000，相应域名（网址）是 www.lotus9.cn。

域名（Domain Name）是由一串用点分隔的名字组成的 Internet 上设备的名称，用于在数据传输时标识设备的数字地址（有时也指地理位置），是用普通人能理解的自然语言表示的，能够使人更方便地访问互联网，而不用去记住能够被机器直接读取的 IP 地址数串。实现域名与 IP 地址转换的是域名系统（Domain Name System，DNS），Internet 的核心服务，DNS 也就是可以将域名和 IP 地址相互映射的一个分布式数据库。

域名要先注册后备案才能使用。域名注册是通过互联网服务商进行的，备案由工业与信息化部 ICP/IP/域名信息备案系统（http://www.miit.gov.cn/n11293472/cjfw/wzba/index.html）审核，通过后才能获得备案（许可证号），然后才能由互联网服务商提供域名解析服务，普通用户才能正常访问。

域名注册与备案流程：

1. 选择自己中意的域名。域名字符可以是英文 26 个字母和 10 个阿拉伯数字以及横杠"-"，字母的大小写没有区别。但域名最长不能超过 63 个字符，且"-"不能出现在字符串的最前或最后。

2. 查询所选择的域名是否已被注册。可以在中国互联网络信息中心 CNNIC（http://www.cnnic.net.cn），也可以在任何 CNNIC 授权的域名注册服务机构网站在线查询。

3. 填写注册信息，并缴纳注册费，域名注册服务机构审核通过。

4. 注册域名的备案。国务院令第 292 号《互联网信息服务管理办法》和工信部令第 33 号《非经营性互联网信息服务备案管理办法》规定，国家对经营性互联网信息服务实行许可制度，对非经营性互联网信息服务实行备案制度。未取得许可或者未履行备案手续的，不得从事互联网信息服务，否则就属于违法行为。

   另外，拟从事新闻、出版、教育、医疗保健、药品和医疗器械、文化、广播电影电视节目等互联网信息服务，根据法律、行政法规以及国家有关规定应经有关主管部门审核同意的，在履行备案手续时，还应向其住所所在地省通信管理局提交相关主管部门审核同意的文件（即前置审批）。

   注册域名的备案可以是域名持有人自行通过工业与信息化部 ICP/IP/域名信息备案系统向当地通信管理局进行申请，最简洁的通道是通过互联网服务商代理进行域名备案。

5. 获取域名证书，启用域名访问。

微练习：

选择规范的网络服务提供商，在其网站在线注册一个自己的域名，下载域名注册证书。

- 云计算

"云"其实是互联网的一个隐喻,简单地说,"云计算"其实就是使用互联网来接入存储或者运行在远程服务器端的应用、数据、存储、软件或者服务。"云计算"是分布式计算(Distributed Computing)、并行计算(Parallel Computing)、效用计算(Utility Computing)、网络存储、虚拟化、负载均衡等传统计算机和网络技术发展融合的产物。

与传统的客户端—服务器模式不同的是,"云计算"好比是从古老的单台发电机模式转向了电厂集中供电的模式。它意味着计算能力也可以作为一种商品进行流通,就像煤气、水电一样,取用方便,费用低廉。

目前,"云计算"可以认为包括以下几个层次的服务,分别是基础设施即服务(IaaS),平台即服务(PaaS)和软件即服务(SaaS)。基础设施在最下端,平台在中间,软件在顶端(图2-7)。"云计算"的到来能给站长及创业者带来直接帮忙的莫过于 IaaS、PaaS 服务商提供的云服务器。

封装套件	基础设施即服务 IaaS	平台即服务 PaaS	软件即服务 SaaS
用户的控制权: 应用程序 数据 运行 中间件 O/S 虚拟化/服务器 存储 网络服务应用	用户的控制权: 应用程序 数据 运行 中间件 O/S 服务提供商的管理权: 虚拟化/服务器 存储 网络服务应用	用户的控制权: 应用程序 数据 服务提供商的管理权: 运行 中间件 O/S 虚拟化/服务器 存储 网络服务应用	服务提供商的管理权: 应用程序 数据 运行 中间件 O/S 虚拟化/服务器 存储 网络服务应用

图2-7 "云计算"的构成

国内典型的"云计算"服务提供机构有腾讯云(http://www.qcloud.com)、阿里云(http://www.aliyun.com)、Windows Azure(http://windowsazure.cn/zh-cn/)、中国电信天翼云(http://www.ctyun.cn)、盛大云(http://www.grandcloud.cn)、新浪云 Sina App Engine(http://sae.sina.com.cn)等。

为创业项目选择"云计算"服务考虑支持按需使用和按需付费能力的云服务器租用服务,具体的因素包括网站程序运行环境需要、预计并发在线访问流量、安全性要求、价格承受能力等指标来选择云服务器的 CPU、磁盘、带宽等参数。

- 大数据挖掘

爱德华·斯诺登(Edward Snowden)泄露美国国家安全局(NSA)全方位收集电话和电子邮件

记录，从海量数据中挖掘出有价值的情报，从而服务于美国国家安全和利益的需要，这个事件简直就是大数据挖掘的鲜活案例。

大数据（Big data）指的是所涉及的数据量巨大到无法通过人工，在合理时间内达到截取、管理、处理并整理成为人类所能解读的信息。"大数据"是由数量巨大、结构复杂、类型众多的数据构成的数据集合，特点是 Volume、Velocity、Variety、Veracity（数据量大、输入和处理速度快、数据多样性、价值密度低）。

数据挖掘（Data mining）是指从大量的数据中自动搜索隐藏于其中的有着特殊关系性（属于 Association rule learning）的信息的过程，是数据库知识发现（Knowledge-Discovery in Databases，KDD）中的一个步骤。

数据挖掘是一种决策支持过程，主要基于人工智能、机器学习、模式识别、统计学、数据库、可视化技术等，高度自动化地分析企业的数据，做出归纳性的推理，从中挖掘出潜在的模式，帮助决策者调整市场策略，减少风险，做出正确的决策。

数据挖掘是通过分析每个数据，从大量数据中寻找其规律的技术，主要有数据准备、规律寻找和规律表达与解释 3 个步骤。数据准备是从相关的数据源中选取所需的数据并整合成用于数据挖掘的数据集；规律寻找是用某种方法将数据集所含的规律找出来；规律表达与解释是尽可能以用户可理解的方式（如可视化）将找出的规律表示出来。

数据挖掘的典型分析方法有：

（1）分类（Classification）；

（2）估计（Estimation）；

（3）预测（Prediction）；

（4）相关性分组或关联规则（Affinity grouping or association rules）；

（5）聚类（Clustering）；

（6）描述和可视化（Description and Visualization）；

（7）复杂数据类型挖掘（Text、Web、图形图像、视频、音频等）。

● 架设 Apache HTTP Server（服务器）。

Apache HTTP Server 是 Apache 软件基金会的一个开放源代码的 Web（网页）服务器端软件，实现 Internet 上的 World Wide Web 信息浏览服务。类似功能的软件还有 Microsoft Internet Information Server（IIS）。

World Wide Web（万维网，简称 WWW 或 Web），分为 Web 客户端和 Web 服务器程序，可以让 Web 客户端（通常是 Internet Explorer、Google Chrome、Firefox、Opera 等这样的 Browser 浏览器）遵照 Hypertext transfer protocol（超文本传输协议，简称 HTTP）访问浏览 Web 服务器上的 Page（页面），Page 是由 Hypertext（超文本链接）方式将文本和图形、音频、视频等链接而成的结构化多媒体信息。

Apache HTTP Server 架设工作既可单独进行，也可以采用 PHP 集成环境安装包安装，其中，XAMPP 就是 Apache 伙伴项目推荐的 PHP 集成环境安装包（http://www.apachefriends.org）。

微练习：
在本地电脑上，逐项安装开源的 Linux 操作系统、Apache/Nginx（Web 服务器）、MySQL/MariaDB+MongoDB 数据库、Python/PHP/JavaScript（Web 开发语言），配置好之后试运行是否正常。

参考

- [美]维克托•迈尔•舍恩伯格，肯尼思•库克耶. 大数据时代：生活、工作与思维的大变革[M]. 杭州：浙江人民出版社, 2013.01
- http://www.centos.org CentOS 开源操作系统
- http://www.36kr.net 36 氪+ | 36Kr.net | 互联网创业服务平台
- http://www.aliyun.com 阿里云
- http://www.qcloud.com 腾讯云
- http://www.grandcloud.cn 盛大云计算
- http://www.ctyun.cn 中国电信天翼云
- http://developer.baidu.com 百度开发者中心
- http://windowsazure.cn/zh-cn/ Windows Azure
- http://www.jcloud.com 京东云-提供围绕电商应用全生命周期的云服务
- http://aws.amazon.com/cn/ Amazon Web Services 中文版
- http://sae.sina.com.cn Sina App Engine
- http://www.domain.cn 域名城
- 开放源代码的操作系统 Linux（https://www.kernel.org）
- 开放源代码的网页服务器 Apache HTTP Server（http://httpd.apache.org）
- 开放源代码的分布式系统基础架构 Apache Hadoop（http://hadoop.apache.org）

3 单元：跟真实案例学（Follow Case）

[说明] 学习者将"1单元"中的真实任务与以下真实案例进行对比，看看真实案例中相似问题（任务）是怎样解决的（流程、方法和技巧，以及所依据的理论知识），尤其是自己在初次尝试中遇到障碍的方面。

案例

"Lotus9 在线学习社区"是基于"关联主义"+"建构主义"学习理念，采用"混合学习"教学模式+"翻转课堂"学习过程组织形式，利用开放源代码技术搭建的在线学习平台。Lotus9 提供包括在线课程学习、社交网络服务、学习者求职/用人单位招聘、校友资源管理、广告媒体等 5 大产品（服务），具有社交化、智能化、泛在化、终身化特征，能够满足学习者从学习、交友、求职、应聘等学习生活工作的全链需求。

"Lotus9 在线学习社区"创意提出是在 2011 年，源自作者从 2005 年开始的国家精品资源（共享）课建设过程中的深切体会。那就是课程所制作的资源忽视了学习者的需要，导致投入大量资金建成的数千门课程资源访问者寥寥，而在教育互联网化的背景下，以学习者为中心的、契合未来教育教学形态变革的学习资源开发及学习平台匮乏。作者由此需求出发，想引入全新的学习理论和互联网思维方式，搭建能够实现教育教学梦想的社区（平台）。

"Lotus9 在线学习社区"从创意、策划、开发、运营是完整的闭环系统，2011 年提出创意、2012 年完成概念设计、2013 年确定全开源技术架构、2014 年进行代码实现和上线测试运行、2015 年进行优化完善。

其中，2011 年曾想从互联网上找到现成产品，但是符合我们的设计理念、技术架构和用户体验的没有，于是，2012 年计划找专业软件公司开发，经过若干次沟通交流后，开发企业均提出高弹性学习活动过程所需的工作流程引擎、高并发访问需求导致的代码设计与优化工作量浩大、复杂社交网络关系导致的数据结构异常复杂等问题，致使所需资金节节攀升超出我们的预期。2013 年后开始将技术架构改为以 Linux+开源代码为基础，项目团队重新调整，大幅度增加软件技术背景的老师，特别是对最新前沿技术高度敏感的人员。

"Lotus9 在线学习社区"的开发涉及到团队、资金和技术若干道门槛，这样的创业过程是逐步摸索过来的，只是时间机会略微有些等不起。2011 年提出来的时候，让所有交流者都感到惊讶：非常超前和非常有创意。迈入 2014 年，互联网大鳄已经对在线学习/教育动作频频，有上升到战略层面来对待的趋势了。

案例解读

1 域名注册（以国内主流信息服务商**西部数码**为例说明流程）

(1) 在浏览器地址栏中输入 http://west.cn，进入成都西维数码科技有限公司主页。

(2) 注册西维数码账号。

单击西维数码主页顶部的"**注册**"按钮，进入账号注册页面，填写账号资料、联系方式、安全设置等注册信息，带"*"为必填项目，填写完毕后勾选"**我已经阅读并同意西部数码服务条款总章**"复选框，再单击"**完成注册**"按钮。

(3) 域名查询与选择。

用注册的会员账户登录西维数码，单击主页顶部的"**英文域名**"或"**中文域名**"选项卡，在"**www.**"输入框中输入"**Lotus9**"，然后单击"**查询**"按钮，查询结果显示为"**以下域名可以注册**"。

选定想要注册的域名 Lotus9.cn，单击与该域名对应的"**立即注册**"按钮，生成域名购买订单。

(4) 填写域名注册信息。

仔细填写域名信息、域名中文资料、域名英文资料下的各个项目，所有信息确认无误之后，勾选"我已经阅读、理解并接受西部数码的域名注册协议，域名注册人权利与责任"复选框，再单击"只下订单申请"单选框，最后单击"继续下一步"按钮显示"我的订单"页面。

(5) 支付。

单击页面顶部"管理中心"→"订单管理"→"未开通订单"→"开通"→"正式注册"，进入"**购物车**"页面，选择你适合的结算方式，单击"**去收银台**"按钮，如果注册账户有足够预付款则直接支付，预付款不足则可以单击"**充值预付款**"按钮进行转账或汇款。

(6) 开通域名。

结算成功后，西维数码会开通域名，并向注册域名时填写的邮箱发送域名注册成功通知。

(7) 管理域名。

单击页面顶部"管理中心"→"业务管理"，选择已经注册的域名 Lotus9.cn，单击"**获取证书**"链接，下载注册域名证书的电子版。

也可以域名 Lotus9.cn 对应的"**管理**"按钮进入"**域名管理**"页面，进行域名解析、过户、续费等事务处理。

2 云服务器购买（以国内主流信息服务商阿里云为例说明租赁流程）

(1) 打开浏览器，在地址栏中输入 http://www.aliyun.com 进入阿里云主页。

(2) 注册阿里云账号。

单击阿里云主页上"**免费注册**"链接，进入账号注册页面，填写注册信息，带"*"为必填项目，填写完毕后单击"同意协议并注册"按钮，阿里云将向你提供的邮箱发送账户激活邮件。单击"**立即查收邮件**"按钮进入你的指定邮箱，接收阿里云发来的激活邮件，单击其中的激活链接完成账号注册。

(3) 选择云服务器。

进入阿里云主页，单击右上角的"**登录**"链接，输入邮箱与密码进入会员页面。单击顶部导航栏的"**产品·服务**"链接，进入产品·服务页面。

从左侧导航栏选择"**云服务器 ECS**"命令，单击"立即购买"按钮进入配置页面，根据自己的需要选择 CPU、内存等相应参数，最后单击"**提交**"按钮。

如果不清楚自己的需要，可以单击"**选型推荐**"按钮，输入自己的网站类型、日均 PV、首页大小、数据容量等信息后，单击"**开始测算**"按钮，由阿里云帮你选择适当的云服务器类型。

(4) 确认与支付。

在页面右侧"**你已选择的云服务器**"对话框中核实选择结果，确认无误后单击下面的"**确认订单**"按钮进入支付页面，选择"**支付宝在线支付**"方式，检查信息无误后单击"**确认支付**"按钮完成支付。若支付宝账户资金不足，单击"**立即充值**"按钮为支付宝充值。

已完成云服务器的购买，阿里云将自动创建云服务产品，稍后自行刷新"**用户中心**"→"**管理控制台**"页面，用户即可看到购买的云服务器（产品清单）。

以此类推购买负载均衡 SLB、开放存储服务 OSS、内容分发网络 CDN、开放结构化数据服务 OTS 等产品（服务）。

(5) 管理自己的云服务器。

用自己的账户登录阿里云主页，单击顶部的"**用户中心**"链接进入自己的个人主页，查看自己的账户状态。

单击阿里云主页顶部的"**管理控制台**"链接，或者"**用户中心**"→"**管理控制台**"链接，查看自己购买的云服务器运行状态（CPU 利用率、网络带宽、磁盘读写速率等）。

单击左侧"**云服务器管理**"命令，对云服务器进行管理（如修改密码、重启云服务器、更换操作系统等），也可以通过 API 的方式来管理云服务器。

（6）远程登录管理云服务器。

远程登录到云服务器后运行程序或脚本，Linux 系统可以使用 SSH，Windows 系统可以使用远程桌面登录，登录后的管理方式和物理服务器没有差别。

在 Windows 桌面单击"**开始**"→"**所有程序**"→"**附件**"→"**远程桌面连接**"，在弹出窗口的"**登录设置**"→"**计算机**"中输入远程服务器 IP 地址，在"**用户名**"中输入用户名称（Windows 操作系统默认用户名是 administrator，Linux 操作系统默认用户名是 root），然后单击"**连接**"登录到远程服务器。

在"**用户名**"、"**密码**"框中输入用户名和密码之后即可进入云服务器桌面，登录后的管理方式就像使用本地的服务器那样对远程的云服务器进行安装配置。

3 域名备案（以国内主流信息服务商**阿里云**为例说明流程）

（1）前置审批。

www.lotus9.cn 是社交化智能学习网站，归类为教育类互联网信息服务，需要向重庆市教育委员会申请前置审批。

在浏览器地址栏中输入 http://wzmis.ctbu.edu.cn，进入重庆市教育类网站网校管理系统主页，单击"**用户注册**"链接，填写注册用户（基本资料）、网站网校申报单位基本信息，单击"**提交注册信息**"按钮。

单击"**用户登录**"链接，输入账号名、密码和验证码，单击"**登录**"按钮进入重庆市教育类网站网校管理系统。单击左侧导航栏"**维护用户信息**"链接，完善单位基本信息、联系方式等内容，在后续报表中还要使用这些信息。

单击左侧导航栏"**申报审批表**"链接，填写、再下载、填写、打印"重庆市教育类网站网校申办审批表"，将指定的所有纸制申报材料报送至重庆市教育委员会办公楼行政审批大厅（219 室）。

重庆市教育委员会将委托重庆市教育信息技术与装备中心开展重庆市教育类网站网校前置审批备案工作。受理申报材料后的 30 个工作日内完成审批，重庆市教育委员会将批准符合要求的教育类网站网校备案，并函告市通信管理局。

（2）申请备案服务号。

在浏览器地址栏中输入 http://www.aliyun.com，进入阿里云主页，单击"**登录**"按钮输入登录名和登录密码，再次单击"**登录**"按钮。然后，单击"**用户中心**"→"**备案管理**"→"**备案服务号申请**"→"**申请**"，申请 1 个备案服务号。

单击"**备案服务号管理**"，在弹出窗口中"**绑定 IP**"输入框中输入预先租用的云服务器 IP 地址，然后，单击"**绑定**"按钮完成备案服务号与云服务器 IP 地址绑定。

（3）申请代理备案系统账号。

在浏览器地址栏中输入 http://aliyun.gein.cn，进入 ICP（运营商阿里云）代理备案管理系统页面，单击"**免费注册**"链接进入账号注册页面，填写登录邮箱、密码等注册信息（带"*****"为必填项目），填写完毕后单击"**立即提交**"按钮，阿里云将向你指定邮箱发送账户激活邮件。

在浏览器地址栏中输入指定邮箱地址，登录邮箱的收件箱，接收阿里云发来的激活邮件，单击其中的激活链接完成账号注册。返回 ICP 代理备案管理系统页面，单击"**激活账号**"选项卡，就会看到"**恭喜你，账号激活成功！**"。

（4）进入 ICP 代理备案管理系统。

在浏览器地址栏中输入 http://aliyun.gein.cn，用刚才注册的账号登录 ICP 代理备案管理系统，请单击"**首次备案**"链接选择备案类型。

（5）填写备案信息。

填写网站主办单位信息，填写的所有信息应该真实准确，带"*****"号的信息项为必填项。完毕之后，单击"**继续下一步**"按钮，再单击"**产品验证**"按钮，验证无误后填写网站信息。如果网站负责人与主办单位负责人不同，则需要单击"**填写新负责人**"按钮另外填写。完毕之后，单击"**继续下一步**"按钮上传资料。

（6）上传资料。

上传资料（除网站负责人照片需要强制当面核验以外，其余资料均可上传），勾选"**同意阿里云协助修改协议**"复选框。此处需要上传的资料阿里云均提供样例或模板，请自己下载填写并手动签章后扫描上传。最后，单击"**提交备案**"至初审。

网站负责人照片需到阿里云指定的当地核验点拍照和审核身份证（比如：重庆大学门口的秋林照相馆），并由指定机构上传到 ICP 代理备案管理系统。

（7）等待阿里云审核性。

阿里云会对提交资料的完整性、规范性进行初步审核。初步审核通过后，等待指定的当地核验点提交真实性核验信息。当面核验审核通过后，按照阿里云页面所示的要求打印并填写相关资料签章，然后，邮寄到指定地址。阿里云核对收到的邮寄资料，之后快递给网站负责人长在地区的通信管理局审核。

期间，阿里云会随时通过短信告知备案进程和要求，也可以随时登录 ICP 代理备案管理系统查询备案进程。

(8) 备案结果。

地方通信管理局审核通过后就完成整个域名备案流程。备案成功，务必妥善保管备案号和备案密码，以便以后修改备案信息和增加网站时用。如果备案失败，根据退回原因修改备案信息，修改后再重新提交备案信息。

4 安装网站运行环境之操作系统 CentOS

CentOS（Community Enterprise Operating System）是 Linux 发行版之一，它是来自于 Red Hat Enterprise Linux 依照开放源代码规定释出的源代码所编译而成。由于出自同样的源代码，因此有些要求高度稳定性的服务器以 CentOS 替代商业版的 Red Hat Enterprise Linux 使用。

(1) 准备 CentOS 安装介质。

CentOS 安装镜像可以免费从官方网站（http://www.centos.org）下载，目前最新版本是 6.5。CentOS6.5 的安装镜像大小约 4GB，下载完成之后可以用刻录机将其制成一张 DVD 安装光盘，或者准备一个容量在 4GB 以上的空白 U 盘，使用 UltraISO 软件将镜像文件写入 U 盘，制作成一个可启动 U 盘。

(2) 启动安装向导。

根据你所选择的安装介质，在服务器 BIOS 里设置好启动方式，连接好安装介质之后重新启动服务器，系统会自动引导进入安装界面。此界面主要提供几个选项，各选项说明如下：

Install or Upgrade an Existing System（安装或升级现有的系统）；

Install System with Basic Video Driver（安装过程中采用基本的显卡驱动）；

Rescue Installed System（进入系统修复模式）；

Boot from Local Drive（退出安装从硬盘启动）；

Memory test（内存检测）。

通常全新安装我们选择兼容性最好的第一种方式，选定之后系统会进入安装介质检测界面，通常可以选择跳过即可，然后进入到系统安装前的欢迎界面。

(3) 选择语言及键盘布局。

CentOS 提供多种主流语言支持，根据你的需要在列表框中选择合适的语言。语言选定后会进入键盘布局选择界面，目前我们使用的键盘布局通常都是美式英语布局，所以在此界面我们选择布局为"**U.S.English**"，选定之后进入下一步。

（4）选择存储方式。

此步骤主要是根据你的服务器存储介质选择存储方式，选择界面提供两个选项，一个是基本存储，另外一个是专用存储。如果你的服务器硬盘没有组建阵列，请选择基本存储，反之则选择专用存储，选定之后向导会询问你对硬盘原有数据的处理方式，如果是全新安装可以选择清除硬盘所有数据，否则请选择保留数据。

（5）填写服务器相关基本信息。

此步骤请根据向导依次设置你服务器的主机名，服务器的网络设置及服务器所在时区选择。

（6）设置 root 密码。

CentOS 基于 Linux 内核，具有较高的安全性，为了保证操作的安全，在 CentOS 中根据用户权限进行了分组，root 用户是系统中具有最高权限的用户，俗称超级用户，此步骤就是为 root 用户设置初始密码，为了保证系统的安全，该密码应当具有一定的复杂度，在密码中最好能够包含数字字母及特殊符号，字母要区分大小写。两次确认无误之后密码即设置完成。

（7）磁盘分区。

在此步骤首先选择如何使用磁盘空间，如果是全新安装请选择使用所有磁盘空间，如果是保留安装则选择使用剩余空间，选定之后向导会把磁盘目前的分区信息罗列出来，在此界面你可以根据你的需求调整分区大小、分区类型，选定之后向导会提示你是否对磁盘进行格式化，确认之后向导会根据你的配置写入分区信息。

（8）选择服务器角色。

此步骤是安装过程中最为关键的一步，需要你根据服务器的角色定位选择相应的安装模式。在 CentOS 中图形 UI 不是核心组件，可以选择安装或者不安装。如果你需要使用完整的图形界面，请选择桌面模式，否则你可以选择只有命令行的其他模式。

（9）执行组件安装。

在此步骤可以对除核心组件外的其他组件进行定制，为了保证你的服务器既能满足应用环境又能高效运行，请只选择安装必要组件。选定之后向导将根据你的配置自动安装相关组件，这个过程根据你的服务器配置将花费几分钟到几十分钟不等。

（10）首次登录设置。

所有组件安装完毕之后系统将自动重新启动，首次启动成功之后在登录之前系统会要求你做一些简单的配置。首先会要求你创建一个常规用户，因为 root 用户具有完全的操作权限，误操作的危害比较大，所以日常使用的时候通常使用此步骤创建常规账户，创建用户完毕之后系统会要求你设置当前的日期及时间。至此 CentOS 的整个安装步骤成功完成，用你刚刚创建的用户和密码登录进入使用界面。

5 安装网站运行环境之 ApacheHttpServer

（1）下载 Apache 安装文件。

从 Apache 官方网站（http://httpd.apache.org）下载 Apache 安装包，双击下载来的.msi 安装文件，在版权窗口中单击"**Next**"按钮，然后在许可窗口中选择"**I accept the terms in the license agreement**"选项后单击"**Next**"按钮，再单击软件须知窗口中"**Next**"按钮进入下一步。

（2）填写服务器信息。

在"**Network Domain**（网络域名）"中填写自己注册的网站域名（创业项目所申请的域名 Lotus9.cn），在"**Server Name**（服务器名称）"中填写主机名称（创业项目服务器 www.Lotus9.cn）；在"**Administrator's Email Address**（管理员邮箱）"中填写网站管理员的邮箱地址，其余默认，然后单击窗口中"**Next**"按钮进入下一步。

（3）选择安装模式。

"**Typical**（典型）"就是自动安装最主要部分，"**Custom**（自定义）"允许用户选择安装路径和功能模块。此处我们选择"**Custom**"，然后单击"**Next**"按钮进入下一步窗口，单击"**Chang…**"按钮修改安装路径为指定的文件夹，然后单击"**Install**"按钮开始安装，等待安装进度条到 100%，最后单击"**Finish**"按钮结束安装。

（4）确认 Apache 状态。

打开浏览器，在地址栏中输入 http://127.0.0.1，浏览器显示文字"**It Works！**"表示 Apache 服务状态正常。

6 安装网站运行环境之 MySQLDatabase

（1）下载 MySQL 安装文件。

从 MySQL 官方网站（http://www.mysql.com/downloads/）下载 MySQL 安装包，解压下载来的.zip 压缩包，双击解压出来的安装文件，在版权窗口中单击"**Next**"按钮，然后在许可窗口中选择"I accept the terms in the license agreement"选项后单击"Next"按钮进入下一步。

(2) 选择安装模式。

"Typical（典型）"就是自动安装最主要部分，"Complete（完全安装）"安装全部功能模块，"Custom（自定义）"允许用户选择安装路径和功能模块。此处我们选择"Custom"，然后单击"Next"按钮进入下一步窗口，单击"Chang…"按钮修改安装路径为指定的文件夹，然后单击"Install"按钮开始安装，等待安装进度条到100%，单击"Next"按钮结束安装，然后勾选"Configure the MySQL Server now"选项，最后单击"Finish"按钮进入配置界面。

(3) 配置 MySQL。

继续单击"Next"按钮，从"Detailed Configuration（详细配置）"与"Standard Configuration（标准配置）"选项中选择"Detailed Configuration（详细配置）"选项，然后单击"Next"按钮。

选择服务类型，"Developer Machine（开发机器）"用于个人开发测试，占用系统资源较少；"Server Machine（服务器机器）"用于像 FTP、E-mail、Web 服务器等，占用系统资源较多；"Dedicated MySQL Server Machine（专用 MySQL 服务器机器）"作为 MySQL 专用服务器，占用全部可用资源，通常选择"Server Machine（服务器机器）"类型，然后单击"Next"按钮。

选择数据库用途，在"Multifunctional Database（多功能数据库）"、"Transactional DatabaseOnly（仅仅作为事务数据库）"、"No-Transactional Database Only（仅仅作为非事务数据库）"选项中选择"Transactional Database Only（仅仅作为事务数据库）"选项，然后单击"Next"按钮。

设置 InnoDBTablespace，默认即可，然后单击"Next"按钮。设置并发连接数量，从中选择"Online Transactional Processing（OLTP 联机事务处理）"选项（约 500 连接数），然后单击"Next"按钮。

进入网络设置界面，勾选"Enable TCP/IP Networking（启用 TCP/IP 网络连接）"、"Enable Strict Mode（启用严格模式）"两个复选框，然后单击"Next"按钮。

选择默认的数据库语言编码（字符集），从"Manual Selected Default Character Set / Collation（个人设定）"→"Character Set（字符集）"下拉列表中选择"GBK"，让数据库能够支持汉字显示，然后单击"Next"按钮。

设置 MySQL 是否安装为 Windows 服务，勾选所有复选框，然后单击"Next"按钮进入安全设置界面，修改 root 用户的密码，自行设置好后即单击"Next"按钮。

（4）配置生效。

单击"**Execute**（执行）"按钮使其生效，单击"**Finish**（完成）"按钮完成配置，重启 MySQL 服务即可使用。

7 安装网站运行环境之 PHP Script Language

（1）下载 PHP 安装文件。

从 PHP 官方网站（http://www.php.net）下载 PHP 压缩包，用 FTP 方式上传至云服务器，解压 PHP 压缩包至云服务器上指定文件夹内。

（2）配置 PHP。

在 PHP 文件夹内，找到 PHP 配置文件 php.ini-dist，将其重命名为 php.ini，然后用记事本打开这个文件。

设置相关环境变量，鼠标右键单击"我的电脑"→"属性"→"高级"→"环境变量……"→"系统变量"→"**Path**"→"编辑"，在"变量值"输入框中添加"**;E:\php; E:\php\ext**"，其中，**E:**表示 PHP 安装文件夹。

如果要配置 PHP 扩展模块，在 php.ini 文件中搜索"**Windows Extensions**"段落，去掉"**extensions**"前的"；"字符就加载对应模块，在"**extensions**"前添加"；"字符不加载对应模块。

（3）配置 PHP 与 Apache 的相结合

PHP 通过 module 方式与 Apache 相结合。用记事本打开 Apache 配置文件 php.ini，搜索"module"段落，添加引号内的内容"LoadModule php5_module E: /php/php5apache2_2.dll"和"PHPIniDir E: /php"。

（修改前）

LoadModule foo_module modules/mod_foo.so

（修改后）

LoadModule php5_module E: /php/php5apache2_2.dll

PHPIniDir E: /php

LoadModule foo_module modules/mod_foo.so

在 php.ini 文件搜索"**Add Type**"段落，添加 2 种可以执行 PHP 的文件类型，当然，开发者还可以加其他需要的文件类型。

（修改前）

AddType application/x-compress .Z

AddType application/x-gzip .gz .tgz

（修改后）

AddType application/x-compress .Z

AddType application/x-gzip .gz .tgz

AddType application/x-httpd-php .php

AddType application/x-httpd-php .html

（4）确认 PHP 状态

PHP 与 Apache 的配置完成，编辑一个简单的 PHP 文件，保存为 test.php。

```
<html>
<head>
<title>phptest</ title>
<head>
<body>
<?php phpinfo（）:?>
</body>
</html>
```

然后，在浏览器地址栏中输入 http://127.0.0.1/test.php，显示上面的运行结果页面，表示 PHP 安装成功。

4 单元：完成真实任务（True Task）

[说明] 学习者再次尝试完成"1单元"中的真实任务，利用下表再次进行自我评估并接受指导老师的持续评估和工作意见。之后，学习者将自己所属团队完成的任务进行展示、交流（角色情景扮演），与其他团队进行交叉评估。

评估

- 为完成这项任务，我们做了：

- 对比学习目标，我们实现了：

- 对比学习目标，我们还未完成的有：

学习者自我评价（分值越大越优秀）	□1分	□2分	□3分	□4分	□5分
教师评价（分值越大越优秀）	□1分	□2分	□3分	□4分	□5分

测试

列表比较分项独立安装 Apache Http Server、MySQL Database、PHP Script Language 与通过 PHP 集成环境安装的差异及各自有何缺点。

比较 Internet、World Wide Web、HTTP、Website、Html、Xml、Page、Hypertext、Browser 专用术语的内涵区别。

在本地电脑上，逐项安装配置 Apache Http Server、MySQL Database、PHP Script Language（稳定版），使之能够正常运行。

测试结果（分值越大越优秀）	□1分	□2分	□3分	□4分	□5分

拓展

PHP 集成环境 XAMPP 安装：

通过分别安装配置 Apache Http Server、MySQL Database、PHP Script Language 套件，可以搭建起 PHP 运行环境，事实上在 Windows 下搭建 PHP 运行环境还有一种更简单高效的方法，那就是通过安装 PHP 的集成环境 XAMPP、WampServer、AppServ 来实现。

1. 下载 XAMPP 安装文件

   从 XAMPP 官方网站（http://www.apachefriends.org/zh_cn/index.html）下载 XAMPP 安装包，双击下载来的.exe 安装文件，在安装向导窗口中单击"**Next**"按钮进入下一步。

2. 选择 XAMPP 组件

   在需要安装的 XAMPP 组件前复选框上打钩，默认为全部安装，在此直接使用默认值，单击"**Next**"按钮。

   在窗口中，单击"**Browse…**"按钮选择安装文件夹，或者直接在"**Destination folder**"输入框中填写自己需要的安装文件夹，确认了安装路径之后单击"**Install**"按钮开始安装。

3. 完成安装过程

   等待安装进度条至 100%，最后单击"**Finish**"按钮结束安装。

4. 测试 XAMPP

   在浏览器地址栏中输入 http://127.0.0.1，如果出现如下界面则表示 XAMPP 安装成功。

5. 配置 XAMPP

   在 Windows 桌面单击"开始"→"所有程序"→"**Apache Friends**"→"**XAMPP**"→"**XAMPP Control Panel**（控制面板）"命令，打开 XAMPP 控制面板，对相关的组件和服务进行管理。

   XAMPP 在安装的时候默认只安装了 PHP 和 Apache，没有安装 MySQL，但可以直接单击控制面板"**Modules**（模式）"→"**Service**（服务）"命令，再单击 MySQL 前的红色叉号按钮启动 MySQL 安装，在弹出的"**Confirm**（确认）"窗口单击确认。

   稍等片刻，控制面板下方的消息框中显示"**[MySQL] Success**（成功）"信息，提示 MySQL 安装成功，单击"**Modules**（模式）"→"**Action**（动作）"→"**Start**（启动）"按钮启动 MySQL 服务。

6 配置 XAMPP

通过以上步骤已经成功安装并启动了 PHP、Apache、MySQL 三个组件，为了实际测试、使用更方便，还需要配置相关参数。单击控制面板"**Modules**（模式）"→"**Action**（动作）"→"**Start**（启动）"→"**Apache**"→"**Config**"→"**PHP**（**php.ini**）"按钮打开配置文件 PHP.ini。

在打开的配置文件中查找";**extension=php_fileinfo.dll**"，将前面的分号去掉打开文件信息扩展；查找";**extension=php_intl.dll**"将该扩展打开；查找"**upload_max_filesize**"参数，将其值修改为 300M；查找"**post_max_size**"参数，将其值修改为 300M。

XAMPP 安装 MySQL 时，其超级用户密码默认为空，数据库存在安全隐患，需要安装完成后手动设置密码。具体做法是，在浏览器中输入 http://localhost，单击页面左侧导航栏的"**phpMyAdmin**"链接，再单击页面顶部的"用户"命令按钮，选择"用户**概况**"→"**Root localhost**"项目，单击"**编辑权限**"命令按钮，在弹出的用户权限编辑窗口中拖动垂直滚动条至"**修改密码**"区域，完成超级用户的密码设置。

7 测试 XAMPP：

将要测试的 PHP 应用程序复制到 XAMPP 主文档所在的文件夹内，在浏览器地址栏中按输入"**http://127.0.0.1:端口号/应用程序名**"运行应用程序，应用程序能够正常运行则表明 XAMPP 安装设置成功。

- 转入下个**工作任务：产品（服务）开发**的学习

2.4 产品（服务）开发

学习目标（Learning Objectives）
素质：独立创新的理念、清晰的文字组织与表达（口头交流与写作）、使用数学或结构方式进行逻辑分析与推理、脚踏实地的态度与行动。
技能：能够梳理出产品开发流程，完成交互设计并撰写交互设计文档，以及程序代码编写、测试、上线试运行。
知识：UCD、交互设计、体验设计、用户界面、信息架构。
[说明] 学习时间，预计共36学时（9学时课内+27学时课外）。另外，教学过程采用行动导向的混合学习方式来组织管理，学习过程是围绕解决问题、完成任务、学会知识、掌握技能、胜任工作这样的内在逻辑来进行的。

1 单元：尝试真实任务（True Task）

[说明] 学习者组成7人左右的工作团队，将自身置于职业岗位的工作环境，充分调动自己过去积累的经验和已经拥有的知识，也可在互联网搜索借鉴他人的经验，最好能进行现场实践，来尝试解决实际问题（任务）。

任务

> **工作任务：**
> 开发"产品（服务）设计"中确定的互联网项目，若项目团队暂时缺乏有经验的技术研发人员，则建议采用完全开放源代码的套件来组建（比如Open Cart电子商务平台、Word Press内容管理平台、Dolphin社交网络服务平台等）。

评估

- 为完成这项任务，我们做了：

- 经过努力，我们完成了下列任务：

- 在完成任务的过程中，我们遇到了下面的障碍（问题）：

解析

- 任务解读：将产品设计转化为具体产品，形成具体的业务。
- 关联理论：交互设计、软件开发。
- 问题难点：产品研发，可以考虑用新颖的产品创意、优秀的创业团队吸引天使投资或风险投资，再引进高水平的技术人员。

2 单元：相关理论知识学习（Theory Study）

[说明] 学习者可以根据自我评估以及指导老师给出的持续学习指导意见，有差异地选择自己需要学习的相关理论知识。如果在没有学习某部分理论知识前，学习者就能够完成对应的任务，则所需的支撑理论知识已经具备，可以在征询指导老师意见后越过这部分理论知识的学习。

学习引导

产品技术研发是互联网项目的重点和难点，尤其是以用户体验为中心进行产品设计与开发，要通过高效的信息架构，从最基础层面建立产品出色的用户体验，超越用户需求。

理论

● 用户为中心的设计 UCD

以用户为中心的设计（User-Centered Design，简称 UCD）思想非常简单：在开发产品的每一个步骤中，都要把用户列入考虑范围（图 2-8）。

图 2-8　以用户为中心的设计框架

衡量好的以用户为中心的产品设计，可以有以下几个维度：产品在特定使用环境下为特定用户用于特定用途时所具有的有效性（effectiveness）、效率（efficiency）和用户主观满意度（satisfaction），延伸开来还包括对特定用户而言，产品的易学易用程度、对用户的吸引程度、用户在体验产品前后的整体心理感受等。

相关研究方法有卡片分类（Card Sorting）、情境访谈（Contextual Interviews）、焦点小组（Focus Groups）、启发式评估（Heuristic Evaluation）、单独访谈（Individual Interviews）、平行设计（ParallelDesign）、人物志（Personas）或用户体验、制作原型（Prototyping）、问卷调查（Surveys）、任务分析（Task Analysis）、可用性测试（Usability Testing）、用例（Use Cases）、内容优化（Writing for the Web）。

● 交互设计

交互设计（Interaction Design，简称 IxD）由比尔·摩格理吉在 20 世纪 80 年代提出。交互设计有三个交付物：行为路径——有时叫做页面流程图（Page Flow），关注任务流和页面流设计，让用户流转顺利，提升任务完成效率；信息架构——有时叫做站点地图（Site Map），关注内容结构、导航系统设计，让用户方便找到所需信息；单页面交互设计——用线框图、原型图，来关注单页面信息布局、内容优先级及交互细节。

响应式网页设计（Responsive Web design）是交互设计的重要理念和技术方向，按照这个理念：页面的设计与开发应当根据用户行为以及设备环境（操作系统平台、屏幕尺寸、屏幕定向等）进行相应的响应和调整，能够智能化地自动适应用户的使用终端进行页面图文排版等布局的相对应变化（如图 2-9）。

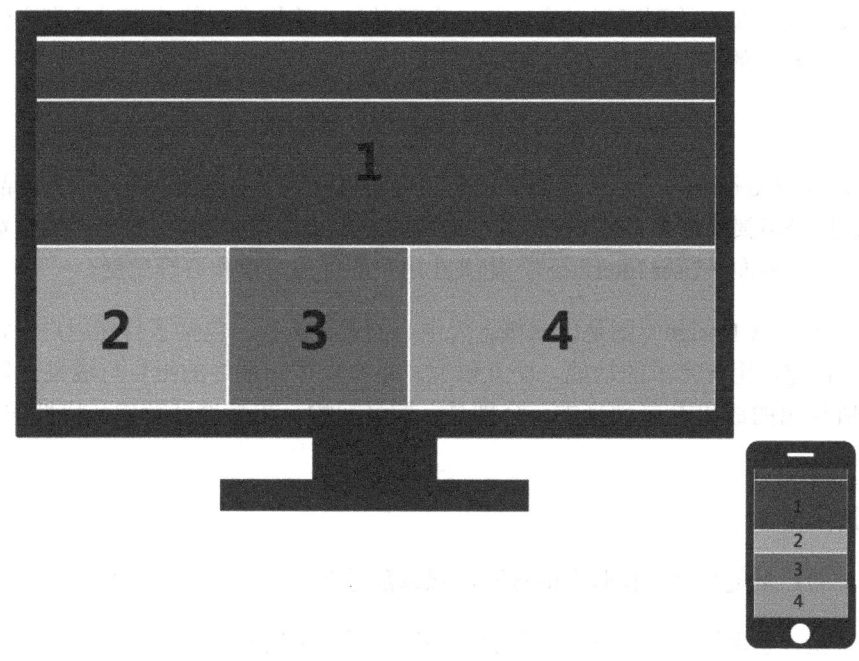

图 2-9　响应式网页设计原理

交互设计步骤：

（1）用户调研：通过用户调研的手段（介入观察、非介入观察、采访等），交互设计师调查了解用户及其相关使用的场景，以便对其有深刻的认识（主要包括用户使用时候的心理模式和行为模式），从而为后继设计提供良好的基础。

（2）概念设计：通过综合考虑用户调研的结果、技术可行性，以及商业机会，交互设计师为设计的目标创建概念（目标可能是新的软件、产品、服务或者系统）。整个过程可能来回迭代进行多次，每个过程可能包含头脑风暴、交谈（无保留地交谈）、细化概念模型等活动。

（3）创建用户模型：基于用户调研得到的用户行为模式，设计师创建场景或者用户故事或者故事板来描绘设计中产品将来可能的形态。通常，设计师设计人物志（Persona）作为创建场景的基础。

（4）创建界面流程：通常，交互设计师采用线框图来描述设计对象的功能和行为。在线框图中，采用分页或分屏的方式（+相关部分的注解）来描述系统的细节。界面流图主要用于描述系统的操作流程。

（5）开发原型以及用户测试：交互设计师通过设计原型来测试设计方案。原型大致可分三类：功能测试的原型、感官测试原型以及实现测试原型；总之，这些原型用于测试用户和设计系统交互的质量。原型可以是实物的，也可以是计算机模拟的；可以是高度仿真的，也可以是大致相似的。

● 用户体验

用户体验（User Experience）是一个测试产品满意度与使用度的词语，基于西方产品设计理论发展过来的，国外习惯简称为 UX，国内习惯简称为 UE。用户体验其实是一个比较宽泛的概念，不仅仅关乎用户界面（User Interface），更关注用户的行为习惯和心理感受。

用户体验设计（UX Design）则是以此概念为中心的设计流程，包括了目标用户设定，满意度的范围和主题设定，用户需求的功能，交互研究，系统反馈和最终的报告与成果。目前用户体验设计流程所导出的成果有三种形态，分别是：信息架构、交互设计草案、特性描述（图 2-10、图 2-11）。

具体设计指标有：

（1）感官体验：呈现给用户视听上的体验，强调舒适性。

（2）交互体验：呈现给用户操作上的体验，强调易用（可用）性。

（3）情感体验：呈现给用户心理上的体验，强调友好性。

（4）浏览体验：呈现给用户浏览上的体验，强调吸引性。

（5）信任体验：呈现给用户的信任体验，强调可靠性。

● 信息架构

如果说交互设计解决的是人和系统之间的对话，那么，信息架构（Information Architecture）是对信息结构（Structuring）、组织方式（Organization）以及分类标签（Labeling）加以设计。其中，信息结构是指收集、传递、处理、储存、检索和分析经济数据的机制和渠道。

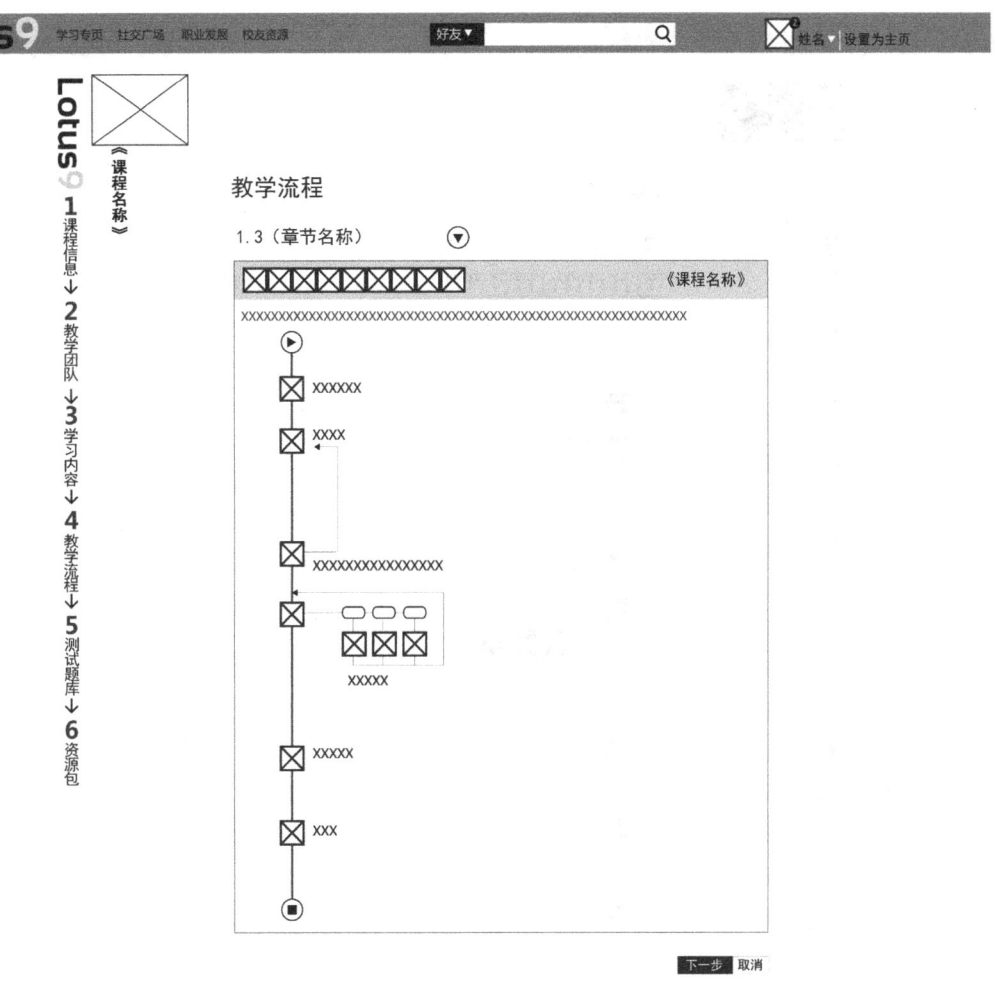

图2-10　Lotus9在线学习社区的用户体验设计1

信息架构可以理解为信息的表达和传递，涉及信息的可用性和可寻性。有效的信息架构可以让人们按照逻辑直观地，毫无障碍地接近自己需要的信息，因此，信息架构设计会影响用户所需付出的成本和得到的价值。

信息架构的最终目的是帮助人们快速高效地找到所需信息，并获得良好的用户体验。从对信息的处理结果看，要达到信息的清晰化和信息可理解；从用户的使用结果看，要达到网站信息有用性、可用性强和使用者具有良好的用户体验4个具体目标。

信息架构涉及如何组织信息，如何浏览信息，如何搜索信息和如何标识信息，四个核心要素包括：组织系统（Organization Systems）、导航系统（Navigation Systems）、搜索系统（Search

Systems）、标签系统（Labeling Systems）。

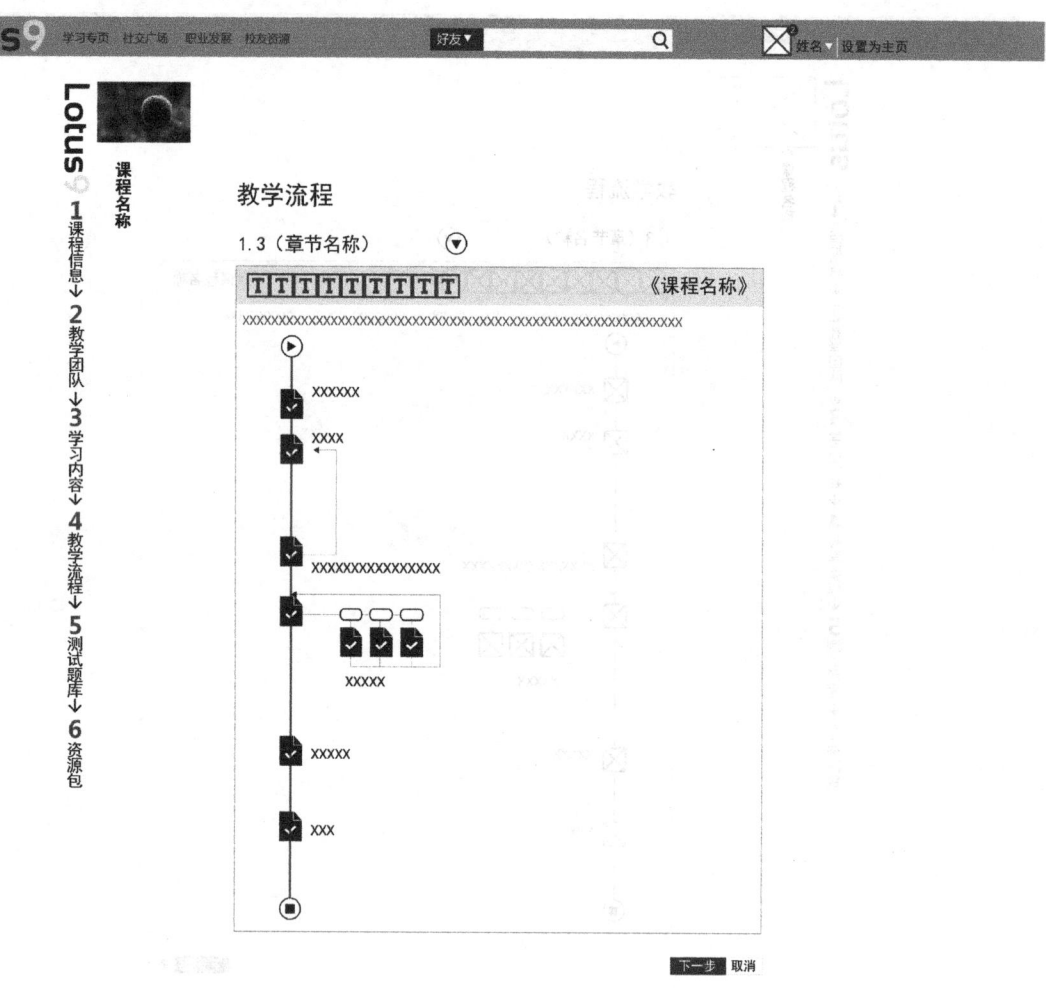

图 2-11　Lotus9 在线学习社区的用户体验设计 2

1　组织系统

组织系统包括了组织体系和组织结构。组织体系又可以分为精确型组织体系和模糊型组织体系。精确型组织体系包括按照字母顺序、按年表、按地理位置来组织；模糊型组织体系包括按主题、按任务、按用户、按隐喻、按混用方式，其中混用方式是使用的最为频繁的一种方式。

组织结构又分为等级式（内容呈现为自上而下的金字塔层级）、数据库式（内容属性具有高结构化特征）、超文本式（非线性，内容由相互关系决定其连接）、线性式（内容依直线规则一个跟随着另一个）。

2 导航系统

导航系统主要是由全局导航、区域导航、情景式导航等组成的有机组合。

全局导航：这是网站每页都会展现的，无论用户在网站的哪个层级，都可以直接进入到主要区域和功能页面。在设计上以密集和频繁的访问用户为设计中心。区域导航：作为全局导航的辅助，通常被用在子网站构造中，以满足各个区域导航间的无关联性。情景式导航（Context Navigation）：指向与当前页面关联内容的链接，在当前页面内部跳转的链接称为内联情景导航，跳转到当前页面外部的链接称为外联情景导航。

除此之外，还有些辅助性导航系统，比如搜索、网站地图、网站索引、指南、向导和设置等。在上述的基础上，还可以通过提供个性化和定制化的能力展现高级导航能力，比如，可视化搜索、用户行为数据的挖掘分析结果、社会化导航、标签云等。

3 搜索系统

通常的搜索系统是：① 用户搜索需求→② 搜索界面（搜索语言、检索表达式构造器）→③ 搜索引擎→④ 内容（元数据、受控词表）→⑤ 结果（排序和聚类算法、界面设计）。

搜索系统的设计主要体现在搜索算法，而搜索算法的核心目标是平衡查全率（Recall）和查准率（Precision）。另外，还可以在搜索系统中加入效率工具以提升用户体验，比如：拼写检查（Spell-checkers）、防止输入错误（Poka-yoke）、语音（Speech Tools）、词干搜索（Stemming tools）、自然语言处理（Natural language processing tools）、受控词表（Controlled Vocabularies）等工具。

搜索结果是按照排序（Sorting）和排名（Ranking）规则来显示的，规则包括字母排序（Sorting by Alphabet）、年表排序（Sorting by Chronology）、相关性排名（Ranking by Revelance）、受欢迎程度排名（Ranking by Popularity）、用户和专家的评价排名（Ranking by users' orexperts' ratings）、付费排名（Ranking by Pay-for-Placement）。

搜索结果可以进行分组显示，也可以提供高级搜索选项来缩小搜索范围（Narrow the Retrieval）。

4 标签系统

标签包括文字标签和图标标签，其中，文字标签的表现形式有：情境式链接、标题、导航系统选项、索引、术语等。设计标签系统的原则是：聚焦网站目标市场及其用户需求，简化规范统一标签的设计（包括风格、版式、语法等）。

微练习：

还原爱奇艺网站的信息架构，描述其组织、导航、搜索、标签系统。

参考

- [美]Robert Reimann, Davidd Cronin. About Face 3 交互设计精髓[M]. 北京：电子工业出版社，2012.03
- [美]Stephen P. Anderson. 怦然心动：情感化交互设计指南[M]. 北京：人民邮电出版社，2012.03
- [美]Peter Morville、Louis Rosenfeld. Web 信息架构[M]. 北京：电子工业出版社，2008.08
- 开放源代码的信息发布平台 WordPress（http://cn.wordpress.org）
- 开放源代码的电子商务系统 OpenCart（http://www.opencartchina.com）
- 开放源代码的电子商务系统 Magento（http://www.magentochina.org）
- http://www.damndigital.com 互动中国
- http://www.chinaz.com 站长之家
- http://mux.baidu.com 百度 MUX
- http://isux.tencent.com 腾讯 ISUX － 社交用户体验设计
- http://www.uisdc.com UISDC：优秀网页设计联盟
- http://www.csdn.net CSDN.NET-全球最大中文 IT 社区
- http://www.oschina.net 开源中国
- http://www.phpchina.com PHPChina 开源社区门户
- http://www.open-open.com Java 开源大全
- http://www.54xiaomeng.com 小猛的交互设计
- http://ucdchina.com/baiya/ 白鸦，以用户为中心的设计
- http://www.hoowolf.net 胡太狼，你在哪儿？-记录下该记录的
- http://www.zentao.net 禅道开源项目管理软件
- 快速原型图设计工具 Axure RP（http://www.axure.com）
- 图像处理软件 AdobePhotoshop（http://www.adobe.com）

3 单元：跟真实案例学（Follow Case）

[说明] 学习者将"1 单元"中的真实任务与真实案例进行对比，看看真实案例中相似问题（任务）是怎样解决的（流程、方法和技巧，以及所依据的理论知识），尤其是自己在初次尝试中遇到障碍的方面。

案例

"Lotus9 在线学习社区"是基于"关联主义"+"建构主义"学习理念，采用"混合学习"教学模式+"翻转课堂"学习过程组织形式，利用开放源代码技术搭建的在线学习平台。Lotus9 提供包括在线课程学习、社交网络服务、学习者求职/用人单位招聘、校友资源管理、广告媒体等 5 大产品（服务），具有社交化、智能化、泛在化、终身化特征，能够满足学习者从学习、交友、求职、应聘等学习生活工作的全链需求。

"Lotus9 在线学习社区"创意提出是在 2011 年，源自作者从 2005 年开始的国家精品资源（共享）课建设过程中的深切体会。那就是课程所制作的资源忽视了学习者的需要，导致投入大量资金建成的数千门课程资源访问者寥寥，而在教育互联网化的背景下，以学习者为中心的、契合未来教育教学形态变革的学习资源开发及学习平台匮乏。作者由此需求出发，想引入全新的学习理论和互联网思维方式，搭建能够实现教育教学梦想的社区（平台）。

"Lotus9 在线学习社区"从创意、策划、开发、运营是完整的闭环系统，2011 年提出创意、2012 年完成概念设计、2013 年确定全开源技术架构、2014 年进行代码实现和上线测试运行、2015 年进行优化完善。

其中，2011 年曾想从互联网上找到现成产品，但是符合我们的设计理念、技术架构和用户体验的没有，于是，2012 年计划找专业软件公司开发，经过若干次沟通交流后，开发企业均提出高弹性学习活动过程所需的工作流程引擎、高并发访问需求导致的代码设计与优化工作量浩大、复杂社交网络关系导致的数据结构异常复杂等问题，致使所需资金节节攀升超出我们的预期。2013 年后开始将技术架构改为以 Linux+开源代码为基础，项目团队重新调整，大幅度增加软件技术背景的老师，特别是对最新前沿技术高度敏感的人员。

"Lotus9 在线学习社区"的开发涉及到团队、资金和技术若干道门槛，这样的创业过程是逐步摸索过来的，只是时间机会略微有些等不起。2011 年提出来的时候，让所有交流者都感到惊讶：非常超前和非常有创意。迈入 2014 年，互联网大鳄已经对在线学习/教育动作频频，有上升到战略层面来对待的趋势了。

案例解读

1 需求分析

2 产品定位

3 市场分析

4 功能需求

5 业务流程

6 快速原型图设计（图 2-12、图 2-13）

7 产品需求文档 PRD

8 产品开发文档

这是设计网站的系统技术架构，撰写产品开发文档。Lotus9 拟采用开源技术框架，包括 Linux 服务器操作系统（CentOS）、HTTP 服务器 Tengine/Apache、Java 应用服务器 Tomcat/Resin、关系型数据库 MySQL/MariaDB/PostgreSQL、NoSQL 数据库 MongoDB（分布式文档存储数据库）、数据库管理工具 phpMyAdmin+RoboMongo、编程语言 Java+Python/PHP、Java 应用程序框架 Spring Web Model-View-Controller、集中式缓存系统 Memcached/数据结构服务器 Redis。

9 OpenCart 是由英国人 Daniel 开发的开源电子商务系统，具有易于使用、功能丰富、搜索引擎友好等特点，支持英语、中文等 18 种语言。

（1）从 Open Cart 合作中文支持站点（http://www.opencart.cn）下载 Open Cart 安装包，将下载好的 Open Cart 安装包（压缩文件）使用 FTP 方式上传到所租用的云服务器上。

（2）安装配置 OpenCart 运行环境 Apache Http Server+MySQL Database+PHP Script Language（注意最低版本要求）。运行环境可以通过分别安装各个组件来搭建，也可以使用 XAMPP 之类的集成环境（参见**工作任务：平台建设**）。

（3）使用远程桌面连接工具登录远程服务器（云服务器）：在 Windows 桌面单击"**开始**"→"**所有程序**"→"**附件**"→"**远程桌面连接**"，在弹出窗口的"**登录设置**"→"**计算机**"中输入远程服务器 IP 地址，在"**用户名**"中输入用户名称（Windows 操作系统默认用户名是 administrator，Linux 操作系统默认用户名是 Root），然后单击"**连接**"按钮登录到远程服务器。

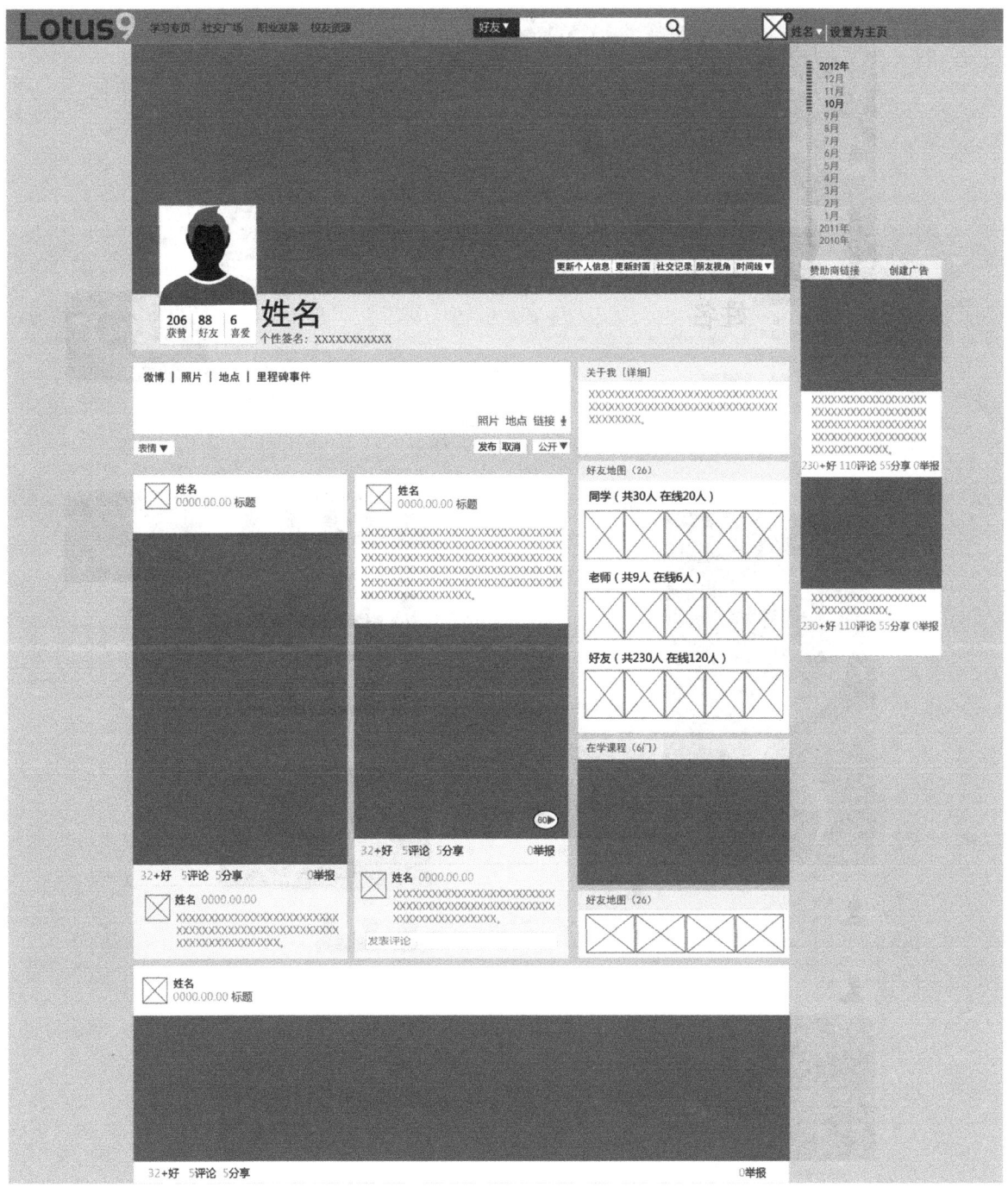

图 2-12　Lotus9 在线学习社区的快速原型图 1

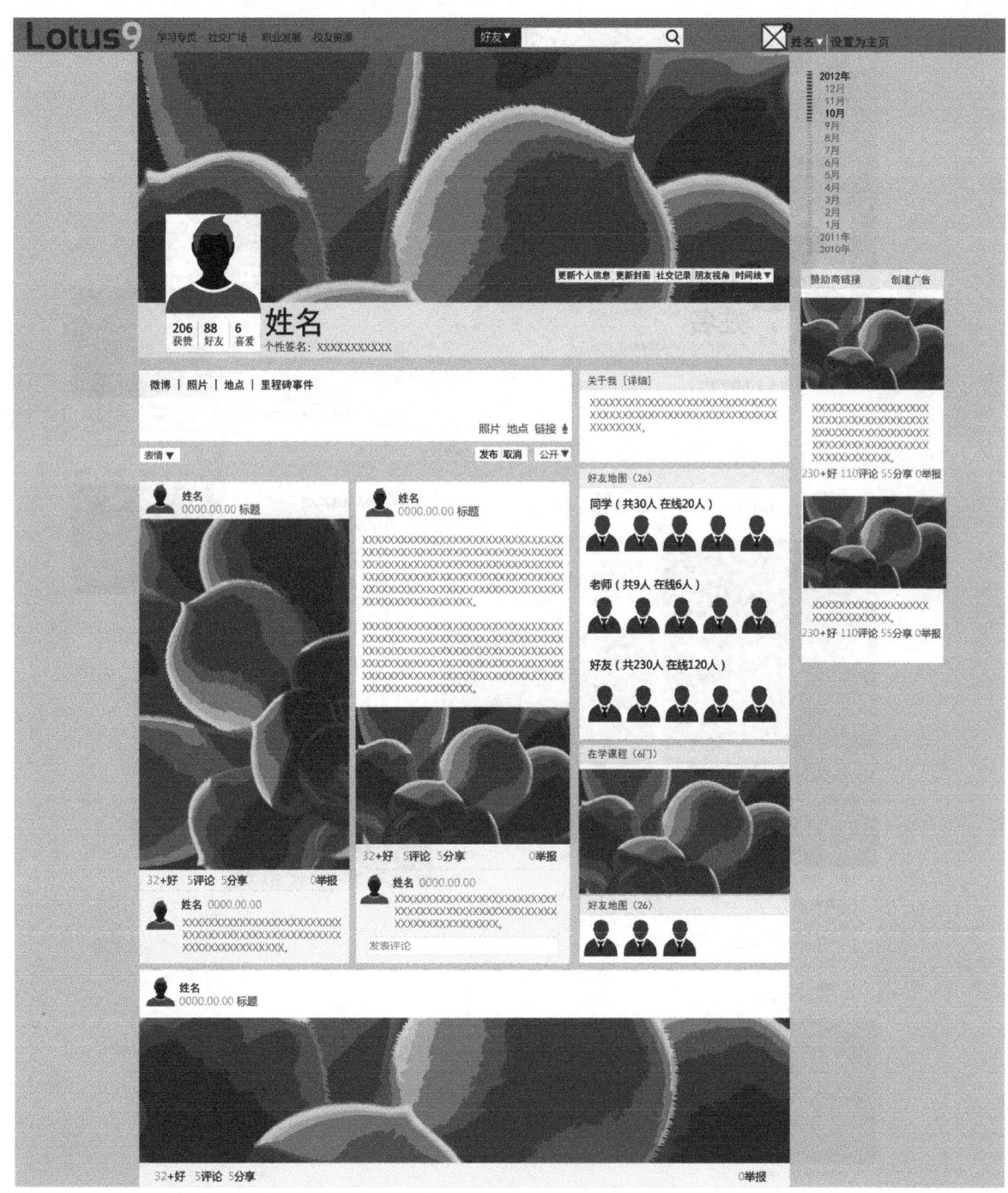

图 2-13 Lotus9 在线学习社区的快速原型图 2

（4）创建数据库：在浏览器地址栏输入 http://Localhost/phpMyAdmin，进入 MySQL 数据库创建页面，单击顶部工具栏"**数据库**"图标，在新进入的页面中填写数据库名称，单击"**创建**"完成 OpenCart 数据库创建，关闭数据库创建页面，单击浏览器标签栏上切换回到 OpenCart 安装页面。

（5）解压缩安装文件：将步骤（1）中上传的 OpenCart 安装包解压，并将解压出来的 upload 文件夹复制到运行环境主文档文件夹，然后将 upload 文件夹重命名为"**OpenCart**"。

（6）启动安装设置程序：在浏览器地址栏中输入"**http://远程服务器 IP 地址：端口号/opencart/install**"，进入安装设置页面，勾选"**我同意许可证**"复选框，单击"**Continue**"按钮进入下一步：安装环境检测。

安装设置程序会自动检测安装环境，如果环境满足要求则"**Status**"栏显示为绿色，否则显示为红色，对于不满足的条件需要先修改配置，否则安装可能会报错。单击"**Continue**"按钮进入下一步：数据库配置。

（7）配置数据库："**数据库主机**"填写所使用的数据库服务器 IP 地址，"**数据库用户**"和"**数据库密码**"填写数据库服务器用户名密码，"**数据库名称**"填写 MySQL 数据库中为 OpenCart 创建的数据库名称，"**表前缀**"直接使用默认值（数据库用户名和密码设置好之后务必牢记）；单击"**Continue**"按钮进入下一步：完成。

（8）管理 OpenCart：在远程服务器上成功安装好 OpenCart 后，单击页面上的"**登录您的管理界面**"链接，进入网站管理页面进行详细设置（为了保证网站的安全，建议删除"**OpenCart**"文件夹内"**install**"子文件夹）。也可以在页面上的"**去到商店前台**"链接，进入电子商务网站首页。

10 WordPress 是 WordPress 基金会基于 PHP 语言和 MySQL 数据库开发的内容管理系统（软件），功能强大，插件众多，易于扩充功能，安装使用都非常方便。

（1）从 WordPress 中文网站（http://cn.wordpress.org）下载 WordPress 安装包，将下载好的 WordPress 安装包（压缩文件）使用 FTP 方式上传到所租用的云服务器上。

（2）预先安装配置好 WordPress 运行环境 Apache Http Server+MySQL Database+ PHP Script Language（注意最低版本要求）。运行环境可以通过分别安装各个组件来搭建，也可以使用 XAMPP 之类的集成环境（参见**工作任务：平台建设**）。

（3）使用远程桌面连接工具登录远程服务器（云服务器）：

在 Windows 桌面单击"**开始**"→"**所有程序**"→"**附件**"→"**远程桌面连接**"，在弹出窗口的"**登录设置**"→"**计算机**"中输入远程服务器 IP 地址，在"**用户名**"中输入用户名称（Windows 操作系统默认用户名是 administrator，Linux 操作系统默认用户名是 root），然后单击"**连接**"按钮登录到远程服务器。

（4）创建数据库：在浏览器地址栏输入 http://Localhost/phpMyAdmin，进入 MySQL 数据库创建页面，单击顶部工具栏"**数据库**"图标，在新进入的页面中填写数据库名称，单击"**创建**"完成 WordPress 数据库创建，关闭数据库创建页面，单击浏览器标签栏上"**WordPress：调整配置文件**"切换回到 WordPress 安装页面。

（5）解压缩安装文件：将步骤（1）中上传的 WordPress 安装包解压到运行环境主文档文件夹，形成子文件夹"**WordPress**"。

（6）启动安装设置程序：在浏览器地址栏输入"http://远程服务器 IP 地址:端口号/WordPress/install"，进入安装设置页面，单击"**创建配置文件**"进入安装向导。

安装设置程序会自动检测安装环境，如果所需数据库已经创建好，就单击"**现在就开始！**"按钮进入下一步：数据库配置。

（7）配置数据库："**数据库名**"填写在 MySQL 数据库中为 WordPress 创建的数据库名称，"**用户名**"和"**密码**"填写数据库服务器的用户名和密码，"**数据库主机**"如果是在本机安装就使用默认的 localhost，否则就填写所使用的数据库服务器的 IP 地址，"**表前缀**"直接使用默认值（数据库用户名和密码设置好之后务必牢记）；单击"**提交**"按钮进入下一步：数据库连接。

如果 WordPress 检测到数据库连接成功，则单击"**进行安装**"按钮进入下一步：填写 WordPress 站点信息。

（8）设置 WordPress 站点：填写页面上的"**站点标题**"、"**用户名**"和"**输入两次密码**"、"**您的电子邮件**"信息（填写的用户名和密码为 WordPress 站点的管理员账号，务必牢记）。填写完毕后单击"**安装 WordPress**"按钮继续，如果页面出现"**成功！**"信息表明已经成功安装好了 WordPress。

（9）管理 WordPress：单击页面上的"**登录**"按钮，输入刚才设置的"**用户名**"和"**密码**"进入 WordPress 网站管理页面，管理这个网站。

4 单元：完成真实任务（True Task）

[说明]学习者再次尝试完成"1单元"中的真实任务，利用下表再次进行自我评估并接受指导老师的持续评估和工作意见。之后，学习者将自己所属团队完成的任务进行展示、交流（角色情景扮演），与其他团队进行交叉评估。

评估

- 为完成这项任务，我们做了：

- 对比学习目标，我们实现了：

- 对比学习目标，我们还未完成的有：

学习者自我评价（分值越大越优秀）	□1分 □2分 □3分 □4分 □5分
教师评价（分值越大越优秀）	□1分 □2分 □3分 □4分 □5分

测试

绘制产品开发流程图。

寻找免费或租用服务器（若条件不具备则选择本地电脑），使用 OpenCart 开源电子商务系统在其上搭建自己的电子商务平台。

寻找免费或租用服务器（若条件不具备则选择本地电脑），使用 WordPress 开源内容管理系统（也可以 dolphin 开源 SNS，http://www.boonex.com/dolphin）在其上搭建自己的社交网络平台。

测试结果（分值越大越优秀）	□1分 □2分 □3分 □4分 □5分

资源配置与产品开发　项目二　139

拓展

敏捷是一种态度，试错是一种信仰。——微信团队 Harvey

1 敏捷开发

敏捷开发是一种常用的软件开发模式，与传统的"瀑布式开发"相比，敏捷开发能够持续满足不断变化的需求变动。微信团队的情况正是这样，"整个开发过程中产品会不断修改，这是我们的特色。"Harvey 说，"哪怕在发布前的十分钟，我们也要允许产品决策者提出变更。""为了给产品决策者提供最大的自由度，敏捷原则成为整个开发流程的指导原则，""极度敏捷"也成为技术团队乃至整个微信团队的追求。

微信团队的开发流程同样包含瀑布式开发中的主要步骤，"决策——需求评审——细化产品设计——交互设计——开发——迭代——灰度发布——测试——上线运营"，"但是这个过程我们（微信团队）是并发来做的，"Justin 说。同时，整个开发过程中充满了由需求变动驱动的"微循环"。

在每一个"微循环"的起点——需求提出环节，产品经理、交互团队和技术团队的同事会一起，对平时收集到的用户需求和意见进行讨论。微信客户端 UI 组组长 Kink 认为，"如果只是产品经理闭门想产品，其实是不大好的；可能产品经理提出的需求在交互设计层面并不是最终需求，只是一个表面现象，用户需求需要更深层的挖掘；而从开发的角度看可能有简洁的方式来达到目的，但表现为不同的形式。"通过 3 个团队的成员共同讨论确定下来的产品方向，他认为往往"更靠谱"，而且降低了项目夭折的可能性。接下来，由于交互团队、技术团队都参与到需求的生产环节中，对产品的大致形态比较清楚，交互、技术这两个团队的工作就可以和产品团队的工作并行开展。Kink 说：大家都明白产品是什么样的，就可以同步开始了，交互可以做交互方案，视觉可以选定方向，开发同事可以做代码设计。等交互方案出来，视觉设计师可以马上根据交互方案实现，开发同事一看到交互方案就可以开始写代码了。

在项目推进的过程中仍会发现各种问题，这时 3 个团队的负责人会再次碰头对问题进行讨论，如果问题不大，这种小规模的讨论就可以当时解决；如果发现有比较严重的问题，团队成员会花更多的时间讨论当初的设计是否存在缺陷，这种讨论 Allen、Harvey 也会参与进来。如果确定问题在于原本的需求设计不合理，那么新一轮的"微循环"又会启动。

整个微信团队都在南方通信大厦的 10 楼，这使得团队成员之间的面对面交流十分方便。"面对面交流"既是敏捷开发倡导的原则，也是团队从邮箱时代积累的经验。Kink 认为："无障碍沟通有助于敏捷的实现，大家不管什么时候什么地方碰到面就聊：这边有什么困难，那个需求的时间点，设计上有什么能改善……很多问题是在茶水间里一次三五分钟的讨论中解决的。"Lake 对此的评价是：

1 小时说的话，打出来要 10 小时，而且面对面沟通可以快速反应，有什么问题大家直接就可以讨论了。如果有面对面沟通的条件尽量用这种方式，但不是那种冗长的会议形式。在座位旁边二三个人 5～10 分钟的交流，然后快速散开，就一个问题迅速进行讨论，得出结论，散开，这是我们的工作生活，这个是必须的。

在敏捷开发中，需求的快速变动要求开发团队不断修改甚至是重写代码，这给开发团队带来了巨大的困难和压力。为了预防和缓解这个问题，微信团队在基本技术架构中确立了"大系统小做"、"让一切可扩展"、"必须有基础组件"等几个原则。技术团队认为这样的技术构架能保证"产品层面的改动对技术层的影响不会太大"，为技术团队适应敏捷提供基本能力。Justin 回顾朋友圈的开发过程时说：

比如朋友圈这个产品经历了很多次变动，出了好几十个版本，但是有些东西是不变的，也就是数据模型是不变的。所以我们在产品设计和细节还没出来的时候，我们从后台到协议设计到本地存储的整个数据结构设计都已经做好了，界面的框架也可以先做，等设计最终确定的时候，我们技术这边已经进入 ready 的阶段，这是我们和别人不同的地方。

2 技术团队

敏捷开发离不开技术团队的支持。对于产品团队提出的方案，技术团队很少以"技术上实现不了"为理由拒绝，Harvey 把这个视为技术团队的"技术信仰"。从用户使用体验的角度思考问题，而不是从技术实现难易程度和开发量的角度思考，这是微信技术团队的特点。Justin 认为，Allen 对于技术团队的高要求是催生这种氛围的一个原因：

在我们这个团队中，从 Allen 的要求来说就是"没有技术实现不了的"。他基本上是这么认为的，比如你和他说这样不行，他会坚持第二次第三次，最后很可能就可以了，那么后来团队就养成习惯了，技术团队不会轻易对一个功能能否实现做判断。

有不少用户对微信的评价都是"快速流畅"，"微信上传速度很快，没有等待的感觉。""微信的翻页很流畅，手指向上拉动就可以很快地翻到前面的对话。"不过为了实现这种快速流畅的用户体验，微信技术团队做了很多努力，以翻页这个操作为例，Lake 介绍说：

翻页也有不同形式，做粗糙的话可能要等 1 秒钟，会停顿一下，这是不好的。我们希望虽然翻的时候有一屏一屏的概念，但是只有一瞬而过的 loading 过程，但翻的速度快到让你感受不到分页的存在，知道但是不需要等待——这都是很微妙的东西，这就是细节。

但为了实现这一点很难，因为一个会话有几千条消息的时候，必然会影响速度。CPU 需要计算，技术人员需要对技术有深入理解，要用什么样的技术保证功能的实现，而且翻页的动作每天都会发生，是一个非常重要的体验，无论如何也要保证。

Allen 认为，这种挑战可以带给技术团队更大的成就感和更快的成长：

我更多知道他们需要的荣耀感是什么。对于一个技术人员来说，他有事情可以做出来，并且做得很好，远远比他没有任何事情可做，然后每天平平淡淡地混日子强。其实他并不希望混日子，他希望做出一个庞大的系统，并且是很好的系统，通过产品来验证他。

我们这里好多技术人员其实骨干是毕业生，他们进来以后，我们发现他们成长最快，成就感也最大，并且他们应该会很感谢说有机会参与到微信这样一个项目里面。

对一个技术人员来说，做一个后台系统，做一个前端的开发，能够在短短一年多里从零搭建一个系统，服务一亿用户，这是非常大的跨越了，或者说成就感也好，对自己的锻炼也好。

3 流程管理

微信发展初期，团队的流程管理和文档管理都处于不严谨的状态，"常常是为了快速，三个人站在那里讨论，但没有落实成文档，三个人自己都知道，是靠三个人的记忆去做。"Kink 回忆说。随着微信形态和功能的复杂化，团队成员发现团队项目进度管理的问题逐步暴露了出来，"当我们一次讨论 10 个点的时候，就会忘记 1 个点；讨论到四五十个点的时候，就会忘记十几个点。这时候我们就发觉又要保持敏捷，又要在敏捷之后去用文档或各种方式来保持信息不流失。"为了解决这个问题，各个团队都逐渐建立起一些需求管理和进度控制的流程，包括将不同团队的需求点明确为需求清单，同时在不同团队间安排专人负责项目接口，确认和监督每个需求点的落实情况。

对于敏捷开发可能带来的"混乱"，Allen 认为：

可能这是我们这里研发上的一个不同点，就是看起来一些步骤挺乱的，但是这种"挺乱"的状态我认为又是必要的，不乱就太慢了……挺乱但不要真的乱掉，这可能是我们需要每一级的管理干部在心理上做到有序，形式上可以乱一点。

（资料来源：IT 海盗.深度揭秘微信的敏捷开发与流程管理
[EB/OL].http://it.sohu.com/20131118/n390297119.shtml，2013.11.18）

从概念设计到信息架构

如果说**信息架构**（IA：Information Architecture）教给了我们**如何包饺子**，那么**概念设计**（CD：Concept Design）将教给我们**什么样的馅料更美味可口**。

今天要谈的**概念设计**并非"产品概念设计"，而是对真实世界的抽象映射，或者其实称为"实体关系设计"能贴切些；也不要把概念设计和"思维导图"混淆，可能其中有类似的地方（也许信息内容是完全一样的），但是出发点有别，思维导图是设计人员以主观思维为线索进行拓扑（Designer-CenteredDesign），概念设计以客观实体为线索进行拓扑。

为了更好地说明概念设计的相关方法和流程，我们引入一个**虚拟项目**：X-cell，它将一直陪伴今天的讲解。

X-cell 的基本诉求：这是一个围绕手机等移动通讯设备、通讯服务产业的网站，通过将围绕主产业上下游的产业链提供商业内容服务，实现信息对称，以获得网站盈利。

1 概念设计的图例（图 2-14）

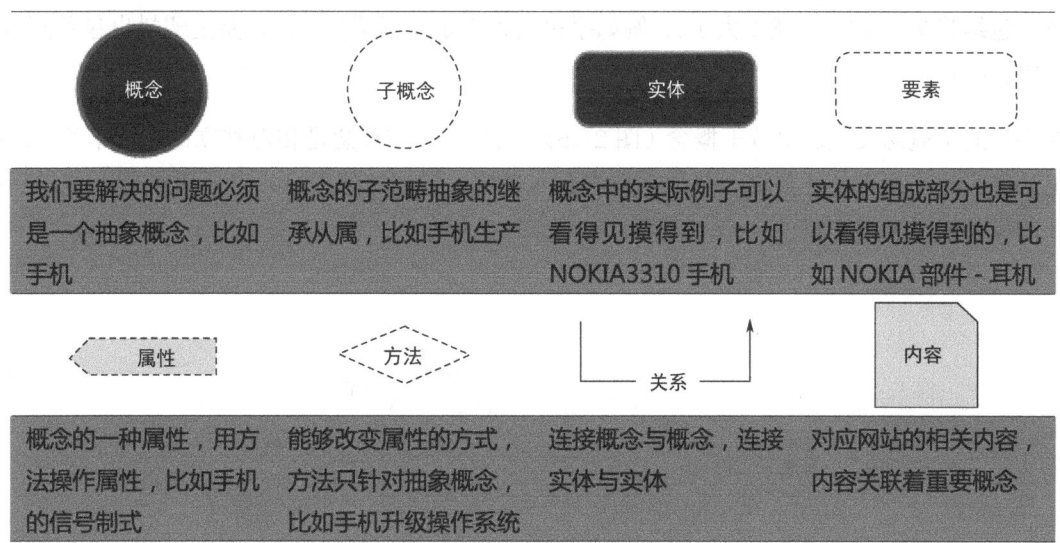

图 2-14　概念设计的图例

2 手机行业的概念设计

概念是指对一个具体事物的抽象描述，比如我们要规划 X-cell，那么就要先知道手机行业的概念，这样才能有的放矢。

概念的设计是建立在用户需求调查的基础上的，是需求决定了我们对概念设计的取舍，我们已经假设明确了用户的需求。

Step#01 概念可以衍生关联概念（子概念）

一个行业的分析，可能你会无从下手，而只要把一部手机摆在桌面上，信手摆弄几下，你就会发现一个简单的事物背后可能有若干庞大的系统支撑，而你只需要把这个系统的组成部分记录下来，这就是子概念。一部手机包含生产、销售、维修等概念，手机自己是不可以工作的，也必须有运营商提供蜂窝网络的概念，那么手机行业的子概念已经具备雏形了（图 2-15）。

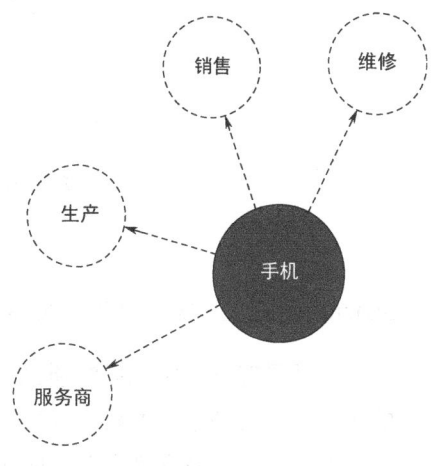

图 2-15　从手机这个概念中衍生的子概念

Step#02 关联概念将继续关联下去

子概念的产生将辐射更多概念，一般来说，只需要圈定 2～3 层子概念就可以把整个概念上下游范围罗列清晰了（还是要参照用户需求的范围）。如果无限地辐射下去，那么可能会把整个社会体系包纳其中（"馅儿"就太大了），例如手机的外壳是工程塑料，有必要把塑料也包罗到 X-cell 当中去吗？

从手机的子概念又关联出若干概念（图 2-16），其中的一些概念是相对独立的，除非子概念衍生出来的其他子概念，还要将一些独立概念融入其中，例如智能手机、音乐手机等，这样手机行业的概念就越来越完整了。

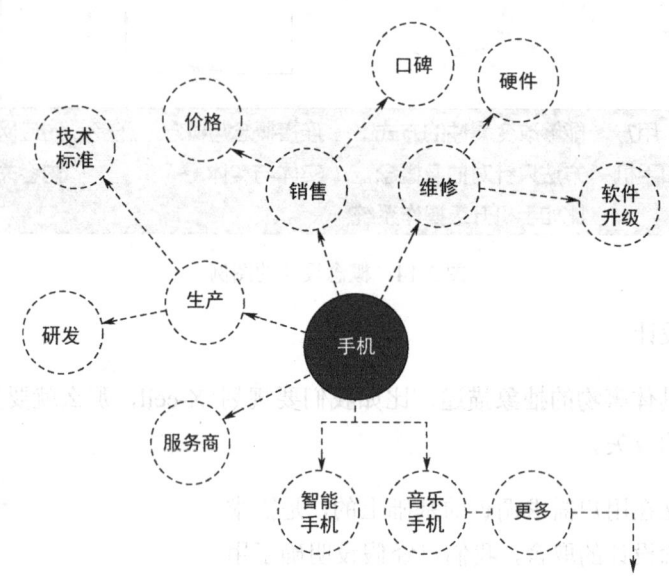

图 2-16 从手机的子概念又关联出若干概念

Step#03 填充某些概念具备的实体

实体，就是存在，它们以物质的形式存在，例如某工厂、某学校、某块砖头。概念是现实世界的逻辑映射（是逻辑关系，而非物质关系），那么可以肯定，有实体一定有与之对应的概念；反之，不是每一个概念都有对应的实体，例如爱情、懊恼。

为那些拥有现实映射的手机相关概念增加实体（图 2-17）。我们把圈定的所有子概念一一地判定，是否其存在实体映射，如果有，那么就把这些实体补充到概念设计中。

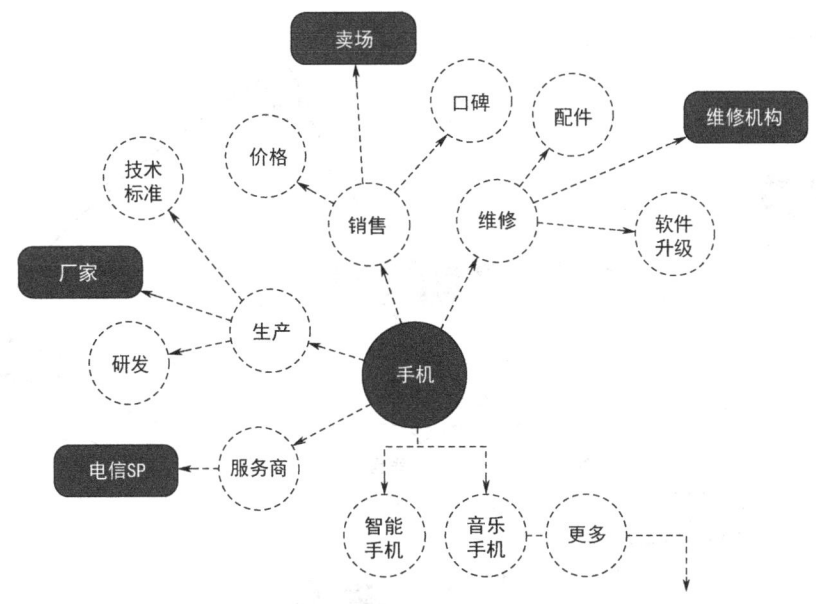

图 2-17 为那些拥有现实映射的手机相关概念增加实体

Step#04 用关系和方法将实体连接

现实世界的复杂性归根结底来自实体关系的复杂性。实体的存在，将影响其他的实体（一块砖头也会影响地面的压力），于是就有了关系和方法。在这个步骤当中，我们可以暂时忽略概念的存在，而全身心地去研究实体之间的互动。

这是一个复杂思考的过程，**N 个实体就会产生至少 N*（N-1）/2 种关系或方法**，而实体之间的关系往往不存在或者可以忽略，例如手机的销售部门可能根本不关心维修机构的操作流程，这就需要一一地判定。当实体之间产生了间接交互时，要向概念设计补充中间实体，也许这些中间实体还具备了新的概念（例如从 SP 实体导出了彩铃概念），这也是一个不断丰满的过程。

关系是一种常态（无返回值），方法产生结果（有返回值），这是两者的区别。

实体之间的互动（关系或方法）决定了网站功能，那些优秀的**网站**之所以能够**产生价值，是因**为充分利用了"万维网在打破实体互动的同时，建立了更短路径的网络互动"，而"从不同的角度打破和建立"就是网站差异的源泉，当然我们都知道：**差异即品牌，差异即生存**。

链接卖场、厂家、维修机构等概念，并且增加了电信 SP 和用户等中间实体（图 2-18）。实体互动的设计描绘了一个网站的核心竞争力，请依据用户需求和现实资源的不同酌情处理，如果在这个阶段无法发现项目与竞争对手的差异，那么请终止项目，避免再进行下面的步骤，直到能够寻找到差异，以节约团队宝贵的时间和投资人的金钱。

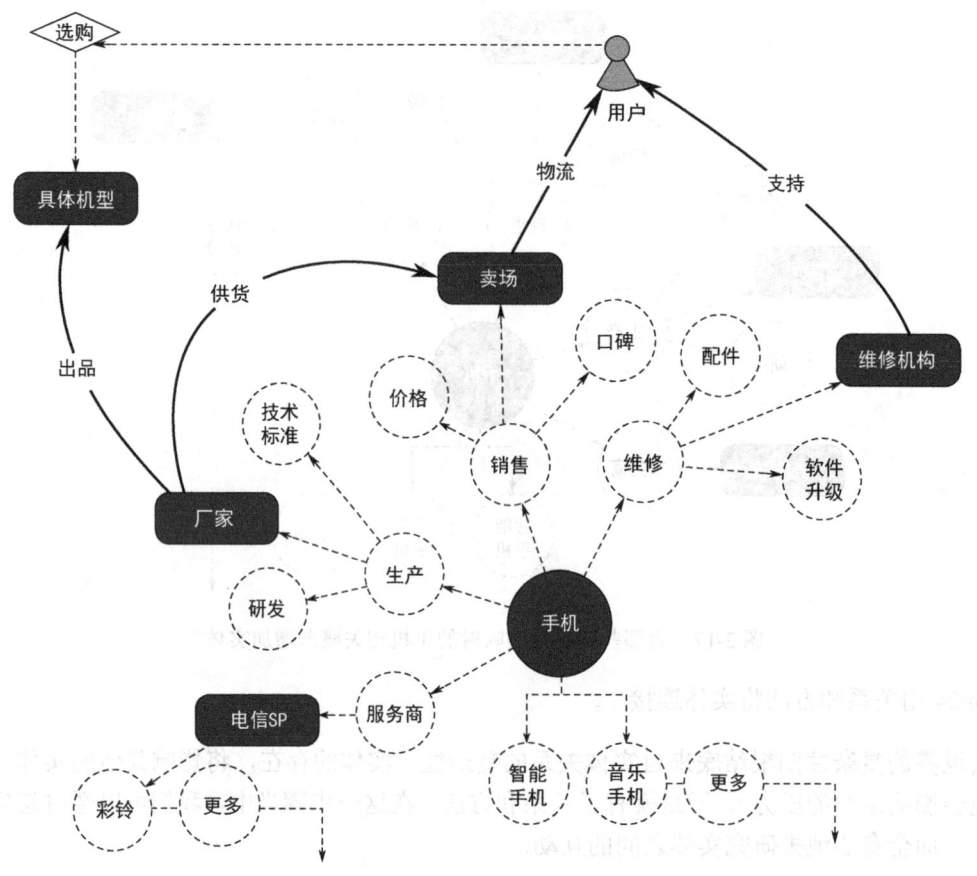

图 2-18　链接卖场、厂家、维修机构等概念，并且增加了电信 SP 和用户等中间实体

Step#05 概念的属性、实体的要素是网站的内容

实体的连接解决了概念从抽象到具象的过程，这还远远不够。我们最终的产品是网站，那么就要把实体交互中的信息罗列出来，这些信息也无非是概念及子概念拥有的属性，以及那些实体拥有的要素。在实体基础上增加了内容、要素、属性，手机行业的概念设计基本完成（图 2-19）。

现在，只要轻松地进行实体互动与网站内容的映射就可以了，虽然这个工作只是相对地轻松，完成了这一步，X-cell 的概念设计也就告一段落。

X-cell 的概念设计已经完成了，这并不代表大功告成。强烈建议将这份概念设计文档排列在《网站信息设计方案》的第 1 页（《用户调查及分析文档》是另一份交付物），所有参与项目的人员，无论是界面设计相关、程序开发相关、测试调试相关，甚至销售人员都应该了解和明白概念设计的具体内容，这是网站项目的**核心竞争力**，也是所有围绕 X-cell 项目工作的**纲领**。

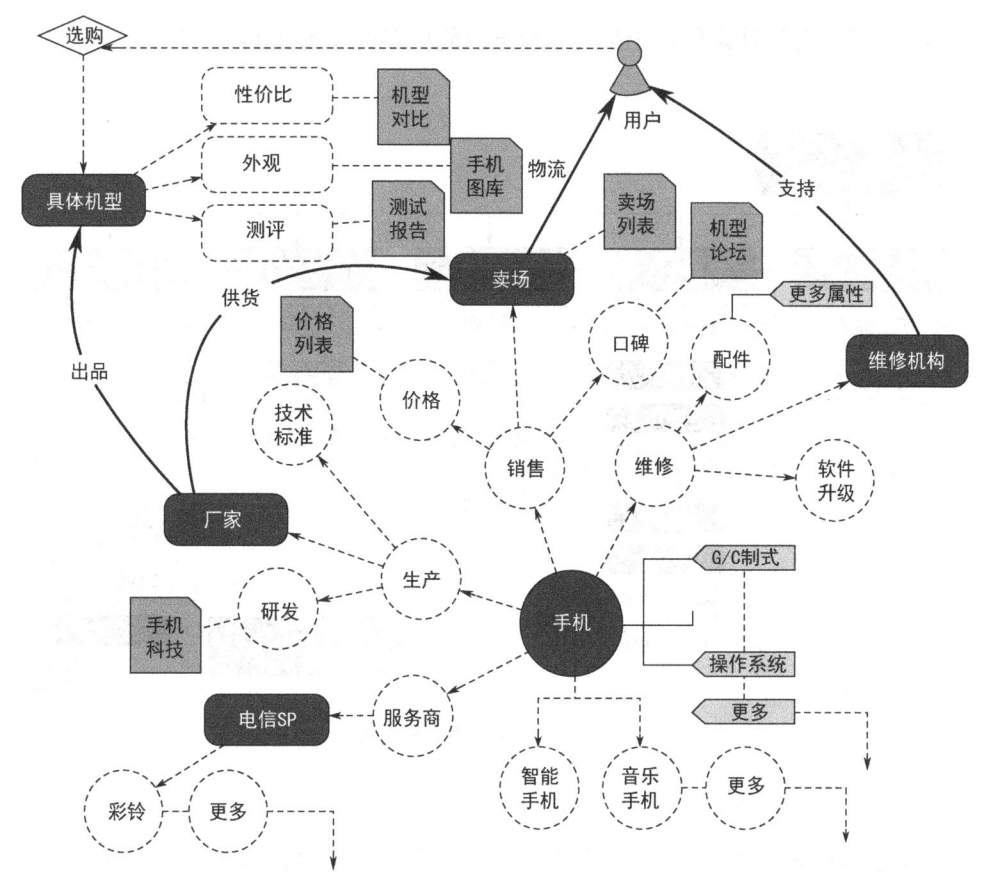

图 2-19 在实体基础上增加了内容、要素、属性,手机行业的概念设计基本完成

如果要对项目的界面和功能进行修改,都要参照概念设计进行;如果需要对概念设计进行增补变动,那么整个项目都要从**最基础的工作进行重新验证和修改**(包括用户需求部分)

3 信息架构

经过概念设计,已经确定了网站的基本内容;信息架构的目的就是搭建网站的骨架;简单架构与复杂架构是两种不同的形式,简单架构只需要指定元素的层级关系(元素架构),复杂架构需要指定关键页面之间的层级关系(链接架构);根据复杂架构去描绘每个页面的低保真原型(页面逻辑),低保真模型不断优化形成高保真原型(线框图)。

(1)简单架构。

信息架构并非"网站栏目",但是却基本确定了网站导航条的内容。信息架构可以不是扁平结构,而完全按照严格的逻辑关系进行,因为简单架构必须转化为**以页面为基线**的复杂架构,才有可能成为真正的"网站导航条"。**信息架构决定内容,内容的关系决定了导航。**

X-Cell 有了概念设计定稿，于是有了如下的简单架构（图 2-20）。

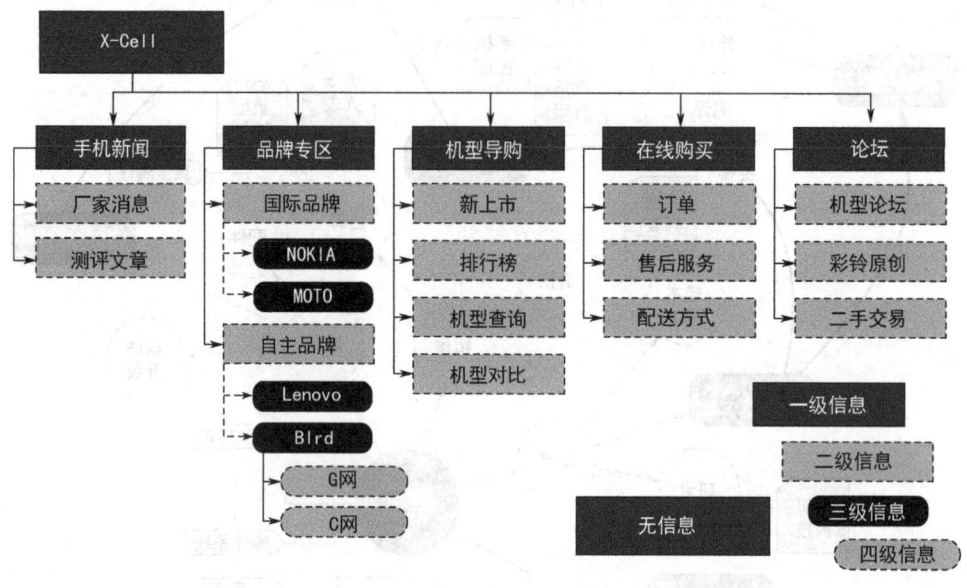

图 2-20　X-cell 的简单架构

需要注意的是那些分属不同信元的相同内容，要明确指出它们的复用结构，避免割裂了今后会影响设计开发的重要关联关系（图 2-21）。

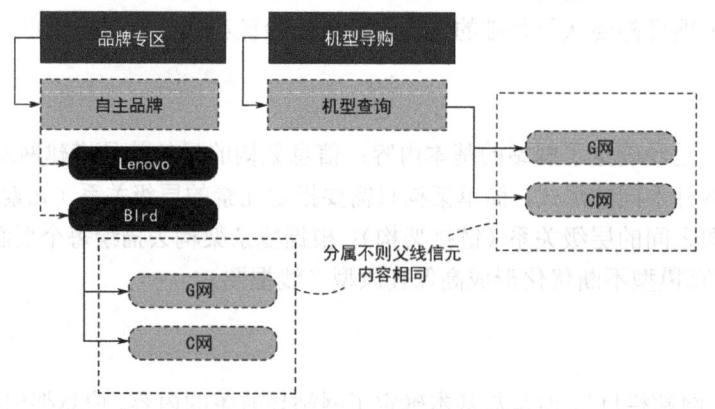

图 2-21　X-cell 的简单架构中的复用结构

（2）复杂架构（图 2-22）。

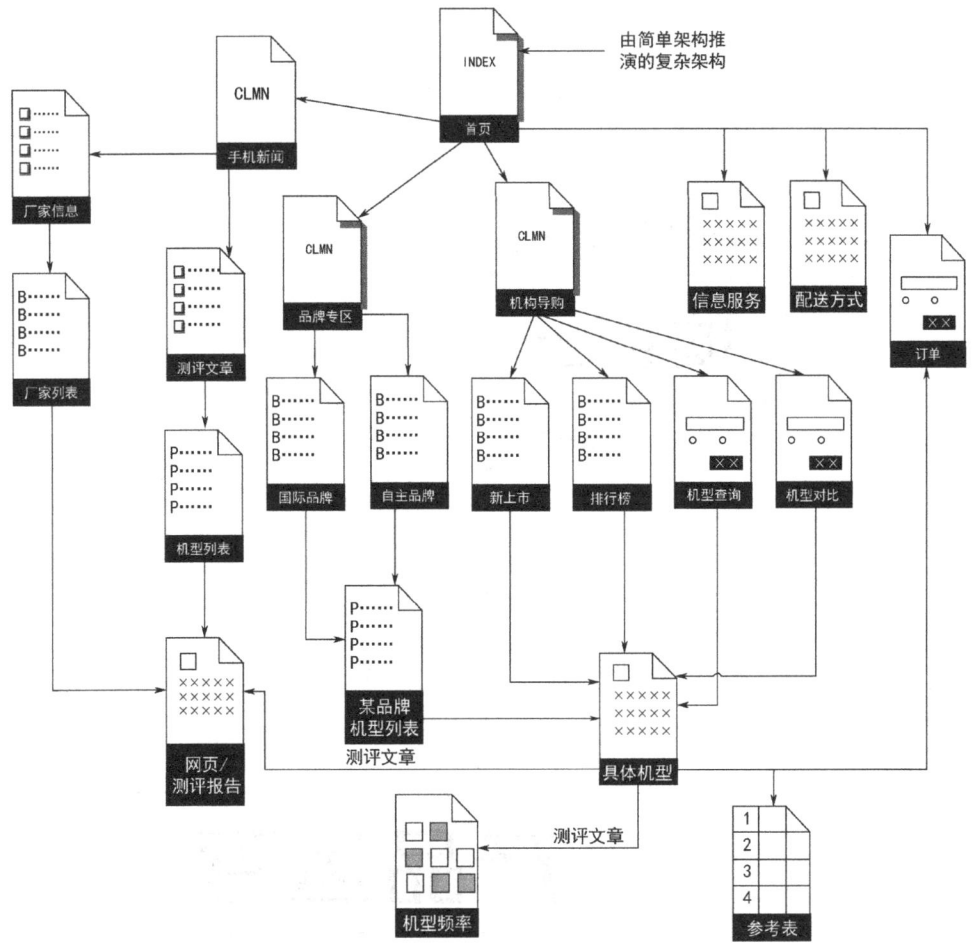

图 2-22　X-cell 的复杂架构

由简单架构推演的复杂架构是一个"落地"的过程，在头脑中的信息设计元素终于有了它们的**宿主**——"**页面**"，复杂架构以页面为基线，现在终于可以恭喜 X-cell 进入实际设计层面了，之前还要给页面分一下类别，请参考下面的图例（图 2-23）。页面类别是指导界面设计师工作的重要文档内容，至少他们的工作量已经可以衡量了。

项目三

产品运营

- 运营准备
- 网站推广与产品营销
- 客户服务

3.1 运营准备

学习目标（Learning Objectives）
素质：独立创新的理念、清晰的文字组织与表达（口头交流与写作）、使用数学或结构方式进行逻辑分析与推理、脚踏实地的态度与行动。
技能：能够完成项目上线运营需要的支付、物流与监管等条件准备，以及危机公关处理。
知识：业务培训、内容编辑、物流配送、在线支付、过程监管、危机管理。
[说明] 学习时间，预计共12学时（3学时课内+9学时课外）。另外，教学过程采用行动导向的混合学习方式来组织管理，学习过程是围绕解决问题、完成任务、学会知识、掌握技能、胜任工作这样的内在逻辑来进行的。

1 单元：尝试真实任务（True Task）

[说明] 学习者组成7人左右的工作团队，将自身置于职业岗位的工作环境，充分调动自己过去积累的经验和已经拥有的知识，也可在互联网搜索借鉴他人的经验，最好能进行现场实践，来尝试解决实际问题（任务）。

任务

> **工作任务：**
> "产品（服务）开发"任务完成后，启动项目的上线运行准备相关工作，制定运行规范与危机处理预案，监控运营过程。

产品运营　项目三

评估

- 为完成这项任务,我们做了:

- 经过努力,我们完成了下列任务:

- 在完成任务的过程中,我们遇到了下面的障碍(问题):

解析

- 任务解读:完成产品(服务)开发出来后运营前的相关准备,以及运营过程的日常监管行为。
- 关联理论:人性假设、危机管理。
- 问题难点:过程监管规则的制定与实施,注意规则是否基于"人性恶"假设。

2 单元:相关理论知识学习(Theory Study)

[说明] 学习者可以根据自我评估以及指导老师给出的持续学习指导意见,有差异地选择自己需要学习的相关理论知识。如果在没有学习某部分理论知识前,学习者就能够完成对应的任务,则所需的支撑理论知识已经具备,可以在征询指导老师意见后越过这部分理论知识的学习。

学习引导

产品开发完毕后,需要从"人财物"多方面进行运营准备,其中,比较关键的是在线支付结算、物流配送和内容编辑,同时,充分考虑互联网是个风险并存的虚拟世界,要预先设置好危机预警与管理机制。

理论

● 在线支付

在线支付是一种通过第三方提供的与金融机构之间的联网支付接口进行支付的方式,分为网上银行支付、第三方支付,其中第三方支付包括支付宝、财付通、银联在线、中国电信、中国移动和中国联通等,这里以最典型的支付宝为例构建网站的在线支付功能。

(1) 打开浏览器,在地址栏中输入 https://b.alipay.com/newIndex.htm 进入支付宝商家服务主页。

(2) 注册支付宝账号。

单击支付宝主页上"**免费注册**"链接,进入账号注册页面,根据自己的实际情况选择→"**个人账户**"或"**企业账户**"。如果是注册企业账户,注册前需要准备:营业执照影印件、对公银行账户(可以是基本户或一般户)、法定代表人的身份证影印件(影印件必须为彩色原件的扫描件或数码照)。

填写注册信息,带"*"为必填项目,勾选"**我同意支付宝服务协议**"选项,单击"**下一步**"按钮,支付宝将向你提供的邮箱发送账户激活邮件。单击"**立即查收邮件**"按钮进入你的指定邮箱,接收支付宝发来的激活邮件"**请激活您的支付宝账户**",单击"**继续注册**"按钮返回支付宝注册页面。

填写支付宝账户信息,单击"**下一步**"按钮,直至所有信息填写正确完整后,单击"**确定**"按钮完成注册。

(3) 支付宝账户实名认证。

申请企业类型的支付宝账户,需进行支付宝实名认证。

切换到支付宝商家服务主页,单击右上角的"**登录**"链接,输入邮箱与密码进入账户管理页面。单击"**立即点此申请**"链接,勾选"**我已阅读并同意《支付宝实名认证服务协议》**"选项,单击"**立即申请**"按钮。

选择"**法定代表人**"→"**立即申请**"命令,填写企业基本信息,上传营业执照,单击"**下一步**"按钮。继续填写对公银行账户信息,单击"**下一步**"按钮。填写法人信息,上传法人证件图片,单击"**下一步**"按钮,系统会自动进行法人信息身份信息审核,成功后等待人工审核(审核营业执照和法人证件,时间为 2 天)。

人工审核成功后,支付宝给企业的对公银行账户汇入一笔 1 元以下的确认金额,验收无误后填写确认金额,单击"**确认**"按钮完成实名认证。

（4）签约申请。

进入"**产品商店**"选择合适的支付宝产品。

如果购买的支付宝产品是"**包量费率**"，需要在提交申请的时候通过网银、支付宝等在线付款，或者线下银行转账、邮局汇款等方式完成付款。如果购买的支付宝产品是"**单笔阶梯费率**"，就不需要预付款，只有当支付宝接口发生交易时支付宝才按比率收取费用。

（5）技术集成。

技术集成分两种情况：借助 ShopEx、Discuz 等第三方系统搭建的网站和独立开发建设的网站。前者已集成了支付宝服务，只需按照"**获取 PID/key**"→"**配置**"→"**测试上线**"流程操作，最后使用 1 元小额资金进行测试，确保接口正常使用就行。

独立开发建设的网站，先下载对应支付宝产品开发包，再按照"**获取 PID/key**"→"**开发**"→"**测试上线**"流程操作，其中，"**开发**"环节应该根据开发包内教程完成。

（6）上线运行。

根据技术支持文档中的说明，按照"**本机支付宝接口调试→服务器上支付宝接口调试→支付宝接口与网站下单流程衔接→本机调试衔接后的支付宝接口→服务器上调试衔接后的支付宝接口**"流程，调试支付宝的接口。支付宝接口调试成功后，上线运行，开通支付宝在线支付功能。

> **微练习：**
> 尝试接入银联在线支付服务（https://online.unionpay.com/mer/），按照"洽谈→签约→技术开发→提交申请→入网测试→上线开通"流程，构建网站的在线支付功能。

● 物流配送

物流是物品从供应地向接受地的实体流动过程，根据实际需要，将运输、储存、装卸、搬运、包装、流通加工、配送、信息处理等基本功能实施有机结合。设计电子商务的物流配送方案就要高效率、低成本地实现这些功能。

电子商务物流可采用**第三方物流**、**实体店配送**和**自建物流**模式。第三方物流模式简单高效，但单位配送成本偏高，且用户满足度控制较难，尤其是退换货的逆向物流，以及货到付款的资金回收周期延长（降低资金周转率，增加资金占用成本）；实体店配送模式兼顾了物流成本与效率，但线下实体网络建设周期长、投资大，且线上线下协调管理的复杂性高；自建物流模式对物流过程控制力度强，单位配送成本低，但初始投资大且管理复杂性高。

电子商务项目初创期间，需要聚焦核心竞争力方面，而且投资成本敏感，适宜采用第三方物流降低物流配送组织难度与总体成本。电子商务项目进入成熟期后，改用组合物流配送模式更合适，自建物流配送一线城市，第三方物流配送二、三线城市，其余区域以邮政特快专递覆盖。

影响电子商务物流配送模式选择的因素有：

（1）物流配送的覆盖范围需要；

（2）物流配送执行速度要求；

（3）物流配送成本与费用；

（4）物流配送的信息化集成度。

选择好电子商务物流配送模式后，就需要将电子商务项目与物流配送机构进行信息管理系统衔接，典型流程如下（以顺丰速运为例，见图3-1）：

图3-1 顺丰速运的物流模型

（1）打开浏览器，在地址栏中输入顺丰速运开放平台地址。

（http://sf-express.com/cn/sc/open_platform/index.html）进入主页。

（2）向顺丰开放平台提出接入申请。

单击http://sf-express.com/cn/sc/open_platform/info.xls下载顺丰开放平台接入信息申请模板，在Office Excel中打开info.xls文件，填写公司名称、所在行业、公司地址、日均发件量（每天使用多少快递）、公司是否有自建IT系统、联系人姓名、联系方式等信息，然后发送至open@sf-express.com。

（3）签约。

顺丰在收到申请信息后，会派人来洽谈接入事宜，然后签订合同，分配客户号。

（4）签约。

顺丰将安排技术人员指导如何在自己创建的网站页面接入顺丰速运的速递业务，然后帮助进行测试和上线运行。

完成与顺丰进行系统对接,打通与顺丰系统之间的信息流,实现整体物流供应链。

> **微练习:**
>
> 尝试接入苏宁物流服务(http://sop.suning.com/mer/portal/logistics/logIndex.html),按照"注册→选择合作模式→填写合作协议并回传→审核通过→使用物流服务"流程,构建网站的物流配送功能。

● 危机管理

危机管理(Crisis Management)是为应对各种危机情景所进行的规划决策、动态调整、化解处理及员工培训等活动过程,其目的在于消除或降低危机所带来的威胁和损失。通常可将危机管理分为两大部分:危机爆发前的预防管理和危机爆发后的应急善后管理。

网络的危机源:

(1)网站运行中断(可能是设备故障、黑客攻击等);

(2)用户隐私泄露;

(3)出现违法违规信息(包括网络谣言大规模扩散);

(4)用户成规模投诉;

(5)经营陷入困境。

危机过程分危机前(Precrisis)、危机(Crisis)和危机后(Postcrisis)三个阶段,重在预防机制的建设。

奥美公关与CIC在《2012微时代危机管理白皮书》中,通过对危机管理要素变量及危机影响评估指标的研究,尝试得出规律性的危机管理结论:

(1)回应时间越短效果越好:具备完善的危机管理体系,提前做好预案,在危机发生的24小时内应快速有效地回应,遏制负面声量的传播。

(2)品牌高管及时直接做出回应收效最好:新闻发言人培训中,要增加微博等社交媒体应对的元素，因为微博等社交媒体已经成为新闻发言人的主要沟通平台。同时危机管理体系中应该对员工的行为做出规范，这样可以有效避免员工在危机爆发时的不当回应，避免帮倒忙。

（3）开设官方微博等有助于危机管理：及早建立官方微博，整合自己的社会化媒体资源，并将其纳入危机管理体系，建立与快速回应要求相应的组织架构；一旦面对危机，就能快速、得当地予以回应。

参考

- [美]迈克尔·希特，斯图尔特·布莱克，莱曼·波特. 希特管理学[M]. 北京: 中国人民大学出版社, 2009.10
- 奥美公关, CIC. 2012 微时代危机管理白皮书[R]. 上海：奥美公关、CIC, 2013.01
- http://sop.suning.com/sel/portal/tradeCenter/openService.html 物流服务-苏宁开放平台
- https://www.alipay.com 支付宝
- https://online.unionpay.com/mer/ 银联在线支付-商户服务网站
- http://www.wangdian6.com 网店乐
- http://www.ceocio.com.cn 经理世界网
- http://www.paidai.com 派代网－电子商务入口
- 思维导图工具 Mindjet Mind Manager（http://www.mindjet.com）
- 电子表格软件 Office Excel（http://office.microsoft.com/zh-cn/）

3 单元：跟真实案例学（Follow Case）

[说明] 学习者将"1单元"中的真实任务与以下真实案例进行对比，看看真实案例中相似问题（任务）是怎样解决的（流程、方法和技巧，以及所依据的理论知识），尤其是自己在初次尝试中遇到障碍的方面。

案例

> "Lotus9 在线学习社区"是基于"关联主义"+"建构主义"学习理念，采用"混合学习"教学模式+"翻转课堂"学习过程组织形式，利用开源代码技术搭建的在线学习平台。Lotus9 提供包括在线课程学习、社交网络服务、学习者求职/用人单位招聘、校友资源管理、广告媒体等 5 大产品（服务），具有社交化、智能化、泛在化、终身化特征，能够满足学习者从学习、交友、求职、应聘等学习生活工作的全链需求。

> "Lotus9 在线学习社区"创意提出是在 2011 年,源自作者从 2005 年开始的国家精品资源(共享)课建设过程中的深切体会。那就是课程所制作的资源完全忽视学习者的需要,导致投入大量资金建成的数千门课程资源访问者寥寥,而在教育互联网化背景下,以学习者为中心的、契合未来教育教学形态变革的学习资源开发及学习平台匮乏。作者由此需求出发,想引入全新学习理论和互联网思维方式,搭建能够实现教育教学梦想的社区(平台)。
>
> 按照"Lotus9 在线学习社区"目前的开发进度,2014 年底上线测试运行。为了获得运行管理积累和前期推广宣传的需要,Lotus9 项目团队会在 2014 年中,通过租用阿里云服务器先期开通上线几个论坛(社区),包括在线教育主题论坛、108one 汽车生活导航社区、在线学习课堂等,培养运营管理团队成员。
>
> "Lotus9 在线学习社区"的目标市场分为高职院校全日制在校生(第 1 期市场营销目标群体)、有职业技能培养需求的非全日制在校生(第 2 期市场营销目标群体)。在开发平台的同时,同步制作"微课"形态的精品课程学习资源,以期通过双边市场原理,激活"Lotus9 在线学习社区"的平台参与方"学习者、课程学习资源制作与教学者、用人单位"。

案例解读

1 员工培训

互联网上用户与员工是非面对面的间接交流方式,但员工仍然是组织形象或品牌的代表,其服务关乎用户需求是否充分满足,在运营前进行运营管理人员培训,内容包括理解需求、熟悉产品、规范服务、超越体验等。

2 在线支付或物流配送功能实现

按照"理论学习"中的流程申请开通 Lotus9 的"支付宝"在线支付功能,然后,在浏览器中输入 http://www.lotus9.cn/admin 地址,进入 Lotus9 后台管理系统,设置在线支付功能的相应参数。

Lotus9 是纯服务产品,暂不涉及实体产品,因此不需要建设物流配送功能。

3 内容编辑

在浏览器中输入 http://www.lotus9.cn/admin 地址,进入 Lotus9 后台管理系统,完成网站参数设置、基本信息录入(比如已付费的特定高职院校的批量学习者信息、需要进行信息过滤额的关键词库等)。

4 过程监管

监管服务过程以确保服务质量以及用户信息安全、隐私保护,同时防范用户出现违法违规行为连累网站。

5 危机处理预案

Lotus9 可能的危机源有：用户增长速度超过服务器或网站系统承载极限，导致服务中断；网站受到黑客攻击导致服务中断、安全与隐私信息泄露；用户发布违法违规的敏感信息，导致网站被政府主管部门处罚、暂停备案。

Lotus9 应对危机策略有：选择阿里云等信誉度高的云服务器供应商，获得稳定、安全和速度保障；网站内置反黑客攻击机制、在线动态实时备份机制、敏感信息实时监测和举报机制；正式运行期间，安排人工 24 小时值守，负责技术保障和信息监控；定期升级网站涉及安全、隐私等方面的功能模块，及时堵塞各种程序漏洞。

4 单元：完成真实任务（True Task）

[说明] 学习者再次尝试完成"1单元"中的真实任务，利用下表再次进行自我评估并接受指导老师的持续评估和工作意见。之后，学习者将自己所属团队完成的任务进行展示、交流（角色情景扮演），与其他团队进行交叉评估。

评估

● 为完成这项任务，我们做了：
● 对比学习目标，我们实现了：
● 对比学习目标，我们还未完成的有：

学习者自我评价（分值越大越优秀）	□1分	□2分	□3分	□4分	□5分
教师评价（分值越大越优秀）	□1分	□2分	□3分	□4分	□5分

测试

互联网创业项目运营前需要做好哪些准备工作?

结合真实电子商务网站,辨析其交易过程中可能存在的风险及其影响。

登录产品(服务)开发中搭建的电子商务网站 OpenCart 后台管理系统,完成在线支付、物流配送模块的设置,以及商品上架等内容编辑。

| 测试结果(分值越大越优秀) | □1分 □2分 □3分 □4分 □5分 |

拓展

XXX 品牌天猫专卖店 2013 年运营计划书

第一阶段:申请公司和专卖店,时间:7月1日~8月31日;需要支持:11万元天猫开店费用。
主要工作内容及步骤:

(1)申请公司(河南省郑州市);

(2)签合同的一些细节问题;

(3)了解代理的具体扶持政策;

(4)申请天猫专卖店。

具体工作细则:了解代理的具体扶持政策。

(1)经销款的最低订货量,货量不同是否进货价格也不同;

(2)是否有返点类的政策;

（3）是否有营业额级别的区分，达到不同营业额拿货价有无区分；

（4）是否可以提供岗位的培训资料，产品以及专业技能；

（5）经销款的出货期；

（6）是否可以提供进货发票，如何开具；

（7）定制款的概念，有无售价要求，以及一般的拿货价区间；

（8）残次品退换货政策；

（9）聚划算及其他大型活动的具体扶持政策；

（10）公司对分销店内策划活动的政策；

（11）是否可以提供所有的产品拍摄图片；

（12）是否可以提供钻展、直通车推广素材；

（13）专卖店是否同步旗舰店上新。

有无一对一，或者专门针对天猫加盟商的客服。

第二阶段：正式投入运营，时间：9月1日～10月30日；需要支持：3000元初期外包装修费用，3万元试水广告投放资金（包含前期刷单），租用场地，招聘2名客服（月营业额达到5万），3台电脑，办公桌椅，1000元软件费用，10万元货款，共计15.5万元；达成目标：10万元月营业额。主要工作内容及步骤：

（1）策划店铺开业活动，确定主推单品及单品活动；

（2）与设计外包商协调页面，并制作出第一版页面；

（3）调整推广工具，前期以刷单和直通车为主；

（4）列出客服部的KPI以及培训，工作流程；

（5）冬季主推货品规划；

（6）经销款补货；

（7）策划双11活动。

具体工作细则：

（1）策划店铺开业活动，确定主推单品及单品活动。

主推单品初步定 XXX 为代表的旗舰店 2012 年，2013 年的主推款，配合单品活动：收藏店铺减 5 元，赠送运费险等单品活动；店铺整体活动以秋上新主题为主，配合会员招募为辅，设立旺旺群，从一开始就留下老顾客，进群可领取优惠券。

（2）与设计外包商协调页面，并制作出第一版页面。

需要出一份具体的货品陈列以及页面结构计划以供外包商制作页面，本页面主要包含店铺首页、店招、店招按钮、描述页关联部分、描述页左侧设计、分类页标签设计风格以旗舰店为参照，结合店铺自身的活动进行。

（3）调整推广工具，前期以刷单和直通车为主。

刷单主要以直通车流量平衡转化率，刷单平台选为群内，每天配合 1~3 单；直通车图片需要找人脉，以张为单位付款，初期测试好图片，才开始进行推广；直通车前期投放词语主要以相关品牌词，周边相似品牌词以及类目长尾词为主，投放依据主要有两个：店铺营业额增长率，直通车 ROI，不设上限。

（4）列出客服部的 KPI 以及培训，工作流程。

前期客服的主要工作为售前和售后，入职之前需要从品牌方获取客服培训，产品知识资料，入职一周到半个月为试用期（视培训资料难易程度为主），考核通过则转正；客服的 KPI 前期主要以响应时间/平均回复字数等一些非业绩任务指标为主的数据考核点；工作流程主要是：接待流程/快捷回复语句/加群流程/售后接待流程/退换货流程等。

（5）经销款补货。

补货标准：日销量稳定在 20 件以上；距离过季还有最少 1 个月时间；近期销量呈上升趋势；按照补货后的毛利和转化率，计算 ROI，原则上不亏本即可补货。

第三阶段：全店经销过渡阶段，时间：11 月 1 日~1 月 20 日；需要支持：招聘 1 名客户服务、1 名推广、2 名库管、1 名美工，20 万元货款支持，员工电脑、桌椅、仓库货架、包装盒、各种办公用品，共计 23 万元；达成目标：30 万元月营业额。主要工作及步骤：

（1）列出各岗位 KPI，工作流程，以及岗位职责，产品培训；

（2）销售目标：打造出一个定制千款，两个旗舰店主推的 500 款；

（3）第一个冬款定制款计划；

（4）清仓计划；

（5）完善客户服务部的工作流程，提升一个客服主管；

（6）搭建店铺内老顾客框架，提升客户体验，增加店铺 SNS 元素；

（7）制定 2014 年全年任务计划；

（8）春款第一季度任务分解，产品，流量，销售目标计划。

具体工作细则：

（1）列出各岗位 KPI，工作流程，以及岗位职责，产品培训。

新员工较多，美工/推广/库管，在员工入职之前，准备好相关的培训资料，主要包含：产品知识培训，所属岗位的岗位职责培训，工作流程培训，这些资料的来源主要有：旗舰店、外援，以及公司员工总结。美工的 KPI 数据化难度较大，因此考虑从任务完成度入手，薪资水平参照海报制作能力，及郑州平均水平来指定。推广的 KPI 主要以推广工具的单击率/流量成本/ROI 三方面权衡入手，薪资水平为 3000 元左右。两名库管职责前期不宜分得太细致，考核数据主要从店铺 DSR 发货速度，包裹发错率，质量问题退货占比三方面入手。

（2）销售目标：打造出一个定制千款，两个旗舰店主推的 500 款。

定制款：目前其他专卖店的定制款多为低于旗舰店平均价格出售，这种做法虽然可以短期内提升转化率，但是毛利会降低很多，因此考虑定制款以略低于旗舰店的价格，毛利控制在 50%以上，大规模推广，我们的优势在于毛利高，转化会和其他款持平，从长远来看大幅低于旗舰店售价，慢慢会被供货商取缔这种方式。款式的上架时间初步定为 11 月初，产品选择主要参照在售爆款，高毛利，转化高，市场容量大，SKU 数量，面料稳定性等方面，上架后通过回馈老顾客，爆款关联累计初始销量，后期初步加大推广力度，螺旋上升，单款日流量达到 1500 元左右即可完成目标。

旗舰店主推款：这部分款式不需要过于优化内页，以收藏减价，送礼物等手段即可获得不错的转化率，流量来源主要以直通车小幅推广为主。

（3）清仓计划

冬款遗留的库存，在 1 月份可以进行清仓活动，这时候买家的需求点往往在于送亲人和时效性，价格方面无须过于放开，抓住这两点需求，向供货商申请活动，成功率会比较大。

（4）完善客服部的工作流程，提升一个客服主管

客服部理论上是电商工资最庞大的队伍，牵扯到很多问题，因此考虑在前期即提拔一个主管，工作进行会顺利一些，提拔原则是：客服本职工作优秀，具有一定号召力，踏实肯学。客服主管除了要参与销售之外，还需要协调美工/推广/物流部门开展工作，KPI 初步定为个人销售绩效和团队销售绩效两方面。

（5）搭建店铺内老顾客维护框架，提升客户体验，增加店铺 SNS 元素

这部分工作主要是为了提升二次购买率，老顾客维护框架主要包含：等级制度，老顾客落地点及维护，固定营销活动，节日营销活动，反馈建议制度，crm 客户营销系统，包裹惊喜等。

提升客户体验，初期主要从两方面入手，即客户服务、包裹惊喜。

第四阶段：成熟阶段，时间：2 月 15 日~4 月 31 日；需要支持：40 万元聚划算资金支持（包含货款、押金）；达成目标：50 万元月营业额（不含聚划算）。主要工作内容：

（1）完善部门构建，部门制度，工作流程，细分工作；

（2）周会/月会制度；

（3）第一次聚划算活动策划；

（4）团队文化建设。

具体工作细则：

（1）完善部门构建、部门制度、工作流程、细分工作。

例：推广部，工作可划分为直通车/钻展/淘宝客/SNS 平台，4 人设置主管，该部门职责主要为以更低价格获取更多流量，同时保证 ROI，因此主管的 KPI 为流量达成以及广告费用支出比例。钻展专员工作流程：提出图片需求——美工制作——测试——监控数据——返回修改——持续投放，其他岗位以此类推。

（2）周会/月会/季度会议制度。

该制度主要是为了更好地分配工作及跟进工作进展，及时调整工作方向。例周会：汇报上周工作，提出工作中碰到的问题并共同解决，与其他部门存在的问题，下周业绩目标、工作方向等。

（3）第一次聚划算活动策划。

营业额想在春季实现一个飞跃，必须依靠一个 2000 以上的爆款持续销售才有可能，因此考虑用聚划算速度会快些实现目标。目标聚划算款计划中是在冬季就测试出来，买版，改版，报价，初期选择 2~4 个款筛选，均为基础款且其他品牌热销爆款，年后开始报名，通过后补货并跟进。

活动的大致策划：提前准备打印机、快递单，并且和快递公司谈妥，当日取件人数可多一些；预热通过累计的老顾客，钻展定向品牌方其他店铺预告活动，监控收藏数据，并提前

打包 1/3 的货品；活动中以钻展定向逸阳旗舰店为主要引流渠道，开始后客服部全程接待，其他部门留下必要人员，以部门为单位分别分配到扫描、打单、配货、打包等岗位。活动后 3 天为售后高峰开始，安排售后人员上夜班解决各种问题。

部门架构：以营业额规模为导向划分部门架构，营业额达到某个规模点提升至相应的架构，同时考虑每种人才招到的难易程度，决定每个阶段的人员数量，每个阶段人员支出成本为营业额的 6%～7%。

（1）营业额：10 万元，可用人员成本 6000 元，部门组建及人数：客服部员工 2 人，共计 5000 元。

注释：前期人员成本有限，基础工作例如售前、售后大家一起做，绩效也不必太过于严格，美工和其他人员成本过于高，因此只招两个客服，分早晚班，每个班次 1 个人。

（2）营业额：20 万元，可用人员成本 1.4 万元，部门组建及人数：客服部主管 1 人，员工 2 人，共计 8000 元；美工部员工 1 人，共计 3000 元；推广部员工 1 人，共计 3000 元；物流部员工 1 人，共计 2500 元，总成本 1.65 万元。

注释：客服部主管来源是第一批员工，这样做的原因有两个：第一是让员工看到晋升希望；第二可分流一部分客服的工作，更好地指导运营；美工部 3000 元的员工，水平不会太高，主要工作是模仿制作各种推广素材，店铺的装修依然依靠外包商；推广部员工日常的主要工作是调整各种推广工具，以及数据报表的总结和整理；物流部组建的原因是目前已经有部分款式是从自有仓库直接发货，因此必须有一个人进行日常的质检、发货、收退件、整理货架等工作。

（1）营业额：30 万元，可用人员成本 20 万元；部门组建及人数：客服部主管 1 人，员工 2 人，共计 8000 元；美工部员工 1 人，共计 3000 元；推广部员工 1 人，共计 3000 元；物流部员工 2 人，共计 5000 元，总成本 1.9 万元。

注释：这个时期增加 1 名物流部的员工，原因第一是发货量增多，第二是仓库需要有一名和客户服务对接的人员，方便处理售后问题。其他人员暂时无调整。

（2）营业额：50 万元，可用人员成本 3.5 万元；部门组建及人数：客服部主管 1 人，员工 3 人，共计 1.1 万元；美工部员工 2 人，共计 8000 元；推广部员工 1 人，共计 3000 元；商品部员工 1 人，共计 3000 元；物流部主管 1 人，员工 2 人，共计 8000 元；策划部员工 1 人，共计 3000 元，总成本 3.6 万元。

注释：此阶段主要增加 1 名客服、1 名美工、1 名商品专员、1 名物流主管、1 名策划文案。原因客服组划分为售前和售后两个组，分别用不同的绩效考核和一个主管来管理，这样做主要是为了精细化管理和个人专注于某一领域能力的提升；物流主管设置的原因是物流部人员已经达到 3 个人，方便规划日常工作及责任到人；商品专员日常的工作主要有产品转化数据分析、货品跟单、店铺货品摆放、从数据指导主推产品等工作；策划文案的工作主要有两项：店内活动的策划以及店内海报、推广素材的文案。

全店经销后毛利率为 40%，大成本分为推广成本 10%，人员成本 6%，天猫扣点 5%，运费+包装成本 5%，税收 4.5%，场地、聚会、天猫软件、员工福利成本 2%，最终利润率约为 7.5%左右。

本计划总投入金额 90 万元，时间节点分别为：2013.08 投入 11 万元天猫保证金；2013.09 投入 15.5 万元货款及硬件设施、前期人员工资；2013.11 投入 23 万元货款及硬件设施，前期人员工资；2014.02 投入 40 万元聚划算经费。

其中，天猫押金 11 万元，货款 60 万元，聚划算押金 10 万元，其余为硬件设施及前期人员投入，货款及聚划算押金后期可作为公司流动资金，支撑营业额的增长。按照计划，第一年可收回 30 万元投入，预期两年左右可收回全部投入。

（资料来源：大飞要起飞.一份某品牌天猫专卖店运营计划书.http://bbs.paidai.com/topic/212088，2014-01-22）

- 转入下个**工作任务：网站推广与产品营销**的学习

3.2 网站推广与产品营销

学习目标（Learning Objectives）

素质：独立创新的理念、清晰的文字组织与表达（口头交流与写作）、使用数学或结构方式进行逻辑分析与推理、脚踏实地的态度与行动。

技能：能够利用消费行为模型制定网站推广方案并实施，以及制定产品（服务）的营销组合策略。

知识：双边（多边）市场、网络效应（网络外部性）、消费行为模型、种子顾客或意见领袖、营销组合策略（"饥饿"营销）。

[说明] 学习时间，预计共 36 学时（9 学时课内+27 学时课外）。另外，教学过程采用行动导向的混合学习方式来组织管理，学习过程是围绕解决问题、完成任务、学会知识、掌握技能、胜任工作这样的内在逻辑来进行的。

---

1 单元：尝试真实任务（True Task）

[说明] 学习者组成 7 人左右的工作团队，将自身置于职业岗位的工作环境，充分调动自己过去积累的经验和已经拥有的知识，也可在互联网搜索借鉴他人的经验，最好能进行现场实践，来尝试解决实际问题（任务）。

任务

工作任务：

针对"产品（服务）开发"所开发的项目，制定营销组合策略（尤其是市场进入策略），开展网站推广与产品营销活动，发现网络意见领袖，培育种子顾客。

评估

- 为完成这项任务,我们做了:

- 经过努力,我们完成了下列任务:

- 在完成任务的过程中,我们遇到了下面的障碍(问题)。

解析

- 任务解读:基于互联网思维的营销组合策略,完成项目网站以及产品(服务)的推广。
- 关联理论:多边市场、消费者行为模型。
- 问题难点:多边市场的进入壁垒(鸡、蛋相生困境),可从交叉网络外部性角度思考。

2 单元:相关理论知识学习(Theory Study)

[说明] 学习者可以根据自我评估以及指导老师给出的持续学习指导意见,有差异地选择自己需要学习的相关理论知识。如果在没有学习某部分理论知识前,学习者就能够完成对应的任务,则所需的支撑理论知识已经具备,可以在征询指导老师意见后越过这部分理论知识的学习。

学习引导

网络商机也是充满激烈竞争的场所，网站推广和产品营销是必不可少的工作，除了借助传统实体经济中市场营销的思维和方法，更要充分认识到互联网的差异性，比如网络交叉外部性、多边市场、意见领袖、饥饿营销等，以此为基础制定产品的营销组合策略。

理论

● 网络外部性

网络外部性（Network Externality，网络效应 Network Effect，或需求方规模经济 Demand-side Economies of Scale）是指市场参与者的效用与其他参与者的数量产生关联影响的现象，是经济学上外部性在新经济领域的具体体现，通俗理解就是特定产品的用户数量增加，会增加每个用户的效用，比如：使用 QQ 的人员越多，每个人使用 QQ 就能够结成更广泛的社会关系，效用就越高。

网络外部性分直接网络外部性和间接网络外部性，直接网络外部性是特定产品用户的效用会随着用户数量的增加而增加的现象；间接网络外部性是用户数量增加而引起的互补产品种类、数量和价格变化增加的效用。比如：QQ 使用者越多，每个人使用 QQ 就能够结成更广泛的社会关系，从 QQ 中获得的效用就越高，这是直接网络外部性；间接网络外部性是 QQ 用户越多，就会有更多的丰富 QQ 功能和使用体验的插件、应用出现，间接增加了 QQ 用户使用 QQ 的价值。

网络外部性是 Rohlfs 于 1974 年率先提出的，Katz 和 Shapiro 在 1985 年给出较为规范的定义。其实，网络外部性是双边市场存在的原因，也是众多互联网产品（服务）的典型特征。

● 多边市场

互联网产品（服务）具有的网络外部性多是双向交叉的，这种交叉网络外部性致使双边市场在互联网领域较为突出，通过双边市场将这种交叉网络外部性内部化，增加了所有参与者的效用。

双边市场（Two-sided Market，也称多边市场）是相对于单边市场而言的，是指市场有至少三方参与者，其中，能够将其他参与者聚合起来的参与者（被称为平台）的交易量，对价格（收费）在其他参与者之间的分布敏感（价格结构），而不是对其他参与者的价格总量敏感。

Google 提供的搜索服务就是典型的双边市场，一边是免费使用搜索引擎的用户，另一边是在搜索页面付费发布广告的业主，形成交叉网络外部性，Google 对双方制定的服务价格（收费）差异将极大影响其搜索服务的使用量。没有足够的使用者，广告就没人看，没有广告付费，Google 就无力提供搜索服务。

双边市场最主要的障碍在于交叉网络外部性引发的"鸡生蛋、蛋生鸡"困境，也就是要让双边参与者形成需求规模且均衡增长（平衡与互补问题）。国内外研究表明，影响平台定价的主要因素是双边参与者的需求价格弹性、边际成本、交叉网络外部性强度、用户是否多重归属等，为了解决双边市场启动问题，平台会采用对双边参与者差别化定价（投资策略）。通常是，对需求价格弹性大、交叉网络外部性强、用户多重归属的参与者制定低价（甚至免费）或补贴，也可以进行倾斜投资。

微软公司 Windows Phone 作为全球第三大移动终端操作系统，面对苹果公司 IOS、Google 公司 Android 占据绝对优势的竞争态势，Windows Phone 在同时吸引手机使用者和应用开发者上面临双边市场的典型困境，采取的办法就是出钱资助（奖励）应用开发者，甚至对于诸如 Facebook、Pinterest 这样不肯开发 Windows Phone 版本的主流应用，微软公司提出自己来帮对方开发（也就是同时充当平台和市场的一边参与者），目的就是通过丰富 Windows Phone 的应用程序，最终吸引更多的用户使用 Windows Phone 手机和平板电脑。

● 消费者行为模型

消费者行为是指消费者为获取、使用、处理消费物品所采用的各种行动以及事先决定这些行动的决策过程。消费者行为研究除了可以了解消费者是如何获取产品与服务，还可以了解消费者是如何消费产品，以及产品在被消费之后是如何被处置的。消费者行为模型是对消费者行为过程的归纳和抽象，目的是帮助供应方主动有效地开展营销活动，满足消费需求。

典型的消费者行为模型有美国刘易斯 AIDMA 模型、日本电通公司 AISAS 模型、中国 DCCI 的 SICAS 模型等，差别在于消费者接触点（Contact Point）以及消费后行为的不同。

（1）AIDMA 模型。

美国广告学家刘易斯 1898 年基于实体产品提出的 AIDMA 模型，描述消费者从接触相关信息直到完成购买的心理决策过程，包括 5 个环节：Attention（引起注意）——Interest（激发兴趣）——Desire（唤起欲望）——Memory（形成记忆）——Action（促成购买行动）。消费者是被动接触信息的，营销的核心在于通过大众传播媒体影响力辐射和调整消费者行为。

（2）AISAS 模型。

日本电通公司 2005 年基于网络购买行为提出的 AISAS 模型，描述网络消费者从接触相关信息直到完成消费的心理决策过程，包括 5 个环节：Attention（引起注意）——Interest（激发兴趣）——Search（搜索比较）——Action（购买行动）——Share（分享消费体验）。消费者是主动接触信息的，营销核心在于强化（优化）互联网搜索引擎对消费者行为的指向性。

（3）SICAS 模型。

中国 DCCI 在 2011 年提出数字化生活形态下的 SICAS 模型，描述互联网生活方式下从接触相关信息直到完成消费的心理决策过程,包括 5 个环节:Sense(产品—用户互相感知)—Interest & Interactive(产生兴趣—形成互动)—Connect & Communication(用户与商家建立连接—交互沟通)—Action(行动—产生购买)—Share(体验—分享)。消费者与提供商是双向互动接触信息的,营销核心在于双向互动和良好的消费体验(图 3-2)。

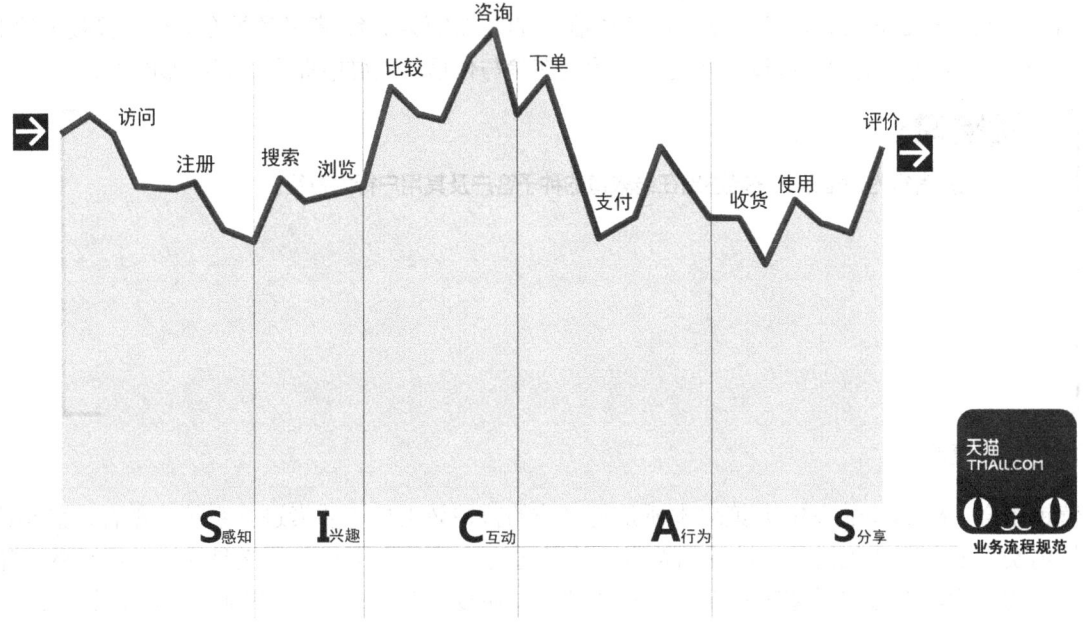

图 3-2　天猫商城的 SICAS 模型

● 种子客户或意见领袖

互联网产品运营首先要面临"鸡生蛋、蛋生鸡"问题——初始客户从何而来,通过培育种子顾客(Seed Customers)发挥类似于"病毒"传播的扩散效果,是其中有效的方法。越是社交属性高的产品越是适合采用种子顾客发展初始客户(图 3-3)。

种子顾客的特征是,尝试新鲜事物愿意度高、具有相当影响力、消费忠诚度与活跃度兼有。寻找可能的种子顾客,通常是忠诚的老用户、在校大学生、意见领袖(潮流达人)、网络深度沉迷者、媒体从业者等。让种子客户参与的主要方式有,邀请参加产品的内部测试、提供高等级或优先行为权限、签约排他性使用权限等。

意见领袖(Opinion Leader)是很特别的值得重点关注的

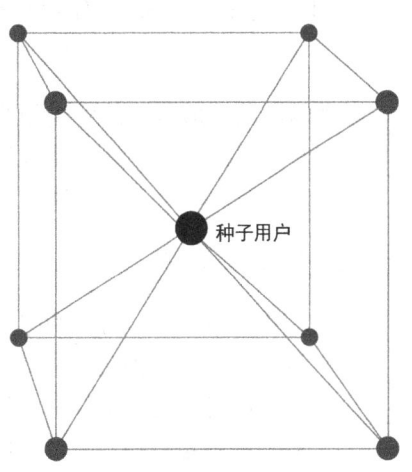

图 3-3　种子客户的作用原理

极小群体，在互联网上能够产生超越种子客户的传播效应，是互联网项目推广、营销中特别需要的催化剂，却难以按照传统市场营销理论将其归类为种子客户（因为甚至根本就不是产品的用户）。

意见领袖源自于保罗·F·拉扎斯菲尔德（Paul Lazarsfeld）等人的"两级传播"理论（Two-step flow of communication），原意是指信息传播过程的二次传播者。意见领袖在大众传播效果的形成过程中起着重要的中介或过滤作用，也就是在参与传播的人群中拥有更高的影响力。

> **微练习：**
> 利用消费者行为模型分析并描述出在线教育的种子客户及其用户行为特征。

● 营销组合策略

营销组合（Marketing Mix）策略本质是将可控的营销效果核心要素进行系统化整合，影响或引导消费者的心理决策过程，消除消费者在决策过程中的信息不对称、交易成本等导致的营销障碍，力求为消费者提供超越其期望的消费体验。主要的理论来源是 1960 年麦卡锡（E.Jerome McCarthy）的 4P 理论和 1993 年劳特伯恩（Robert F. Lauterborn）的 4C 理论。

4P 理论以产品为出发点，以产品（Product）、定价（Price）、渠道（P1ace）和促销（Promotion）作为营销组合要素，是生产者导向思维。4C 理论以消费者为出发点，以 Customer（顾客）、Cost（成本）、Convenience（便利）和 Communication（沟通）作为营销组合要素，是消费者导向思维。

互联网产品（服务）的营销至少涉及网站推广、产品促销两个主要部分，前者是以网站为对象提高其访问流量，相当于将人流引导到商店；后者是以产品（服务）为对象提高其购买率，相当于促成人们在商店里购物，可以将传统的实体产品的营销组合策略借用过来。

（1）搜索引擎营销。

利用搜索引擎、分类目录等具有在线检索信息功能的网络工具进行网站推广，就是主动向这些网络工具提交电子商务网站信息，以便被其收录后供访问者搜索。这些网络工具往往是访问者首选的引导其使用 Internet 的门户，其导向作用和倾向性对访问者认识具体的电子商务网站是有相当大影响的。

需要特别注意的是，具有在线检索信息功能的网络工具除了通常的关键字全文搜索引擎之外，还有众多在某个专业领域具有影响力的分类目录服务功能的网站，比如 Hao123、傻目录、都市圈三维电子地图、维基百科、淘宝网等，这些网站本身可能并不是如同 Google、百度、雅虎这样的专业搜索引擎，但是在专业化的领域提供类似的 Internet 应用导航功能。

（2）E-mail 营销。

E-mail 营销即邮件列表营销（Mailing List Marketing），是基于用户许可的原则，自愿加入、自由退出，在群体之间进行信息交流和信息发布，通过为用户提供有价值的信息，同时在邮件内容中加入适量促销信息，从而实现营销目的的商务活动。

基于用户许可的 E-mail 营销，减少广告对用户的滋扰、增加潜在客户定位的准确度、增强与客户的关系、提高品牌忠诚度。E-mail 营销关键之处是收集用户 E-mail 地址以及选择恰当的 E-mail 内容，杜绝垃圾邮件的产生。

根据 E-mail 资源的获取方式不同，可以分为内部列表 E-mail 营销和外部列表 E-mail 营销，或简称内部列表和外部列表。内部列表也就是通常所说的邮件列表，是利用网站的注册用户资料开展、E-mail 营销的，常见的形式如新闻邮件、会员通讯、电子刊物等。外部列表 E-mail 营销则是租用专业邮件列表服务商的 E-mail 资源来开展 E-mail 营销，也就是利用 E-mail 广告的形式向专业邮件列表服务商的用户发送推广信息。

（3）网站联盟。

每个网站客观上只要成立就拥有自己的资源，比如规模访问量、注册用户信息、有价值的内容和功能、网络广告媒体等，利用网站的资源与伙伴网站开展合作（形成事实上的资源联盟），实现资源共享、共同扩大收益的双赢目的。

通过网站交换链接、交换广告、内容合作、用户资源合作等方式，在具有类似目标的网站之间实现互相推广的目的，其中最常用的资源合作方式为交换链接。交换链接（也称互惠链接），即分别在自己的网站上放置对方网站的 Logo 或网站名称并设置对方网站的超级链接，使得用户可以从合作网站中发现并链接到自己的网站，达到互相推广的目的。交换链接是具有一定互补优势的网站之间的便捷合作形式，尤其适合于新网站的推广。

（4）"病毒"营销。

"病毒"营销（Viral Marketing），指的是利用用户之间的主动传播，让电子商务网站内容在 Internet 上的大量传播，就像病毒一样以倍增的速度扩散出去，从而达到推广的目的。

1

22

4444

88888888

1616161616161616

32

"病毒"式营销实质上是人为制造"眼球"关注焦点，形成互联网使用者的共同情绪，在六度传播理论支撑下会迅速复制传播开来。因为互联网兴起的最大因素就是在于"分享"，所以只要活动诉求能引起兴趣和共鸣，就能得到迅速传播，而网络低成本、易复制、多媒体呈现的性质是最佳的传播环境。

"病毒"营销的短期推广效果显著，但是，传播过程难以控制，也可能导致传播走向负面，影响网站品牌形象。

(5) 网络广告。

网络广告是常用的网络营销策略，在网络品牌、产品促销、网站推广等方面均有明显作用。网络广告的操作执行可采用两种方式，加入广告交换联盟和购买广告媒体来发布广告。

加入若干广告交换联盟，在不同站点交换显示广告，起到相互促进的作用。此外就是购买更具影响力的网站广告位置发布网络广告，利用广告来宣传推广自己的网站，其操作策略与传统广告发布有相似之处。

网络广告通常需要较大的资金投入和较长的持续周期，可以适合任何网站、任何时期的推广需要，但网站创建初期和电子商务特定战略执行初期使用效果更显著。

(6) 社交网络营销。

社交网络营销（Social Networking Marketing）是基于社交网络的关系营销活动，意在通过建立具有"自媒体"性质的社交网络空间，与最终用户直接面对面交流沟通，实现服务用户、塑造品牌、推广业务、促销产品的目的。

其中，社交网络包括 facebook 这样的社交网络平台、Twitter 这样的微博平台、腾讯微信这样的社交通讯工具、百度贴吧这样的开放论坛、QQ 这样的即时聊天工具等。

社交网络营销契合了互联网用户的真实的需求，充分激发起参与、分享和互动的兴趣和价值。

使用营销组合策略的流程是需求分析、制定方案、分解执行和结果评估等环节。

● "饥饿"营销

"如果你没有在 Waiting List（等候名单）上排过队，就不能算是一个合格的奢侈品粉丝。"这是奢侈品行业的一句经典名言。处于"饥饿"状态的货品，能最大程度上激发出顾客的购物欲望，从房地产、轿车到互联网产品（服务）也越来越多玩起了"饥饿"营销。

"饥饿"营销是指产品供应者有意调低产量，以期达到调控供求关系、营造供不应求的"假象"，用户在好奇心和逆反心理作用下，被极度强化的欲望引爆购买狂潮。"饥饿"营销强化了购买欲望、放大了产品（品牌）影响力、维持了较稳定售价和收益（通常产品售价是随时间逐渐降低的）、有效维护了品牌形象，但是，可能透支用户的品牌忠诚度、消耗企业信用资本、延长销售周期（可能给竞争者抢占先机）。

"饥饿"营销属于短期营销策略，能否有效取决于市场竞争度、消费者成熟度和产品替代性等因素，在市场竞争不完全充分（表现在互联网产品上可能是路径依赖下高转移成本形成的非垄断性壁垒）、消费的感性程度高于理性程度（"饥饿"营销利用的是用户对产品效用的新奇特心理）、产品的可替代性弱的情况下，辅之有效的宣传造势，"饥饿"营销策略会更为有效。

（1）引发关注。

挖掘产品独特卖点（销售主张），或产品高度创新性功能，或产品极度迎合用户的性价比，让用户的冲动购买心理获得足够理性的诉求支撑。

（2）激活需求。

聚焦目标市场，准确定位培育种子客户，引入意见领袖高调造势，形成网络关注焦点，充分吊起用户的胃口。

（3）催化兴趣。

提高产品在用户心里的效用期望，让上市初期的种子客户"病毒式"繁殖。信息传播量与节奏的"度"把握是双刃剑，低了激发不起用户的兴趣，高了就维持不了兴趣的持续时间。

（4）销售诱惑。

设定用户竞争条件（通常有限量供货、定时抢购、内部邀请使用等机制），调节供货量来影响供求关系表现，能够人为控制消费需求的释放节奏，以确保市场表现符合供应者的预期营销目标。

● 网络营销效果衡量

任何营销活动需要影响和改变的对象都是人，衡量营销效果的好坏，在于衡量对人的态度（认知）和行为改变的状态和结果，而状态的改变是否符合营销者的预期可以直接显示出营销目的的达成与否，越深层次的改变，意味着越强大的效果。能够准确体察人的变化，即能够准确把握营销的方向和结果。

网络营销对人态度（认知）的改变与传统营销方法并无二致，心理上，人们意识到你的存在——

Awareness（感知），心态上，人们喜欢于你的存在——Preference（偏爱）。不过，这二者用具体的指标去衡量有相当的难度，最常用的替代指标是"**Impression**（印象）"和"**Click**（单击）"。"**Impression**（印象）"是指显示营销内容（比如网络广告）在特定页面中出现的次数，"**Click**（单击）"是指营销内容在特定页面中被单击的次数，"**Click**（单击）/**Impression**（印象）=**Click Through Rate**（单击通过率）"。

网络营销效果的最直接的衡量可以通过对人的行为改变的数据比较来完成，与内向的心理行动不同，行为是外显的，人们在互联网上所有的行为都可以通过技术方法捕捉到，并为营销者判断网络营销对人行为的改变创造了充分的可能性。衡量网络营销对人的行为改变状态和结果（效果）的指标有：

（1）流量（Traffic）。

在流量进入网站之前，被称为"**Pre-click**（前单击）"的阶段，主要用 Impression 和 Click 来衡量（广告受欢迎的程度）；流量进入网站之后，则被称为"**Post-click**（后单击）"阶段，主要用流量"三剑客"——**Unique Visitor**（独立访问者）、**Visit**（访问量）和 **Page View**（页面浏览量）来衡量。

"**Unique Visitor**（独立访问者）"是基于访问者身份（IP 地址或 Cookie）的页面（或者网站）被访问的总次数，就是进入这个页面（或者网站）的不同 IP 或者 Cookie 的个数。其中，Cookie 是指网站为了辨别用户身份而储存在用户本地终端内存中或硬盘上的数据（通常经过加密）。

"**Visit**（访问量）"是在指定时间段内在网站上发生的互动总次数，同一访问者两次页面浏览间隔超过 30 分钟，或持续浏览状态的时间到期（比如连续 24 小时），或从不同来源访问网站，被视为 2 次访问量。

"**Page View**（页面浏览量）"是指页面被加载的总次数，每一次页面被成功加载，就会被算作一次综合浏览量。比如：网站访问者的访问路径是"页面 A→页面 B→页面 C→页面 A"，则"**Page View**（综合浏览量）"指标值为 4。

（2）参与度（Engagement）。

跳出率（Bounce Rate），从某个页面进入网站并直接离开的访问称为跳出，而从某个页面直接跳出网站的访问数/从这个页面进入网站的访问数，也就是访问网站时只浏览了一个网页便退出的访问者所占的比例即为跳出率。

每次访问的页面浏览数（Page View/Visit）是指在统计周期内，（综合）页面浏览量占总访问量的比率，等于页面浏览量/访问量。

网站停留时间（Time on Site）是所有访问的总持续时间除以访问次数后所得到的数值，通常是采用网站平均停留时间（Average Time on Site）来计算的，与此类似的度量指标是**网页停留时间（TimeonPage）**。

(3) 转化率（Conversion Rate）。

"**转化率（Conversion Rate）**"是指在统计周期内，完成相应操作（即转化行为）的访问量占总访问量的比率，即转化率=转化次数/单击量，意在衡量网站对访问者的吸引程度以及网站的推广营销效果（图3-4）。

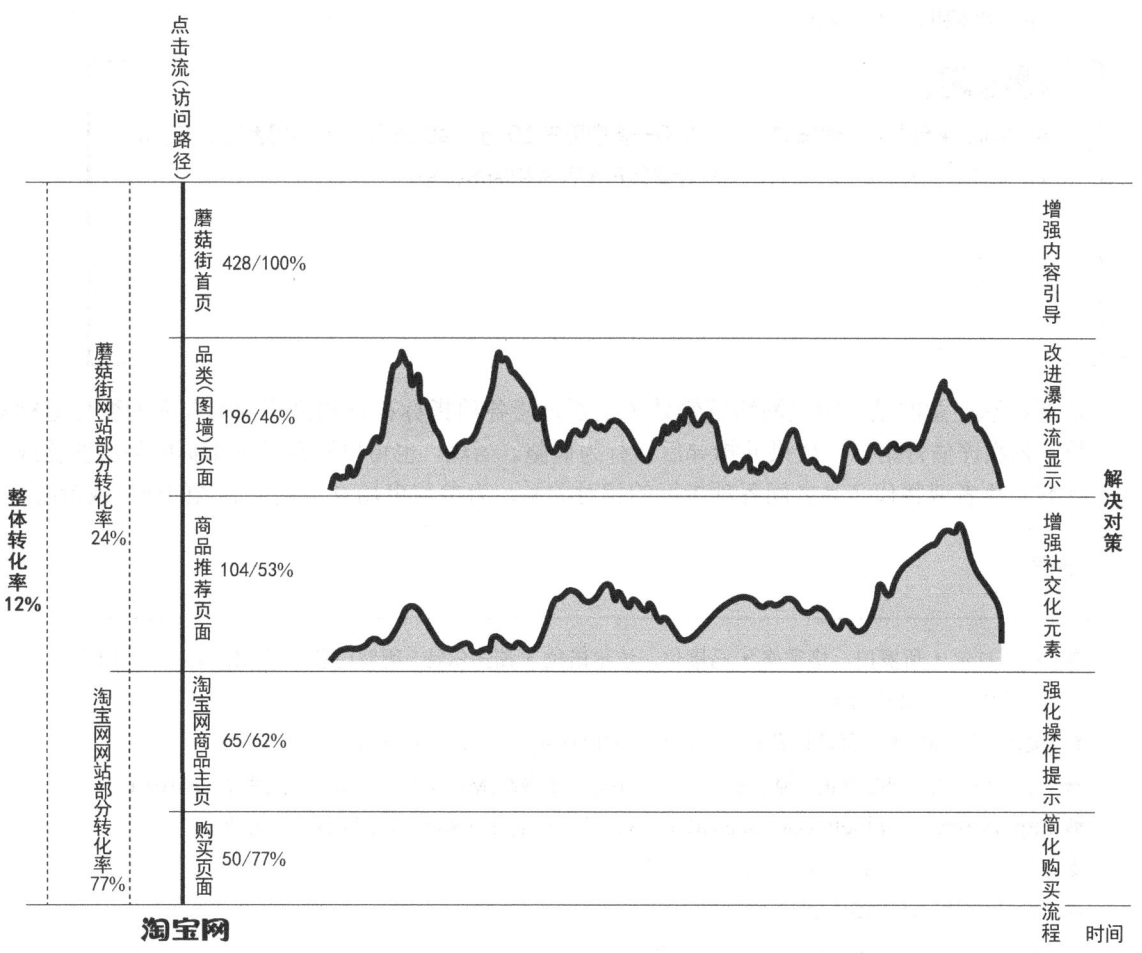

图3-4 淘宝网的转化率分析

(4) 留存率（Retention Rate）。

留存用户是指在统计周期内再次或多次访问或登录的用户，"**留存率（Retention Rate）**"是统计周期末的留存用户与统计周期初新增用户的比例，其中，统计周期通常为日、周、月。

因为留存率统计的期末用户是期初用户（基数）当中的部分，在获取数据时，每个用户需要依据独立 ID 来进行身份确认（通过技术手段来实现的）。

留存率反映了新增用户转化为活跃用户、稳定用户、忠诚用户的过程，与产品生命周期有相关性，随着产品生命周期呈现急速下降，反复整荡至相对稳定的演变规律。

留存率也可以理解为与流失率对应的指标，留存率=1-流失率。在移动终端应用程序 APP、网页游戏等互联网产品中，还存在留存率的"40-20-10"现象，即日留存率>40%、周留存率>20%和月留存率>10%。

微练习：

Android 平台游戏"愤怒的小鸟"本周一新增用户 10 万，周二至周日的使用者为 8 万、8 万、7 万、5 万、6 万、5 万，分别计算其日留存率和周留存率。

需要特别注意的是，衡量网络营销效果主要是将各项指标在营销推广活动前后的变化进行对比，依次评估营销推广效果并指导后续行为调整。当然，也可以跟踪各项指标的趋势变化或者比较竞争者或替代产品之间各项指标的相对关系，为参与市场竞争制定恰当的战略或策略。

参考

- [美]迈克尔·所罗门，格雷格·马歇尔，埃尔诺拉·斯图尔特. 所罗门营销学[M]. 北京：中国人民大学出版社，2009.10
- [美]查克·布莱默. 互联网营销的本质•点亮社群[M]. 北京：东方出版社，2010.05
- [美]韦伯. 社交网络营销：构建您的专有数字化营销网络[M]. 北京：人民邮电出版社，2010.01
- http://www.socialbeta.com SocialBeta-解读社会化商业（Social Business）的价值
- http://www.damndigital.com 互动中国
- http://www.iwebad.com 网络广告人社区
- http://www.ceocio.com.cn 经理世界网
- http://webdataanalysis.net 网站数据分析
- http://www.chinawebanalytics.cn 网站分析在中国
- http://www.xuefenxi.com/portal.php XFX 学分析-专注游戏数据分析
- http://www.cnblogs.com/yuyang-DataAnalysis/ 小白学数据分析
- http://www.marketingman.net 网上营销新观察

- http://wenjuan.com 问卷网
- http://www.alexa.com Alexa 网站排名查询
- http://www.google.com/intl/zh-CN/analytics/ Google Analytics
- 思维导图工具 Mindjet MindManager（http://www.mindjet.com）
- 电子表格软件 Office Excel（http://office.microsoft.com/zh-cn/）

3 单元：跟真实案例学（Follow Case）

[说明] 学习者将"1单元"中的真实任务与以下真实案例进行对比，看看真实案例中相似问题（任务）是怎样解决的（流程、方法和技巧，以及所依据的理论知识），尤其是自己在初次尝试中遇到障碍的方面。

案例

> "Lotus9 在线学习社区"是基于"关联主义"+"建构主义"学习理念，采用"混合学习"教学模式+"翻转课堂"学习过程组织形式，利用开放源代码技术搭建的在线学习平台。Lotus9 提供包括在线课程学习、社交网络服务、学习者求职/用人单位招聘、校友资源管理、广告媒体等 5 大产品（服务），具有社交化、智能化、泛在化、终身化特征，能够满足学习者从学习、交友、求职、应聘等学习生活工作的全链需求。
>
> "Lotus9 在线学习社区"创意提出是在 2011 年，源自作者从 2005 年开始的国家精品资源（共享）课建设过程中的深切体会。那就是课程所制作的资源完全忽视学习者的需要，导致投入大量资金建成的数千门课程资源访问者寥寥，而在教育互联网化背景下，以学习者为中心的，契合未来教育教学形态变革的学习资源开发及学习平台匮乏。作者由此需求出发，想引入全新学习理论和互联网思维方式，搭建能够实现教育教学梦想的社区（平台）。
>
> 按照"Lotus9 在线学习社区"目前的开发进度，2014 年底上线测试运行。为了获得运行管理积累和前期推广宣传的需要，Lotus9 项目团队会在 2014 年中，通过租用阿里云服务器先期开通上线几个论坛（社区），包括在线教育主题论坛、108one 汽车生活导航社区、在线学习课堂等，培养运营管理团队成员。
>
> "Lotus9 在线学习社区"的目标市场分为高职院校全日制在校生（第 1 期市场营销目标群体），有职业技能培养需求的非全日制在校生（第 2 期市场营销目标群体）。在开发平台的同时，同步制作"微课"形态的精品课程学习资源，以期通过双边市场原理，激活"Lotus9 在线学习社区"的平台参与方"学习者、课程学习资源制作与教学者、用人单位"。

案例解读

1 目标市场筛选

Lotus9 的目标市场是正在进行示范性或骨干高职院校建设以及教学资源库、精品资源共享课建设的学校（前期是教育机构），针对有终身学习需求的非在校学习者（后期是学习者个人）。

2 市场进入策略

尝试采用"饥饿营销"作为 Lotus9 的市场进入策略。先在教育部全国电子商务行业教学指导委员会、开设电子商务专业的示范性或骨干高职院校（以及在建设教学资源库、精品资源共享课的学校）、在线学习或教育专业研讨会（培训班）等专业化渠道，通过主题研讨、动态演示、免费限时试用等方式，进行 Lotus9 的造势宣传活动。

定向邀请（分期释放资格筛选）示范性或骨干高职院校组建"Lotus9 在线教学资源联盟"（社会团体）。

3 网站推广

向百度（http://zhanzhang.baidu.com/sitesubmit/index）

Google（https://www.google.com/webmasters/tools/submit-url?pli=1）

Bing（http://www.bing.com/toolbox/submit-site-url/）

以及搜狗（http://help.sogou.com/submit.html）、360（http://info.so.360.cn/site_submit.html）等主流搜索引擎提交收录请求；参照《Google 搜索引擎优化初学者指南》、百度互联网创业者俱乐部《搜索引擎优化指南 1.0》中提供基于搜索引擎优化的网站推广思路，开展搜索引擎优化（SEO）。

主动向 hao123、114la、360、金山等网址导航网站申请收录网站；与爱课网、YY 教育等在线教育网站交换网站链接（特别是"Lotus9 大规模开放在线教育联盟"院校官方主页添加 Lotus9 的友情链接）。

开通 Lotus9 的新浪微博、人人网账户，重点在内容管理，包括定期发布 Lotus9 开发进展、内测邀请、"云学习"研讨活动、改版升级，以及十大课程、学习达人、教师、群组、招聘职位、广告排行榜等信息。

4 产品营销

Lotus9 提供的服务是智能学习、社交网络（前期）和课程资源、求职招聘、校友资源开发（后期），市场营销的组合策略是满足教育机构质量工程建设和验收急迫需求、特惠价格（与有精品资源共享课的学校交换资源）、走在线教育（教育信息化）专业圈子为渠道、吸纳精品资源共享课主持教师作为资源提供者和社区推广者、将内容申请为教育教学成果奖或高级别研究课题（以成果发布形式召开记者招待会）。

5　网络营销效果分析

使用 Google Analytics 网站分析工具进行 Lotus9 营销推广效果分析：

（1）在浏览器地址栏中输入地址 http://www.google.com/intl/zh-CN/analytics/进入 GoogleAnalytics（分析）网站主页

（2）创建 Google 账户

单击页面右上角的"**创建账户**"按钮，在弹出页面上继续单击"**创建账户**"按钮，进入创建 Google 账户的页面。逐项准确填写相关信息，勾选"**我同意接受 Google 服务条款和隐私权政策**"复选框，再单击"**下一步**"按钮，Google 会向你填写的邮箱发送一份验证邮件。

登录你自己的邮箱，接受 Google 发来的邮件，单击验证链接完成验证 Google 账户的操作，至此 Google 账户创建成功。

（3）设置账户媒体资源

媒体资源可以是网站、移动应用或博客——即任何通过网络或移动应用获得流量的网页或屏幕。

再次登录 Google Analytics（分析）网站主页，单击页面右上角的"**登录**"按钮，输入所注册的账号与密码进入 Google Analytics 工具页面。单击页面右上角的"**管理**"链接，在弹出的 Google Analytics（分析）服务条款协议对话框中单击"**我接受**"按钮。

单击页面右上角的"**管理**"链接，从"**账户**"列的下拉菜单中，选择您要添加媒体资源的账户。然后，在"**媒体资源**"列的下拉菜单中，单击"**创建新媒体资源**"命令，选择媒体资源类型"**网站**"或"**移动应用**"（比如 www.lotus9.cn），再选择跟踪方法为"**Universal Analytics**"，继续填写或选择相关信息。最后，单击"**单击获取跟踪 ID**"按钮完成媒体资源创建。

（4）设置跟踪代码

单击页面上的"**跟踪信息**"→"**跟踪代码**"命令，Google Analytics 将自动生成针对 www.lotus9.cn 的 Universal Analytics 跟踪代码（显示在页面右侧的文本框中），将其复制并粘贴到 www.lotus9.cn 每个要跟踪网页的代码中。

（5）管理 Google Analytics 账户

使用 Google Analytics（分析）报告。

4 单元：完成真实任务（True Task）

[说明] 学习者再次尝试完成"1单元"中的真实任务，利用下表再次进行自我评估并接受指导老师的持续评估和工作意见。之后，学习者将自己所属团队完成的任务进行展示、交流（角色情景扮演），与其他团队进行交叉评估。

评估

● 为完成这项任务，我们做了：					
● 对比学习目标，我们实现了：					
● 对比学习目标，我们还未完成的有：					
学习者自我评价（分值越大越优秀）	□1分	□2分	□3分	□4分	□5分
教师评价（分值越大越优秀）	□1分	□2分	□3分	□4分	□5分

测试

阐述双边市场的进入障碍及其破解的思路。

举例说明典型的消费者行为模型。

Firefox OS、Sailfish、Tizen 和 Ubuntu Touch 作为智能手机操作系统的后来竞争者，如何在这个 Android、iOS、Windows Phone 占据的双边市场中寻找出能够有效参与竞争的策略？

测试结果（分值越大越优秀）	□1分	□2分	□3分	□4分	□5分

拓展

26 个你需要了解的游戏化营销元素

导读：

"游戏化"这个新兴概念也许还未被公众所熟知，但它已经无可厚非地潜入我们生活工作的各个领域。"在非游戏的情境中加入游戏元素"不是一个新鲜概念，但是使它逐渐成为一个热门话题，尤其是被市场营销领域所关注是因为一个更主导的因素：科技进步。更具体一点，社会化媒体的进步和它们在市场中的广泛应用，社会化媒体的繁荣及其用户体验的不断优化为市场营销提供了无限美好的畅想和可能。"游戏化"正是达成这些美好可能的关键步骤。

作为市场营销或者相关领域的从业人员，了解"游戏化"的一些基本概念和构成有助于开阔我们的思考局限，提供了更多不同的组合和可能性。在原文中，作者收集并罗列了 26 条与"游戏化"相关的理念和要素。本文译者对这 26 个条目根据类别进行重组，分 5 个部分：准备工作、相关概念、Bartle 分类法、设计要素以及商业应用。

写在前面的话——游戏无处不在：

越来越多的商家正在用"游戏化"帮助提升品牌意识和推动用户参与度。Gartner, Inc. 预测截止 2014 年，超过 70% 的全球 2000 强企业至少会拥有一项"游戏化"应用。在过去的数年中，我们已经目睹了提供游戏化服务和解决方法的公司在不断增加，例如 Bunchball, BigDoor Media, Badgeville 和 Gigya。根据游戏化维基百科（Gamification Wiki）"游戏化通常涉及了在非游戏应用上融合游戏设计的理念，使这些应用更好玩更吸引人"，如果你正在考虑为你公司设计一个"游戏化"营销策略，下文则列举了 26 个你所需要了解的"游戏化"元素。

第一阶段，准备工作

1 为什么"游戏化"（Why do you gamify）

当你考虑在营销策略中加入"游戏化"元素时，Dustin DiTommaso 建议商家首先自问以下一系列问题：

  什么是你"游戏化"产品和服务的理由？

  是什么使你的用户受益于此？

  为什么他们会享受其中？

"如果你能很自信地回答出这些问题，如果'游戏化'看起来符合你的公司产品或者服务，并且用户享受其中，那么你便可以开始探索你的商业目标了。"

在探索商业目标的同时，DiTommaso 也建议商家问以下问题：

什么是你的商业目标？

如何通过用户帮助你实现这些目标？

用户需要通过哪些步骤达成你的目标？

针对以上问题，如果你有更多的信息，那么你就更有可能设计出一个有效并且合适的"游戏化"营销策略。

2. 人口统计数据（demographics）

作为将游戏融入品牌体验的商家来说，另外一个重要的考虑因素便是对于产品对象统计数据的掌握。

2011 年洛杉矶游戏大会的数据显示："50%的玩家是女性；30%超过 45 周岁；并且，美国有 4000 万活跃的社会化游戏玩家（每周玩游戏至少 1 小时）；Facebook 上有超过 2 亿的玩家。"

3. 激励性设计（motivational design）

在考虑设计有效和成功的游戏时，如何激励玩家是一个核心问题。Gabe Zichermann 曾写过："优秀的游戏化设计在于理解企业目标，并且使这些目标与玩家的内在动力（内在去做一件事的驱动力，或者对受益于自己活动的追求）捆绑起来。随后，通过营销外在奖励和内在满足设计，引领用户到达'精通'的彼岸。这个旅程包含了'渴求'、'激励'、'挑战'、'奖赏'和'回馈'这些元素以获取用户参与度。"

4. 不是工作的反面（not the opposite of work）

Stuart Brown 博士在他的 TED 演讲中声明，"玩的反面不是工作。"反之，我们应该将"玩"理解为"游戏化"的基础，当应用得当，人们将能更好地融入娱乐性的活动，同时做好他们的工作。

5. 用户需求和目标（users' need sand goals）

Dustin DiTommaso 讨论了一系列关于研究游戏设计和用户的问题：

谁是你的用户？

什么是他们的需求和目的？为什么他们玩游戏？

是什么阻挡了他们达成潜力的目标？是缺乏意志力（相信他们手头的工作和努力对于完成未来的目标是有价值的），还是缺乏能力（达成目标的才能）？

什么是他们最主要的游戏风格（单一、竞争、合作）？

谁和他们一起玩？

什么社会行动让他们觉得乐在其中，为什么？

什么衡量标准（metrics）是他们所在乎的？

有一系列的驱动因素使玩家融入游戏，DiTommaso 建议商家将这些因素简化为 4 个主要元素：

目标的达成和愉悦的体验

探索的结构，指导和自由

对其他人的控制和联系

自我受益的行动或者社会受益的行动

你是否已经为你的公司设计了一个游戏呢？你是如何去了解你的用户的？

第二阶段，相关概念

6 流动理论（flow theory）

一位匈牙利的心理学教授在他的流动理论中提出，在流动状态中，情感不仅仅被抑制和导向，并且与正在进行中的任务是一致的且被其激励着。这种"流动状态"被描述为一种专属于那项任务的专注——甚至不是完成任务的自我或者自我情感。

这位教授指出了达到这种"流动状态"的 10 个要素：

目标明确清晰；

高专注度；

自我意识丧失；

扭曲的时间观念，对时间的主观体验被改变；

直接立即的反馈；

能力和挑战之间的平衡；

自我控制超过当前情景和活动；

该活动使人内心觉得获益；

身体需求的意识减淡；

对当前活动的全神贯注；

记住：不是所有 10 项要素都出现才能促使一个"流动"的出现。

7 玩乐是 OK 的（having fun is okay）

在 Mario Herger 对游戏化的研究中，他一直都很反对那些对于公司"游戏化"用户体验的负面反馈。他听过的一个普遍论点是："我们是做正事的公司，不是在工作时间玩乐的。" Mario 提出反驳这种论点的一个方法就是反问对方为什么要把工作和娱乐当成是相互排斥的。他说："魔兽世界的玩家创造出了世界第二大的维基百科。很多小孩子也通过玩乐认识世界。"

8 小提示（just so you know）

有些时候这些事情可能某些人会在意，所以就在此提一下。"游戏化"在 2011 年被纳入牛津词典 2011 "年度缩写词列表"！可以这么说，你将在未来越来越多地看到这个词的出现。

第三阶段，Bartle 游戏化的分类

9 成就者（achievers）

对于设计师来说，了解玩家如何和一款游戏进行互动是非常关键的信息。在很多关于游戏化的讨论中都指向了 Richard Bartle's 的 4 类玩家分类：成就者，探险者，竞技者和社交者。Nicoholas Yee 很好地总结了 Bartle 的分类。他认为，成就者"被游戏中的目标所驱使，常见的形式是收集点数——不管是经验值，级别或者财富。"

10 探险者（explorers）

Nicholas Yee 对于探险者的描述如下："他们会尽可能地发掘未知的虚拟世界——包括绘制地理结构的描述和了解游戏机制。"

11 竞技者（killers）

根据 Nicholas Yee 的描述，"竞技者利用虚拟世界去导致其他玩家的焦虑感，他们以对其他玩家施加痛苦和焦虑感来获得满足感。"

12 社交者（socialites）

社交者被 Nicholas Yee 称之为"利用虚拟架构与其他玩家对话和角色扮演的人。"

现在我们已经了解了这 4 种玩家结构，你是否对你自己属于哪种类型感到好奇呢？Bartle 的这篇论文促使了对"Bartle 玩家心理测试"的发展。这个由 30 个问题所组成的测试被用来描述玩家的行为偏好，你可以在玩家 DNA 上做这个测试。

第四阶段，设计要素

13 勋章奖励（badges as a reward）

Kevin Warhus 提到说："随着 Foursquare 时代的来临，以及一系列其它的社会化签到工具，奖励和勋章已经成为了一种时尚……在很早前大大小小的商家就已经认识到这是一种很好的与用户互动，以及对他们使用自己产品/服务的回馈方法。人们自然而然地享受因为自己的付出被奖励，并且愿意收集对他们所付出的时间和精力的证据从而向朋友们炫耀。"

试想一下：你曾通过什么社交游戏获得过勋章？为什么你在意这些勋章呢？

14 挑战（challenges）

近期在一项由 Stephanie Hermann 组织的游戏化调查研究中，她发现游戏中的挑战必须根据预期目标用户群专门定制。"你必须考虑基本的背景以及用户在他/她的玩家生命周期中所处的位置去维持用户参与度。"更重要的是，她的研究显示这些被置于游戏化应用程序中的挑战不能被普遍化和大众化，用一种类型去适应所有。这种挑战设置必须根据上下文和目标观众所定制，并且要多样化。

15 礼物（gifts）

礼物是游戏机制中鼓励玩家玩游戏的方法之一，尽管很多游戏利用真实生活中的礼物，例如现金或者购物卡等，但也有很多会以虚拟礼物来鼓励玩家，例如花和（上文提到的）勋章。

16 激励化网络活动（incentivizing online activities）

激励化可能是涉及游戏化应用程序和网站的所有因素中最关键的一点。商家将某些活动配以奖励额度和礼物来激励预期行为。在上文"人口统计数据"中提到过，了解你的用户将会为你带来关于如何刺激他们的行为的好主意，这些刺激能帮助他们玩游戏并且将他们变为你的忠实客户。

17 玩家明星榜（leaderboards）

玩家明星榜是很多游戏中的主要特色之一。在游戏化维基中它被定义为："通过其他用户来跟踪自己游戏表现的一种形式。玩家明星榜通常会视觉化地显示出一位玩家在其他玩家中的位置。这些榜单会展示哪些玩家解开了最难的任务。想要出现在明星榜上的渴望驱使着玩家们去获得更多的任务，随之大幅提升用户参与度。"

18 组织性目标（organizational goals）

到此为止我们已经从不同的角度讨论了关于游戏设计的话题，然而正如 Jeroen van Bree 所说，游戏应该在三个层面吸引玩家：个人、组织和社会。从组织的观点看，游戏应该对一个组织的目标有所贡献。例如，将人流走动的地方转化为一家实体店，证明你品牌的特质，或者证明你们的核心价值。

考虑组织性的目标有利于在你的游戏和其他参与者之间创造一个双赢的局面。

19 进度栏（progress bar）

不管你相信与否，那个在 LinkedIn 上的简介完成度一栏可被视为游戏机制的一个例子。通过观察你还有多少应该完成却没有完成的内容，很多用户便会被驱使去达到 100% 的完成度，并且相信这样的行为可以帮助他们获得那些更加高级的特色服务。

20 可量化的结果（quantifiable outcomes）

从上文中我们已经了解到，对于一个机构来说，如果我们坚持组织性的目标，玩游戏可以变成一件既好玩又正经的事。但是正像其他你所运用的策略或技巧一样，商家最好能先找到可以将结果量化的方法。

通过游戏化分析，你会想要跟踪用户参与度、日常活动、用户的任务和级数，并且最终，你会想要知道你的游戏是否对用户和你产品的关系产生了一种正面的影响。

21 奖励（Rewards）

对于奖励，Kris Duggan 有着一些重要的见解。他认为："只有在授予和展示了级别和虚拟奖励，他们才会变得跟整个社区一样有价值。聪明的游戏化要求深程度上用户奖励系统与整个品牌的用户体验的整合，不管与这个品牌相关的主页、手机应用、社区、博客，或者其它数字互动界面。"

让你的社区成为一个用户为参与其中感到骄傲的有价值的用户体验，并且最终会更倾向于看重你的奖励。

第五阶段，商业应用

22 游戏化的技巧（tactics and gamification-business）

那么我们如何理解游戏化的技巧，以及帮助公司宣传他们自己的方法呢？

Identitymine 在最近的一篇博客中很好地总结了以下论述："游戏化营销技巧可以刺激受众更进一步达到你的商业目标的动力。这些技巧可以是打响知名度，促进销量，或者找到新的购买意向。问题的关键不在于做游戏，而在于将游戏机制与营销手段有机结合。"换句话说，并不是为了玩游戏而游戏，而要确保你时刻都能意识到为什么你运用了这些游戏——比如为了品牌意识，找到和产生新的购买意向，促进销量。

23 虚拟环境和参与（virtual environments and engagement）

Kristen Bourgault 指出，像开心农场或者魔兽世界这些游戏每个月都有成千上百万的用户。她问道:"是什么吸引了这么多人如此深地投入在这些虚拟世界中?"也许它跟人类本身对于玩的需求有关?也许是一种掌握世界和提升经验的方法?或者是因为我们对于转移注意力的需求,和我们从日常要求中放松自己的需要?

不管理由是什么,我们能清楚地得知游戏设计者们和公司正在从虚拟环境和用户参与度中获益。

那么你会游戏化你的公司的任何一个部分吗?

24 激发网站（website invigoration）

Douglas MacMillan 说游戏化已经在为呆板的网站注入新的活力,并且将它们转换为电子游戏。"电游设计师花了几十年时间来完美化创造令人上瘾产品的艺术。如今传统公司也会利用所谓的游戏化策略为它们的网站建立用户忠诚度。这些策略,例如那种鼓励用户去与其他用户竞争以获得点数的明星玩家榜,正在网络上变得普遍起来。"

25 实例（examples）

Tom Edwards 列举了 15 个使用游戏化策略的品牌例子,以及具体吸引用户参与的机制:

  Xbox Live - 任务、玩家明星榜

  Foursquare - 勋章、奖励

  Gowalla - 勋章、别针

  GetGlue - 奖励

  LinkedIn - 进度栏

  SalesForce - 玩家明星榜、任务、升级

  Mint - 任务、进度栏

  CheckPoints - 虚拟流通货币、奖励

  ShopKick - 虚拟流通货币、奖励、竞赛

  Hallmark - Facebook 点数、虚拟物品、礼品、分享

  Starbucks - 升级、奖励

  Nike - 任务、勋章、挑战、奖励

  Buffalo Wild Wings - 小道消息、挑战

  Microsoft - 任务、竞赛

American Airlines – 进度栏

再加一个例子，那就是很多 Social Media Examiner 的读者可能会注意到 Social Media Examiner 的社交圈——明星榜、点数和勋章。

在你平常的生活和工作中，注意身边那些正在运用游戏的商家；例如本地的咖啡店、超市、加油站、电子用品商店和网店，会有惊喜哦！

写在最后的话：

26 适合的大环境（zeitgeist at the appropriate time）

不管你喜不喜欢"游戏化"这个概念，很清楚的是在近几年内它会变得流行起来。正如 Gabe Zichermann 写的："（游戏化）这个词已经与其它最有影响力的科技新词一起成为了流行语。也许它的未来并不明朗，而且它大部分的成功来自于它是真真切切地第一个可以将'在非游戏领域领域游戏元素'这个概念囊括的词。它已经遇见了自己合适的大环境。"

（资料来源：张耕.26 个你需要了解的游戏化营销元素.http://www.socialbeta.com/articles/26-elements-of-a-gamification-marketing-strategy.html，2012-06-27）

- 转入下个**工作任务：客户服务**的学习

3.3 客户服务

学习目标（Learning Objectives）

素质：独立创新的理念、清晰的文字组织与表达（口头交流与写作）、使用数学或结构方式进行逻辑分析与推理、脚踏实地的态度与行动。

技能：能够分析寻找种子客户，利用客户满意度模型进行服务质量分析，熟练运用网站分析工具 Google Analytics，分析用户行为路径与转化率，帮助建立客户管理。

知识：客户满意度模型、单击流（用户行为路径）、转化率。

[说明]学习时间，预计共 36 学时（9 学时课内+27 学时课外）。另外，教学过程采用行动导向的混合学习方式来组织管理，学习过程是围绕解决问题、完成任务、学会知识、掌握技能、胜任工作这样的内在逻辑来进行的。

---

1 单元：尝试真实任务（True Task）

[说明]学习者组成 7 人左右的工作团队，将自身置于职业岗位的工作环境，充分调动自己过去积累的经验和已经拥有的知识，也可在互联网搜索借鉴他人的经验，最好能进行现场实践，来尝试解决实际问题（任务）。

任务

工作任务：

针对 **"产品（服务）开发"** 所开发的项目，评估客户满意度，分析用户行为路径及其转化率，建立客户关系管理框架。

评估

- 为完成这项任务,我们做了:

- 经过努力,我们完成了下列任务:

- 在完成任务的过程中,我们遇到了下面的障碍(问题):

解析

- 任务解读:以客户为中心做全方位全生命周期的服务。
- 关联理论:客户关系管理、单击流。
- 问题难点:基于数据分析的服务质量评估与改进,可借助于网站数据分析工具进行用户行为分析。

2 单元:相关理论知识学习(Theory Study)

[说明] 学习者可以根据自我评估以及指导老师给出的持续学习指导意见,有差异地选择自己需要学习的相关理论知识。如果在没有学习某部分理论知识前,学习者就能够完成对应的任务,则所需的支撑理论知识已经具备,可以在征询指导老师意见后越过这部分理论知识的学习。

学习引导

互联网产品本质是服务,因此客户服务的重心是提高服务质量,而对服务质量的衡量需要采用解决的方式,客户满意度模型是比较公认的理论;鉴于用户在网络上的行为数据比传统实体产品更易获取,因此采用数据分析方法进行用户分析和服务是特别有效的做法。

理论

● 客户满意度模型

服务质量是服务质量差距的函数,测量企业内部存在的各种差距是有效地测量服务质量的手段,差距越大,顾客对企业的服务质量就越不满意,因此,差距分析可以作为复杂的服务过程控制的起点,为改善服务质量提供依据。

服务质量差距模型(Service Quality Gap Analysis Model,简称 GAP)是 20 世纪 80~90 年代初,美国帕拉休拉曼(A.Parasuraman)、赞瑟姆(Valarie A Zeithamal)和贝利(Leonard L.Berry)等人提出的服务质量评价体系,主要是通过服务质量差距(指标)感知顾客满意度,进而发现引发最终顾客满意度差距的原因,以此确定弥补差距的适宜方法。

服务质量(表现为顾客满意度)取决于用户所感知的服务水平与用户所期望的服务水平之间的差别程度,具体体现在 4 个方面:差距 1,不了解顾客的期望;差距 2,未选择正确的服务设计和标准;差距 3,未按标准提供服务;差距 4,服务传递与对外承诺不相匹配(图 3-5、图 3-6)。

图 3-5 服务质量差距模型 1

如何具体衡量顾客对服务质量的期望和实际感受呢?GAP 模型选择有形性、可靠性、响应性、保证性、移情性 5 个维度来衡量。

1 有形性:包括实际设施,设备以及服务人员的列表等。其组成项目有:现代化的服务设施;服务设施具有吸引力;员工有整洁的服装和外套;组织的设施与他们所提供的服务相匹配。

2 可靠性:是指可靠的,准确履行服务承诺的能力。其组成项目有:组织向顾客承诺的事情都能及时完成;顾客遇到困难时,能表现出关心并帮助;组织是可靠的;能准时地提供所承诺的服务；正确记录相关的记录。

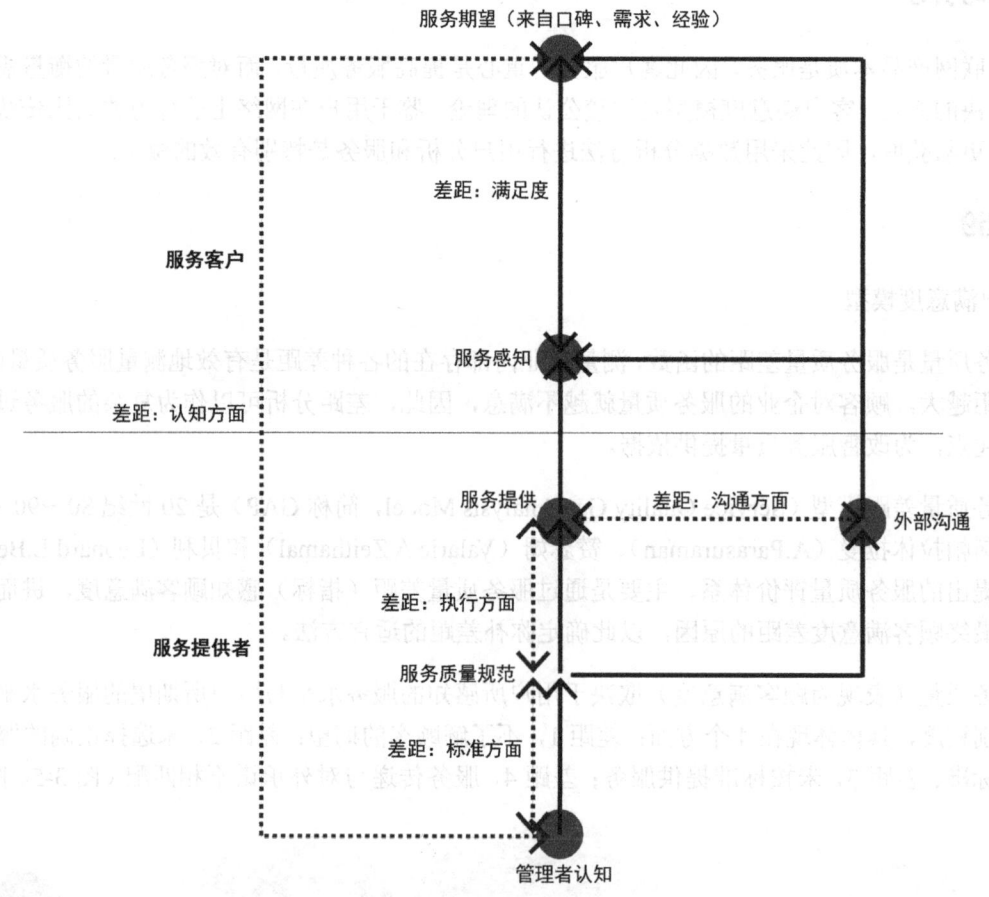

图 3-6 服务质量差距模型 2

3. 响应性：指帮助顾客并迅速地提高服务水平的意愿。其组成项目有：不能指望他们告诉顾客提供服务的准确时间；期望他们提供给及时的服务是不现实的；员工并不总是愿意帮助顾客；员工因为太忙以至于无法立即提供服务，满足顾客的需求。

4. 保证性：保证性是指员工所具有的知识、礼节以及表达出自信与可信的能力。其组成项目有：员工是值得信赖的；在从事交易时，顾客会感到放心；员工是礼貌的；员工可以从公司得到适当的支持，以提供更好的服务。

5. 移情性：是指关心并为顾客提供个性服务。其组成项目有：组织不会针对顾客提供个别的服务；员工不会给与顾客个别的关心；不能期望员工了解顾客的需求；公司没有优先考虑顾客的利益；组织提供的服务时间不能符合所有顾客的需求。

GAP 模型通过编制的 Servqual 问卷，分两次进行用户调查，计算出服务质量的期望和实际感受分值。预先进行服务质量期望问卷调查，用户接受服务后进行服务质量感知问卷调查。问卷采用李克特态度量表，按照语义差别划分为 7 分制（7 表示完全同意，1 表示完全不同意），加权平均计算出服务质量的分数（Servqual/GAP 值）（表 3-1）。

自行设计的调查问卷还可以脱离这 5 个维度，根据所提供的互联网产品特征，自主选择能够反映服务质量的期望和实际感受的因素。

获得调查数据后，利用 SPSS 软件（http://www-01.ibm.com/software/cn/analytics/spss/）进行感知质量的因子分析（提炼新的服务质量度量维度，也就是满意度度量指标）以及列出感知质量的相关矩阵。

表 3-1 GAP 模型问卷数据分析表

问题 （n 个）	感知 （P）	期望 （E）	服务质量绝对差异值 GAP （P-E）	服务质量相对差异值 GAP （P/E）
有形性（权重α1）	4.96	6.48	-1.53	0.763
XXXX				
XXXX				
可靠性（权重α2）				
XXXX				
XXXX				
响应性（权重α3）				
XXXX				
XXXX				
保证性（权重α4）				
XXXX				
XXXX				
移情性（权重α5）				
XXXX				
XXXX				
Servqual/GAP			∑（GAP*α）/n	

服务质量差距模型 5 个差距产生原因分析：

1 管理者认识的差距

（1）对市场研究和需求分析的信息不准确；

(2) 对期望的解释信息不准确；

(3) 没有需求分析；

(4) 从组织与顾客联系的层次向管理者传递的信息失真或丧失；

(5) 臃肿的组织层次阻碍或改变了在顾客联系中所产生的信息。

管理问题首先改变对服务竞争本质和需求的理解，以此进行业务流程重组，更新组织结构和业务流程规则。

2. 质量标准差距

(1) 计划失误或计划过程不够充分；

(2) 计划管理混乱；

(3) 组织无明确目标；

(4) 服务质量的计划得不到最高管理层的支持。

在服务竞争中，顾客感知的服务质量是成功的关键因素，因此在管理清单上把质量排在前列是非常必要的。

3. 服务交易差距

(1) 标准太复杂或太苛刻；

(2) 员工对标准有不同意见，例如一流服务质量可以有不同的行为；

(3) 标准与现有的企业文化发生冲突；

(4) 服务生产管理混乱；

(5) 内部营销不充分或根本不开展内部营销；

(6) 技术和系统没有按照标准为工作提供便利。

通常引起服务交易差距的原因是错综复杂的，粗略分为 3 类：管理和监督，职员对标准规则的认识和对顾客需要的认识，缺少生产系统和技术的支持。

4. 营销沟通的差距

(1) 营销沟通计划与服务生产不统一；

(2) 传统的市场营销和服务生产之间缺乏协作；

(3) 营销沟通活动提出一些标准，但组织却不能按照这些标准完成工作；

(4) 有故意夸大其辞，承诺太多的倾向。

建立一种使外部营销沟通活动的计划和执行与服务生产统一起来的制度，外部营销活动中做出的承诺能够做到言出必行，避免夸夸其谈所产生的副作用。

5　感知服务质量差距

(1) 消极的质量评价（劣质）和质量问题；

(2) 口碑不佳；

(3) 对组织形象的消极影响；

(4) 丧失业务。

第 5 个差距也有可能产生积极的结果，可能导致相符的质量或过高的质量。感知服务差距的产生原因可能是上述诸多原因的组合，当然，也有可能是其他未被提到的因素。

- 客户关系管理

互联网项目的客户关系管理基础就是网站用户分析，包括用户基本特征和行为特征等数据分析。

用户在网站的所有行为实际上是记录在"**单击流**"数据中的。"**单击流（Click Stream）**"是用户访问特定网站期间的页面单击次序，从进入到各个网页，再到离开网站期间的访问路径，显示了访问者在网站上的浏览路径（图 3-7）。"单击流"数据来源于网络服务器记录在日志中的信息（Web 日志）。

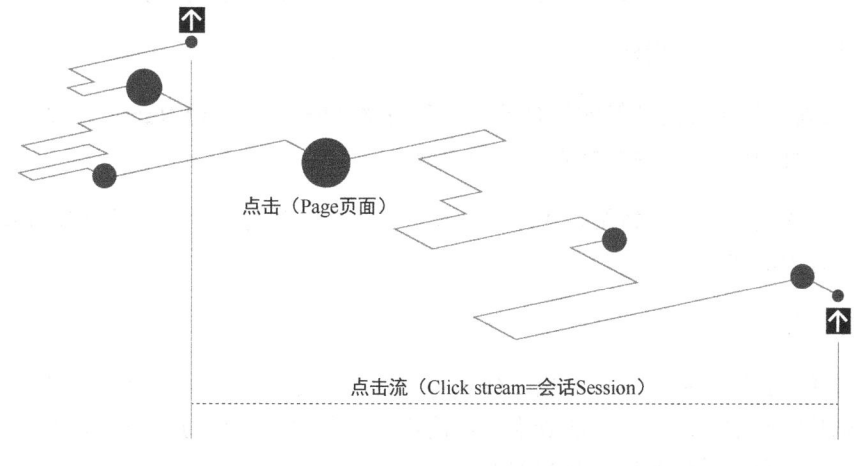

图 3-7　点击流

1 用户基本特征

反映用户基本特征的指标有"**活跃用户数**"、"**新用户比例**"和"**用户流失率**"。其中，活跃用户是指有预设的关键动作或者访问行为达到特定要求的网站用户，是能够为网站创造价值的用户群；新用户是指首次访问或者刚刚注册的用户，能够反映出网站的真实运营状况，尤其是发展速度和营销推广效果；流失用户是指当在统计周期内未访问或登录网站的用户，能够反映出网站的持续吸引力，需要注意的是统计周期设定因网站提供的产品（服务）不同而有所差异，社交类网站通常设定为 1 个月，交易型网站通常设定为 3 个月。

"**活跃用户数**"指标中活跃用户采用"**参与度（Engagement）**"进行度量，但因"**参与度**"属于非标准化指标，难以在网站之间进行比较，只适合于对网站自身用户的活跃情况统计分析。

（1）确定"**参与度**"的内涵。

选择相对固定的用户行为，确定为"**参与**"行为，作为这个指标的统计基础和计算依据。

电子商务网站"**参与度**"定义的行为是：用户的注册行为；用户放入购物车或购买的行为；用户在售前和售后的反馈行为；用户对商品的评价。

微博"**参与度**"定义的行为是：用户注册行为；发布新微博或转发微博；发表对微博的评论；关注新的用户。

（2）获取"**参与度**"数据。

通过"**单击流**"数据+"**事件追踪**"，获取用户行为跟踪数据（信息）。在每次访问中出现了"**参与度**"定义的任何行为，则将这次访问行为视为"**参与度**"数据来源。

（3）计算"**参与度**"指标。

"**参与度**"指标的计算实质是计算"**参与率（Engagement Rate）**"，也就是含有"**参与度**"行为的访问次数/网站总访问次数。

为了深度分析用户特征，还可以分类计算每类"**参与度**"行为的"**参与率**"，比如：评论行为的参与率。

2 用户行为分析

我们选择"**黏性、活跃度和产出**"作为用户行为指标大类，每个分类可以包含多个子行为指标来共同衡量用户在其中的表现，进而详尽区分用户的行为特征，对用户进行分类或者综合评定管理，形成客户关系数据库。

用户行为指标中的"**黏性（Stickiness）**"主要关注用户在指定统计周期内持续访问和使用

网站的情况，基于用户持续行为的分析，子行为指标是"**访问频率**"和"**访问间隔时间**"两个指标；"**活跃度（Activity）**"则更多地针对用户单次访问行为，考察用户访问中的参与度（Engagement），也能够反映出用户的忠诚度，通常对统计期中用户的每次访问取了平均值，子行为指标是"**平均访问时长**"和"**平均访问页面数**"两个指标；黏性和活跃从用户的访问情况衡量用户可能创造的价值，可能是显性也可能是隐性，如品牌、口碑等，但"**产出（Outcomes）**"直接根据网站的业务衡量用户创造的直接价值输出，如电子商务网站可以选择"**购买频率**"指标衡量产出的频率，"**平均每次交易额**"指标衡量平均产出价值。

电子商务网站的用户行为分析可以用更简单的 RFM 分析方法（见表 3-2），仅选择"**访问间隔时间（Frequency）**"、"**访问频率（Recency）**"和"**交易额（Monetary）**" 3 个指标：

(1) 确定数据的统计周期。

根据电子商务网站交易产品的更新换代周期来设置数据的统计周期，快速消费品以 1 个月或 1 个季度、数码产品以 6 个月或 2 个季度较为适宜。

(2) 计算反映用户行为的 3 个指标均值。

根据"**单击流**"数据，计算"**访问间隔时间**"、"**访问频率**"和"**交易额**"指标的平均值。

(3) 分类制定用户策略。

将每位客户的"**访问间隔时间**"、"**访问频率**"和"**交易额**"指标与各个指标均值进行比较，将客户细分为 8 类，再分类制定用户策略。

表 3-2 RFM 分析方法

访问间隔时间	访问频率	交易额	客户类型
>	>	>	重要价值
>	<	>	重要发展
<	>	>	重要保持
<	<	>	重要挽留
>	>	<	一般价值
>	<	<	一般发展
<	>	<	一般保持
<	<	<	一般挽留

当"**交易额**"大于均值时该用户能够创造较高价值，因此是网站的重要用户；"**访问频率**"高于均值，用户访问比较持续，应该保持这种持续性，而"**访问频率**"过低的用户需要提升他们的访问频率，属于需要发展的用户；"**访问间隔时间**"越长的用户流失的可能性越大，对于这类用

户需要重点挽留。

RFM 分析只能分析有交易行为的用户，而对访问过网站但未消费的用户，由于指标的限制无法进行分析，这样就无法发现潜在客户，可以改用 Google Analytics 的用户行为模块进行分析。

3 用户转化率分析

"转化率（Conversion Rate）" 是指在统计周期内，完成相应操作（即转化行为）的访问量占总访问量的比率，即转化率=（转化次数/单击量）×100%，意在衡量网站对访问者的吸引程度以及网站的推广营销效果。

典型的转化行为有用户单击特定页面、执行注册/登录操作、将商品放入购物车、完成支付活动、单击广告、下载特定文件等访问流量引导和消费行为，根据转化行为的不同可以计算不同的转化率，比如页面转化率、注册或登录转化率、网络广告转化率等。

其中，**"页面转化率"** 是指从一个页面进入下一页面的单击量（人数）比率，比如访问首页的单击量为 30，而从首页单击进入特定页面的单击量为 12，那么从首页到特定页面转化率就是 12/30=40%。

以此类推，可以基于用户访问路径计算每个页面到下个页面的转化率。虽然多数情况下用户访问路径是随意而无序的，但部分用户会基于自己需求目标而进行的相对固定有序的页面访问，其路径 **"关键路径（Key Path）"**（也就是一条"单击流"），比如：电子商务网站购物用户的访问"**关键路径**"是注册/登录→浏览目录/搜索→进入商品属性页面→选择欲购买的商品（购物车页面）→在线支付→评论分享。

运用客户关系管理中的 **"漏斗模型（Funnel Model）"** 工具，显示用户在进入访问流程到实现目标（关键路径）的最终转化率，同时还可以测算出整个关键路径上每一步行为的转化率。

（1）确定转化行为的目标。

分解网站预设的运营目标，选出需要通过转化率指标考核的若干目标，并以此解析出用户访问的关键路径。

（2）选择转化行为。

根据转化行为的目标衍生出期望的用户行为，再筛选出转化行为选择对应的具体转化率指标。

（3）获取访问数据。

通过"单击流"数据+"事件追踪"，获取用户行为跟踪数据（信息）。

（4）计算指定的转化率。

根据获取的用户行为数据，计算指定的转化率，包括静态与动态的、单个与系列的转化率。

（5）分析用户转化率。

关键路径上各步骤的转化率，还必须结合趋势、比较和细分方法对流程中各步骤的转化率进行分析。

趋势（Trend）：将同一转化率数据置于时间轴上，绘制随时间变化而变化的转化率动态趋势图，进行纵向对比分析，以利于及时发现运营问题；

比较（Compare）：选择类似产品（服务）的同一转化率进行横向对比，以利于从市场竞争角度争取用户；

细分（Segment）：细分来源或客户类型在转化率上的表现差异，挖掘价值客户及其来源，通常用于分析网站的营销推广效果及投资回报率（ROI）。

4 用户忠诚度分析

基于每个用户行为的综合性分析和评定指标，主要包括用户的忠诚度和用户的价值等。"**用户忠诚度（Customer Loyalty Degree）**"是对网站或产品的偏好而出现重复访问或购买行为的程度，实体产品通常采用重复购买意向（Repurchase Intention）、交叉购买意向（Cross-buying Intention）、客户推荐意向（Customer Reference Intention）、价格忍耐力（Price Tolerance）指标进行衡量，但互联网产品（服务）则另有其自身规律，这些指标不完全适用。

互联网用户"忠诚度（Loyalty）"的衡量指标改用"**用户访问频率（Repeated Times）**"、"**最近访问间隔（Recency）**"、"**平均停留时长（Length of Visit）**"和"**平均浏览页面数（Depth of Visit）**"等4个指标（表3-3）。

为了统计分析和比较，通常需要使用 Min-Max 标准化方法，将4个指标的数据分别进行归一化后全部转换到[0,1]区间。Min-Max 标准化（离差标准化）是对原始数据使用 $X^*=(X-MinValue)/(MaxValue-MinValue)$ 转换函数进行线性变换，使结果值映射到[0,1]之间，让不同来源数据统一到共同参考系下面进行比较分析。

表 3-3 互联网用户忠诚度指标数据

	用户访问频率	最近访问间隔	平均停留时长	平均浏览页面数
用户 A：				
原始数据	3次	10天	200秒	3页
标准化数据	0.250	0	0.500	0
用户 B：				
原始数据	6次	2天	100秒	8页
标准化	1	1	0	1

	用户访问频率	最近访问间隔	平均停留时长	平均浏览页面数
用户C：				
原始数据	2次	5天	300秒	6页
标准化	0	0.625	1	0.600

最后，绘制基于多指标从多角度评价图形——雷达图（蛛网图）进行可视化展示分析，雷达图上围成的面积就是用户忠诚度的综合评分（假设4个指标的权重相等，若重要程度存在明显差异，则不能简单用面积来衡量）（图3-8）。

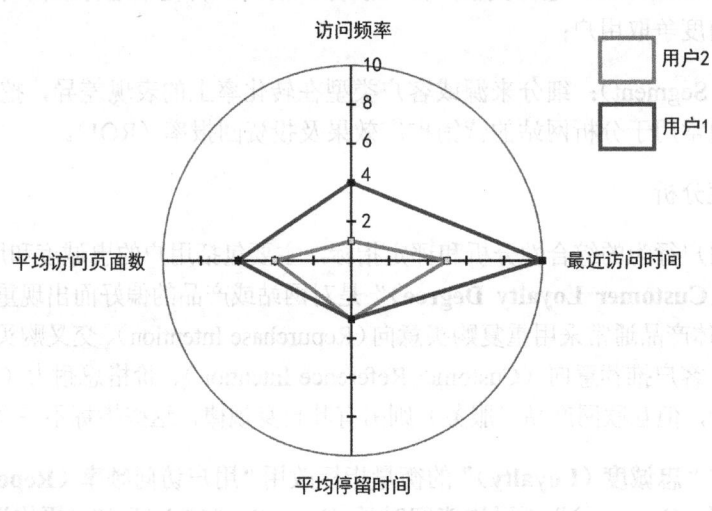

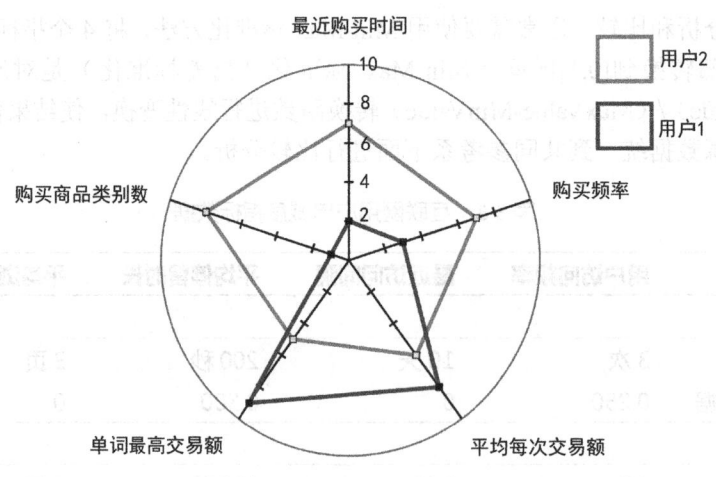

图3-8 用户忠诚度的雷达图分析

微练习：

绘制京东商城智能手机购买者的行为路径分析图（单击流）。

参考

- [美]迈克尔·所罗门, 格雷格·马歇尔, 埃尔诺拉·斯图尔特. 所罗门营销学[M]. 北京: 中国人民大学出版社, 2009.10
- 王彦平, 吴盛峰. 网站分析实战[M]. 北京: 电子工业出版社, 2013.01
- http://www.google.com/intl/zh-CN/analytics/ Google Analytics
- http://webdataanalysis.net 网站数据分析
- http://www.chinawebanalytics.cn 网站分析在中国
- http://www.itongji.cn 中国统计网-国内数据分析第一门户
- http://www.dianshui.net 点水集——从个人站长开始的互联网创业生涯
- http://www.techxue.com 互联网分析沙龙
- http://www.analyticskey.com 网站分析 AnalyticsKey
- 思维导图工具 Mindjet MindManager（http://www.mindjet.com）
- 电子表格软件 Office Excel（http://office.microsoft.com/zh-cn/）

3 单元：跟真实案例学（Follow Case）

[说明] 学习者将"1单元"中的真实任务与以下真实案例进行对比，看看真实案例中相似问题（任务）是怎样解决的（流程、方法和技巧，以及所依据的理论知识），尤其是自己在初次尝试中遇到障碍的方面。

案例

"Lotus9 在线学习社区"是基于"关联主义"+"建构主义"学习理念，采用"混合学习"教学模式+"翻转课堂"学习过程组织形式，利用开放源代码技术搭建的在线学习平台。Lotus9 提供包括在线课程学习、社交网络服务、学习者求职/用人单位招聘、校友资源管理、广告媒体等 5 大产品（服务），具有社交化、智能化、泛在化、终身化特征，能够满足学习者从学习、交友、求职、应聘等学习生活工作的全链需求。

> "Lotus9 在线学习社区"创意提出是在 2011 年,源自作者从 2005 年开始的国家精品资源(共享)课建设过程中的深切体会。那就是课程所制作的资源完全忽视学习者的需要,导致投入大量资金建成的数千门课程资源访问者寥寥,而在教育互联网化背景下,以学习者为中心的、契合未来教育教学形态变革的学习资源开发及学习平台匮乏。作者由此需求出发,想引入全新学习理论和互联网思维方式,搭建能够实现教育教学梦想的社区(平台)。
>
> 按照"Lotus9 在线学习社区"目前的开发进度,2014 年底上线测试运行。为了获得运行管理积累和前期推广宣传的需要,Lotus9 项目团队会在 2014 年中,通过租用阿里云服务器先期开通上线几个论坛(社区),包括在线教育主题论坛、108one 汽车生活导航社区、在线学习课堂等,培养运营管理团队成员。
>
> "Lotus9 在线学习社区"的目标市场分为高职院校全日制在校生(第 1 期市场营销目标群体),有职业技能培养需求的非全日制在校生(第 2 期市场营销目标群体)。在开发平台的同时,同步制作"微课"形态的精品课程学习资源,以期通过双边市场原理,激活"Lotus9 在线学习社区"的平台参与方"学习者、课程学习资源制作与教学者、用人单位"。

案例解读

1. 客户满意度调查。编制 Servqual 问卷,分两次进行用户调查,获取用户满意度数据。
2. 客户满意度分析。基于 GAP 模型,利用 SPSS 预测分析软件进行服务质量分析。
3. 客户数据库建立与维护。
4. 用户行为数据分析。Lotus9 需要分别对用户属性、行为特征、转化率与忠诚度指标进行跟踪、记录和分析,并且将这些分析功能集成在网站功能模块中,在产品开发阶段就嵌入进去(图 3-9)。

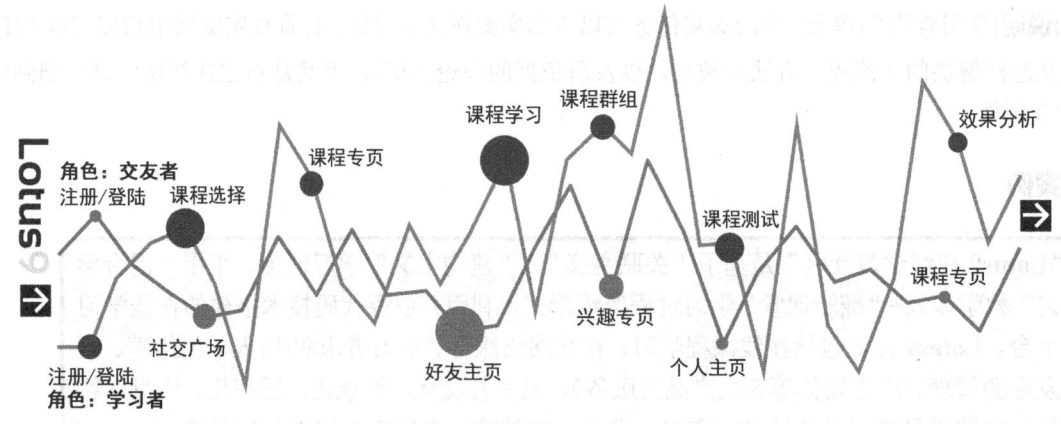

图 3-9 Lotus9 在线学习社区的点击流

5 提升关键路径上各阶段转化率。对于学习者而言，关键路径是"**注册/登录→课程超市→XXX 课程专页→课程学习→XXX 课程社区→学习评估**"；对于交友者而言，关键路径是"**注册/登录→社交广场→XXX 的个人主页（赞好、转发、评论）→自己的个人主页（分享）→记录（人脉、社交、学习、求职）**"。

通过网站数据分析工具 Google Analytics 获取每天或每周的用户行为数据，分析提升学习者或交友者访问关键路径上各阶段转化率的措施。

4 单元：完成真实任务（True Task）

[说明]学习者再次尝试完成"1单元"中的真实任务，利用下表再次进行自我评估并接受指导老师的持续评估和工作意见。之后，学习者将自己所属团队完成的任务进行展示、交流（角色情景扮演），与其他团队进行交叉评估。

评估

- 为完成这项任务，我们做了：

- 对比学习目标，我们实现了：

- 对比学习目标，我们还有未完成的有：

学习者自我评价（分值越大越优秀）	□1分 □2分 □3分 □4分 □5分
教师评价（分值越大越优秀）	□1分 □2分 □3分 □4分 □5分

测试

绘制客户满意度模型的思维导图。

比较基于单击流的用户行为分析与传统实体产品的用户行为分析。

使用网站分析工具Google Analytics分析自己创建的互联网项目,给出用户行为分析数据及其图表。

测试结果（分值越大越优秀）　□1分　□2分　□3分　□4分　□5分

拓展

● 基于转化率的数据分析

"1号店"利用对大数据的分析给顾客发送个性化EDM。若顾客曾经在"1号店"网站上查看过一个商品而没有购买，则有几种可能：缺货、价格不合适、不是想要的品牌或不是想要的商品、只是看看。若在顾客查看时该商品缺货则到货时立即通知顾客；若当时有货而顾客没有买就很有可能是因为价格引起的，则在该商品降价促销时通知顾客；同时，在引入和该商品相类似或相关联的商品时温馨告知顾客。另外，通过挖掘顾客的周期性购买习惯，在临近顾客的购买周期时适时地提醒顾客。

蘑菇街网站：图中可以看到，蘑菇街的浏览——购买路径，存在"在蘑菇街逛"和"去淘宝买"两个部分。"在蘑菇街逛"的部分，用户从各种渠道进入首页或者推广页，进入瀑布流的图墙，这是第一步转化，基本是100%都会进瀑布流。然后用户看到很多分享的商品，翻着翻着，看到自己喜欢的点进去，进入详情页面，这是第二步转化。进入详情页面，判断信息觉得确实不错，单击"购买"，跳入淘宝网，这就是第三步转化。到淘宝网之后，购买，这是第四步转化，到淘宝网后的购买转化率。

所以，整体购买转化率就是四个转化率相乘。把这些列得这么详细是为了确定在运营方向上的努力。回到本质，蘑菇街这样的商业网站，为的是解决用户"买什么"的问题，最终是希望用户能够产生购买的行为，那么，整站转化率就很重要。如果现在每天 100 万人，整体转化率是 4%，那就是 4 万单啊。于是，我们把"整体转化率"的任务分解掉，去想办法提高所有环节的转化率。

提高进入蘑菇街的用户到图墙页的转化率，需要增加内容的引导，让用户很容易点到图墙里去。要提高图墙页转化率，就必须让图墙上的商品够新，够好，够招人喜欢，还要考虑各种让瀑布流动起来的机制、推荐的机制，等等。这地方要是像论坛一样靠置顶和编辑推荐，肯定不靠谱啊。同时，要考虑给用户"意犹未尽"和"愿闻其详"的感觉，吸引用户点进去看详情。

要提高详情页到淘宝的转化率，就一定要在这个页面之前就赢得"喜欢"，姑娘们基于喜欢，再产生购买的可能性就大很多，然后让姑娘觉得在这比较放松和有社群感（比如有讨论）。然后，要把蘑菇街最想让她干的事儿做成明显的按钮，那就是"购买"。还有别忘了，这可能是单一用户访问路径上在蘑菇街的最后页面，我们不能让用户关掉，所以在页面下面接着上图墙，就是留住用户的方法。

提高到淘宝之后的下单率，就不是我们能直接控制的。所以蘑菇街必须在姑娘点"购买"按钮跳到淘宝之前，就让用户"已经想好了"，去淘宝只是去"交钱"的。虽然这个很难，但这个转化率提高至关重要。

看出蘑菇街这样的网站做的事儿了吧，就是想办法提高各种转化率。蘑菇街的运营团队每天做的事儿，就是用各种机制控制用户在图墙上看到的商品质量，让更多人点"喜欢"和看详情，然后促成在详情页"下定决心"。蘑菇街目前点到淘宝去之后的购买转化率（就是最后一步那个）平均达到 8%，个别类目更高，超过淘宝类目本身。究其原因，就是因为这里是"基于喜欢的购买"，点到淘宝商品详情页的时候，姑娘已经基本很想买了，去淘宝是"验证"自己的喜欢，而不是"挑选"。结合引导到淘宝的转化率 35%左右，综合下来，蘑菇街的整体转化率会在 3%上下。

- 转入下个**工作任务：数据分析**的学习

项目四

绩效分析与改善

- 数据分析
- 产品优化与升级

4.1 数据分析

学习目标（Learning Objectives）

素质：独立创新的理念、清晰的文字组织与表达（口头交流与写作）、使用数学或结构方式进行逻辑分析与推理、脚踏实地的态度与行动。

技能：能够设计网站运营关键绩效指标，熟练运用网站分析工具 Google Analytics 进行深度网站数据分析，帮助产品经理改进优化产品，以及解读财务报表分析运营状况，帮助产品经理改善运营绩效。

知识：关键绩效指标（Key Performance Indicator）、网站数据分析、财务报表识读。

[说明] 学习时间，预计共 24 学时（6 学时课内+18 学时课外）。另外，教学过程采用行动导向的混合学习方式来组织管理，学习过程是围绕解决问题、完成任务、学会知识、掌握技能、胜任工作这样的内在逻辑来进行的。

---

1 单元：尝试真实任务（True Task）

[说明] 学习者组成 7 人左右的工作团队，将自身置于职业岗位的工作环境，充分调动自己过去积累的经验和已经拥有的知识，也可在互联网搜索借鉴他人的经验，最好能进行现场实践，来尝试解决实际问题（任务）。

任务

> **工作任务：**
> 针对"产品运营"中已经上线运行项目，设计网站运营关键绩效指标，再运用网站分析工具 Google Analytics 进行深度网站数据分析，并解读财务报表分析运营状况。

评估

- 为完成这项任务，我们做了：

- 经过努力，我们完成了下列任务：

- 在完成任务的过程中，我们遇到了下面的障碍（问题）：

解析

- 任务解读：按照管理过程闭环思想，从计划、组织、领导，最后到控制环节，控制环节的核心理念就是绩效管理，以此来改进、优化和完善业务流程各个环节。
- 关联理论：关键绩效指标、网站数据分析、财务报表。
- 问题难点：网站数据分析，网站运营的关键绩效指标除了财务类指标与传统实体产品类似外，还会有互联网独有的涉及流量和内容效率、用户行为等方面的指标。

2 单元：相关理论知识学习（Theory Study）

[说明] 学习者可以根据自我评估以及指导老师给出的持续学习指导意见，有差异地选择自己需要学习的相关理论知识。如果在没有学习某部分理论知识前，学习者就能够完成对应的任务，则所需的支撑理论知识已经具备，可以在征询指导老师意见后越过这部分理论知识的学习。

学习引导

项目的管理是闭环的,有设想、有计划、实施,就应该有执行效果评价,就需要进行绩效分析(包括流量数据和财务数据),以此作为改进的依据和来源。

理论

● 网站数据分析

数据分析的目的虽然因网站而不同,但提高产品质量、提升用户体验是共同的,因此,可采用基于 PDCA(质量环)理念的 DMAIC 循环模型来构建网站数据分析的流程(图 4-1)。

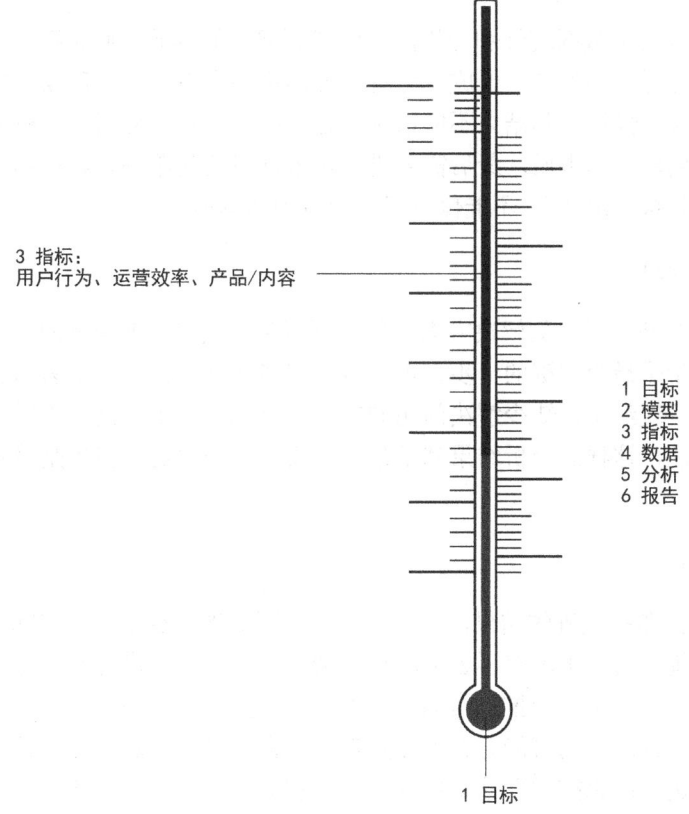

图 4-1 网站数据分析的流程

1 定义(Define)

PDCA 原意是识别和确定用户需求,定义任务的目标和意义。对于网站数据分析来说,可以表述为确定这次分析所针对的问题是什么,分析最终需要达到何种目的,对网站有何实际的意义，同时需要确定分析的范围及规划本次分析工作的进度和质量控制。

例如，通过网站访问数据分析电子商务运行现状、与竞争者的优劣势比较、所实施的策略是否有效、为投资者报告和吸引投资等。由此可以筛选出分析指标为访问流量（属性）、用户行为特征、市场占有率等，根据分析目的的不同有所差异。

2　测量（Measure）

PDCA 原意是收集数据，量化分析。对于网站数据分析来说，同样也是一个收集和获取数据的过程，尽量获得完整、真实、准确的数据，做好数据的预处理工作，便于分析工作的开展。

3　分析（Analyze）

PDCA 原意是使用数据统计和分析的方法找到问题的本质。原始数据可能不利于观察和分析，将其进行适当的整理，形成更为直观的图形和表格，便于后续分析。但分析不只是对数据的简单统计描述，其结果不应该仅仅是一张报表和趋势图，分析的本质应该是从表面的数据中找到问题的本质，最后需要进一步就针对的问题进行归纳和总结。同时需要注意的是分析要紧跟"定义"，不能偏离问题的范围和本质。

4　改进（Improve）

PDCA 原意是找到最优的解决方案，使问题得到解决或者使问题的负面影响降到最低。个人认为这一步是最为关键的一步，也是目前很多网站分析工作中易为忽视的一步，很多网站分析只是呈现结果，缺少解决问题的方案，这就相当于找到了管道的漏水点却任由其漏水而不作处理，这样的分析结果都是毫无意义的。同时这一步也是最考验网站执行力的一个步骤。

5　控制（Control）

PDCA 原意是监控改进的结果，使相同问题不再重现。这个步骤实际上容易被忽略，很多改进方案实施之后根本没有再去关注反馈情况，而有些改进方案治标不治本，就像网站的访问量无法通过一两次的推广活动得到本质上的提升，关键还在于网站所提供的产品（服务）的质量、推广活动可能让数据在短期内获得提升，但想要保持长期的增长还需要不断地优化和改进。所以控制要的是持续的反馈和监控，并不断寻找能从最根本上解决问题的最优方案。

● 关键绩效指标

关键绩效指标（Key Performance Indicator，简称 KPI）是通过对业务流程中的关键参数进行设置、取样、计算、分析，衡量流程绩效的目标式数据化管理工具。按照意大利经济学家帕雷特的"**80/20**

原则",在业务流程中存在"关键的少数"和"次要的多数"现象,必须抓住20%的关键行为,对之进行分析和衡量,这样就能抓住业绩评价的核心。

KPI是把组织战略层面的目标分解为执行层面的工作目标,因此,关键绩效指标采用日本石川馨提出的"**鱼刺图**"法设计。以"**组织战略目标**"为出发点(参照坐标),依据组织结构从上至下层层分解,或依据业务流程从头至尾分解,通常可以包括业务绩效指标和员工行为绩效指标,而互联网创业项目更关注的是业务绩效方面的指标。

1 明确目标。

2 寻找影响因素。使用头脑风暴法(集思广益),从多个维度寻找组织战略目标的影响因素(指标)。卡罗伯特·卡普兰(Robert Kaplan)和戴维·诺顿(David Norton)的"平衡计分卡"理论,提出从"**财务指标**"、"**客户服务**"、"**内部运营**"和"**学习成长**"4个维度设计绩效考核指标,可以作为网站绩效分析指标的来源。

3 因素归并。将"鱼刺图"上的因素,按照结果→策略反向逻辑分析,逐渐将目标深化细化为可识别、可操作的因素,剔除其中的不合理因素,将相同因素归纳合并。

4 分离出KPI。采用德尔菲法从众多影响因素中筛选出KPI,再基于KPI编制关键绩效指标分解表,也同时作为绩效统计分析的表格。

   设计关键绩效指标要遵循SMART原则:具体(Specific)、可度量(Measurable)、可实现(Attainable)、关联性(Relevant)、有时限(Time bound)。

微练习:
选择社交化智能学习社区Lotus9的运营目标以及网站运营的KPI。

网站分析其实是对网站流量、内容效率和用户行为等多维度指标的分析,指标是指用来统计描述网站事件(现象)和趋势的定量衡量标准,KPI是指用来帮助理解、衡量目标达成程度的关键性指标,典型的网站关键指标是:访问量、独立访问者、网页停留时间、网站停留时间、跳出率、退出率、转化率、参与度。

1. 访问量（Visits）

   访问量（Visits）：指访问者进入网站浏览了某些页面后离开的行为统计量。这个过程称为**"会话（Session）"**，就是指用户从进入网站到浏览器关闭所经过的这段时间，也可以理解为用户浏览这个网站所花费的时间。

   访问量好比顾客来到咖啡店然后离开。统计访问次数时，顾客做了什么并不重要，无论只是进来休息还是来喝咖啡，甚至只是来上个厕所，这位顾客都迈进了咖啡店，因此给带来了一次访问量。网站访问量的高低反映了网站对用户的吸引程度，就像一个咖啡店来的人越多，说明咖啡店越受欢迎一样。

2. 独立访问者

   独立访问者（Unique Visitor）：是基于访问者身份（IP 地址或 Cookie）的页面（或者网站）被访问的总次数，也就是进入这个页面（或者网站）的不同 IP 或者 Cookie 的个数。

   同一个用户可能在规定时间段内（一天/一周/一个月，根据需求而定）为网站带来多次访问，但独立访问者只记为 1。

   就好比 1 天之内，有位顾客进入咖啡店 3 次，第一次喝了一杯咖啡，第二次上了个厕所，第三次进去看了一会儿书，那么这位顾客为咖啡店带来了 3 次访问量，而独立访问者仅仅 1 次（顾客是 1 个）。如果第二次这位顾客带朋友进去了，那么访问量和独立访问者都会相应增加 1。

   独立访问者这个指标很接近但并不完全是真实独立的人。同一个人可以使用不同的 IP 在一天之内访问一个网站多次，因此，这个指标虽然可以很好地反映到达网站的真实访问者数量，但并不等同于现实当中的人的数量。

3. 网页停留时间或网站停留时间

   网站停留时间（Time on Site）：是所有访问的总持续时间除以访问次数后所得到的数值，通常是采用网站平均停留时间（Average Time on Site）来计算的，与此类似的度量指标是**网页停留时间（Time on Page）**。

   假设画展相当于网站，画展分成 A、B、C 区，每个分区可理解为网站的不同页面。参观者参观 3 个区的各自时间相当于访问不同网页的单项时间，即网页停留时间，参观整个画展的时间即为网站停留时间。

   类似作用的指标还有"**网页单击热图（Heat Map）**"，清晰地反映出网页中哪些内容获得了最多的浏览量，这可以指导网站开发、运营者改进和优化页面内容。

4　跳出率

跳出率（Bounce Rate）：从某个页面进入网站并直接离开的访问称为跳出，而跳出率即为从某个页面直接跳出网站的访问数/从这个页面进入网站的访问数，也就是访问网站时只浏览了一个网页便退出的访问者（单页访问）所占的比例。

跳出率就好比顾客来到咖啡店看了一下，没有自己喜欢的咖啡然后走掉的，这部分人与所有来咖啡店的人的比例。

通常用于评估网站的用户体验，可以用于指导网站以及页面的改善。跳出率越高就说明该网站对访问者的吸引力越低，当跳出率达到一定的程度时，就说明网站需要做些优化或者页面更新了。

5　退出率

退出率（Exit Rate）：当访问者从访问路径上的最后页面退出浏览，这个页面就是退出页面，而退出率就是从这个页面退出的次数与浏览过这个页面的综合访问量（也有访问者浏览过这个页面后还继续浏览网站的其他页面）的比例。

综合访问量在不同的分析工具中使用的数据可能有不同，有使用 **Unique Visitor**（独立访问者），也有使用 **Page View**（页面浏览次数）。跳出率只能衡量着陆页面（Landing Page）的访问，退出率则是针对全部的访问页面而不限于着陆页面（Landing Page），任何页面都有退出率（图4-2）。

6　转化率

转化率（Conversion Rate）：是在统计周期内，完成相应操作（即转化行为）的访问量占总访问量的比率，即转化率=转化次数/单击量，意在衡量网站对访问者的吸引程度以及网站的推广营销效果。

根据关注的转化行为不同，转化率有多个具体算法，就好比一个咖啡店可以卖咖啡、甜品、杯子等，咖啡的转化率即为买咖啡的人/总顾客数，甜品、杯子也具有相应的转化率。

例如，10位访问者浏览过搜索引擎上的商业推广信息，其中5位访问者单击了商业推广信息链接并被跳转到目标URL，之后，其中2位访问者产生了后续转化行为。那么，这条商业推广信息的单击转化率就是（2/5）×100%=40%。

7　参与度

就像顾客在咖啡店里停留的时间越长、消费得越多说明顾客对咖啡店的参与度越高，**参与度（Engagement）**是访问者对网站兴趣高低的重要衡量标准。参与度可以通过网站停留时间、注册率、访客订阅RSS、评论、下载、转发等多个具体指标进行衡量。

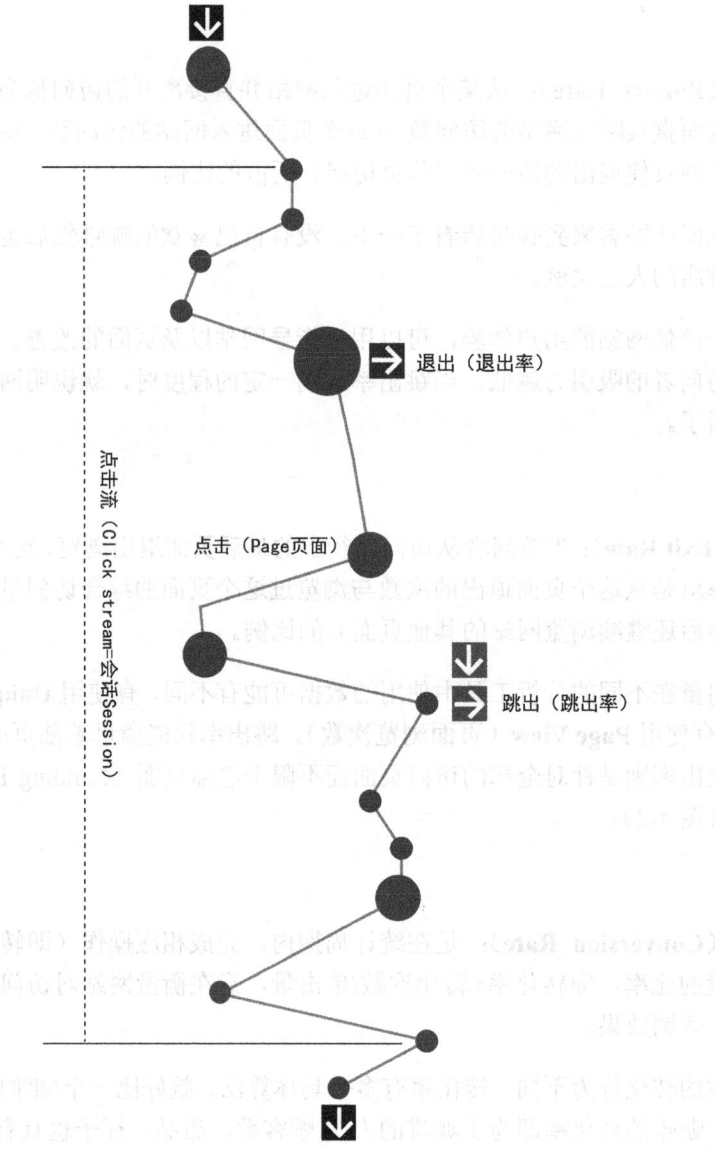

图 4-2 退出率的理解

当然，根据网站类型的不同，侧重的指标参数也不同。对于内容网站（信息型），侧重于网站的访问深度；对于电子商务网站（交易型），则更侧重于转化率。

● 财务数据分析

财务数据是项目运行效果的最直观体现，能够为产品设计与开发、运营与管理提供充分的指导，财务数据分析主要是通过财务报表进行分析，具体方法主要有比率分析、趋势分析、共同比报表分析 3 种。

比率分析：是对计算财务报表中重要或有内在联系的指标间所形成的比率进行分析。趋势分析（水平分析）：是将某特定企业连续若干会计年度的报表资料在不同年度间进行横向对比，确定不同年度间的差异额或差异率，以分析各报表项目的变动情况及变动趋势。共同比报表分析：只对当期损益表或资产负债表做纵向分析而不横跨几年进行分析。

1. 阅读资产负债表

   通过分析资产负债表，可以了解企业的财务状况，对企业的偿债能力、资本结构是否合理、流动资金是否充足做出判断。

2. 阅读利润表

   通过分析利润表，可以了解分析企业的盈利能力、盈利状况、经营效率，对企业在行业中的竞争地位、持续发展能力做出判断。

3. 阅读现金流量表

   通过分析现金流量表，了解企业营运资金管理能力，判断企业合理运用资金的能力以及支持日常周转的资金来源是否充分并且有可持续性。

4. 分析偿债能力

   偿债能力分析包括短期偿债能力的分析和在期偿债能力的分析两个方面。短期偿债能力，就是企业以流动资产偿还流动负债的能力。长期偿债能力，指企业偿还长期负债（包括长期借款、应付长期债券等）的能力。

5. 分析盈利能力

   盈利能力是指企业获取利润的能力，通常从企业盈利能力一般分析和股份公司税后利润分析两方面来研究。反映企业盈利能力的指标，主要有销售利润率、成本费用利润率、资产总额利润率、资本金利润率、股东权益利润率。股份公司税后利润分析主要有每股利润、每股股利和市盈率等指标。

6. 分析营运能力

   营运能力是指通过企业经营资金周转速度的有关指标所反映出来的企业资金利用的效率，表明企业经营管理、运用资金的能力。企业生产经营资金周转的速度越快，表明企业资金利用的效果越好、效率越高。营运能力分析包括流动资产周转情况分析、固定资产周转情况分析和总资产周转情况分析。

7 分析综合能力

用偿债能力、盈利能力、营运能力 3 个方面的比率来衡量风险和收益的关系。偿债能力：反映企业偿还到期债务的能力；营运能力：反映企业利用资金的效率；盈利能力：反映企业获取利润的能力。

表 4-1 主要被使用的财务指标

序	指标	计算公式（100%）	判定规则	适用
01	销售利润率	利润总额/产品销售净收入	越高越好	盈利能力
02	总资产利润率	净利润/资产平均总额	越高越好	盈利能力
03	资本金利润率	净利润/资本金总额	越高越好	盈利能力
04	权益利润率	净利润/所有者权益平均值	越高越好	盈利能力
05	每股利润	(税后利润-优先股股利)/流通股数	越高越好	盈利能力
06	市盈率	普通股每股市场价格/每股利润	越高越好	盈利能力
07	应收账款周转率	赊销收入净额/应收账款平均余额	越快越好	营运能力
08	存货周转率	产品销售成本/存货平均余额	越快越好	营运能力
09	流动资产周转率	销售收入净额/流动资产平均余额	越快越好	营运能力
10	总资产周转率	销售收入净额/资产总额	越快越好	营运能力
11	流动比率	流动资产/流动负债	越高越好	偿债能力
12	速动比率	速动资产/流动负债	越高越好	偿债能力
13	现金比率	(现金＋有价证券)/流动负债	越高越好	偿债能力
14	资产负债率	负债平均总额/资产平均总额	越低风险越大	偿债能力
15	股东权益比率	所有者权益/资产总额	越高越好	偿债能力
16	已获利息倍数	息税前利润/利息费用	越高越好	偿债能力
17	权益利润率	总资产利润率*权益总资产率	越高越好	综合能力
18	总资产利润率	销售利润率*总资产周转率	越高越好	综合能力
19	权益总资产率	资产平均总额/所有者权益平均值	越高风险越大	综合能力

对偿债能力、营运能力、盈利能力的分析，可以对某个方面的财务活动做出评价，但是，各种财务活动、各项财务指标是相互联系、相互影响的，必须结合起来加以研究，主要采用杜邦分析法与财务比率结合评价法。

杜邦分析法（The Du Pont Analysis Method）就是利用各个主要财务比率指标之间的内在联系，以综合性最强的财权益利润率作为核心，把各种财务指标间的关系绘制成杜邦分析图进行分析。财务比率结合评价法将各种财务比率加权计算出一个综合指数，利用综合指数获得财务整体的综合认识。

参考

- 王彦平，吴盛峰. 网站分析实战[M]. 北京：电子工业出版社，2013.01
- [美]Avinash Kaushik. 精通 Web Analytics 2.0：用户中心科学与在线统计艺术[M]. 北京：清华大学出版社，2011.05
- 张文彬、钟云飞. IBM SPSS 数据分析与挖掘实战案例精粹[M]. 北京：清华大学出版社，2013.02
- [美]戴维·马歇尔，韦恩·麦克马纳斯，丹尼尔·维勒. 会计学：数字意味着什么[M]. 北京：人民邮电出版社，2005.05
- http://blog.digitalforest.cn 数码林的网站分析博客
- http://webdataanalysis.net 网站数据分析
- http://www.chinawebanalytics.cn 网站分析在中国
- http://www.itisbi.net 数据科学-数据极客
- http://www.wasns.com/portal.php 网站分析社区
- http://www.imeigu.com i 美股
- http://www.youshang.com 金蝶友商网_在线会计应用平台
- http://www.alexa.com Alexa 网站排名查询
- http://www.chinarank.org.cn 中国网站排名
- http://www.google.com/intl/zh-CN/analytics/ Google Analytics
- http://www.google.com.hk/intl/zh-CN/webmasters/ 网站站长 - Google
- http://tongji.baidu.com/web/welcome/login 百度统计
- http://www.cnzz.com 全球最大的中文网站统计分析平台 CNZZ
- http://zhanzhang.baidu.com 百度站长平台
- 预测分析软件 SPSS（http://www-01.ibm.com/software/cn/analytics/spss/）
- 电子表格软件 Office Excel（http://office.microsoft.com/zh-cn/）

3 单元：跟真实案例学（Follow Case）

[说明]学习者将"1单元"中的真实任务与以下真实案例进行对比，看看真实案例中相似问题（任务）是怎样解决的（流程、方法和技巧，以及所依据的理论知识），尤其是自己在初次尝试中遇到障碍的方面。

案例

> "Lotus9 在线学习社区"是基于"关联主义"+"建构主义"学习理念,采用"混合学习"教学模式+"翻转课堂"学习过程组织形式,利用开放源代码技术搭建的在线学习平台。Lotus9 提供包括在线课程学习、社交网络服务、学习者求职/用人单位招聘、校友资源管理、广告媒体等 5 大产品(服务),具有社交化、智能化、泛在化、终身化特征,能够满足学习者从学习、交友、求职、应聘等学习生活工作的全链需求。
>
> 截至 2014 年 8 月本教材出版时,"Lotus9 在线学习社区"还没有正式投入运营,要剖析项目的运营绩效环节还缺乏数据,就选择了比较成功的商业化在线教育平台"YY 教育"(http://edu.yy.com),作为上市公司能够提取到比较详尽的数据。
>
> "YY 教育"是基于广东欢聚时代的团队语音工具 YY 而研发的专业的互动网络教学平台,以新型、丰富的展现形式,实现了线上即时互动课堂,提供清晰流畅的高音质语音视频服务,可使学员打破时空和地域的限制,想学就学。YY 教育平台聚集了 500 家国内外知名的教学机构和 2 万名讲师,已举行超过 50000 堂网络公开课,每月活跃用户量超过 600 万。
>
> "YY 教育"的自我定位是为学员提供便捷的学习途径,为讲师提供多元的教学工具,为培训机构提供实时的教学平台,为广大学习爱好者提供网络互动学习分享社区和全方位的专业教育服务。2014 年,"YY 教育"推出独立教育品牌"100 教育",并推出永久免费托福雅思强化班课程。
>
> 在"Lotus9 在线学习社区"正式运行后,作者将提供其运行数据进行分析,以期更完整学习一个项目的策划与实施全过程。

案例解读

1 选择绩效指标

    流量数据

      流量

        内容

        行为

    财务数据

      收益

成本

2 收集指标对应的数据

数据来源于欢聚时代投资关系网 http://investors.yy.com 中的财务报表，根据需要进行整理（表 4-2～表 4-7）。

表 4-2 欢聚时代 2010Q3-2013Q2 互联网增值服务净运营收入（千元）

季度	在线游戏	YY 音乐	其他	在线广告	净运营收入
2010Q3	26,127	-	366	11,709	38,202
2010Q4	27,149	-	396	15,240	42,785
2011Q1	34,479	40	686	12,152	47,357
2011Q2	37,200	9,605	1,283	23,315	71,403
2011Q3	41,689	17,794	3,041	25,437	87,961
2011Q4	52,565	25,415	8,579	26,375	112,934
2012Q1	68,806	33,763	13,427	20,667	136,663
2012Q2	81,592	58,958	17,534	29,703	187,787
2012Q3	83,841	87,580	23,864	33,470	228,755
2012Q4	98,048	106,145	28,830	33,803	266,826
2013Q1	132,310	116,801	33,669	32,181	314,961
2013Q2	152,445	170,588	43,702	42,309	409,044

表 4-3 欢聚时代 2010Q3-2013Q2 互联网增值服务收入结构

季度	在线游戏	YY 音乐	其他	在线广告	备注
2010Q3	68.39%		0.96%	30.65%	
2010Q4	63.45%		0.93%	35.62%	
2011Q1	72.81%	0.08%	1.45%	25.66%	
2011Q2	52.10%	13.45%	1.80%	32.65%	
2011Q3	47.39%	20.23%	3.46%	28.92%	
2011Q4	46.54%	22.50%	7.60%	23.35%	
2012Q1	50.35%	24.71%	9.82%	15.12%	
2012Q2	43.45%	31.40%	9.34%	15.82%	
2012Q3	36.65%	38.29%	10.43%	14.63%	
2012Q4	36.75%	39.78%	10.80%	12.67%	
2013Q1	42.01%	37.08%	10.69%	10.22%	
2013Q2	37.27%	41.70%	10.68%	10.34%	

表 4-4　欢聚时代 2010Q3-2013Q2 互联网增值服务收入同比增长

季度	在线游戏	YY 音乐	其他	在线广告	备注
2010Q3					
2010Q4	3.91%		8.20%	30.16%	
2011Q1	27.00%		73.23%	-20.26%	
2011Q2	7.89%	23912.50%	87.03%	91.86%	
2011Q3	12.07%	85.26%	137.02%	9.10%	
2011Q4	26.09%	42.83%	182.11%	3.69%	
2012Q1	30.90%	32.85%	56.51%	-21.64%	
2012Q2	18.58%	74.62%	30.59%	43.72%	
2012Q3	2.76%	48.55%	36.10%	12.68%	
2012Q4	16.95%	21.20%	20.81%	0.99%	
2013Q1	34.94%	10.04%	16.78%	-4.80%	
2013Q2	15.22%	46.05%	29.80%	31.47%	

表 4-5　欢聚时代 2010Q3-2013Q2 互联网增值服务收入环比增长

季度	在线游戏	YY 音乐	其他	在线广告	备注
2010Q3					
2010Q4					
2011Q1					
2011Q2					
2011Q3	59.56%		730.87%	117.24%	
2011Q4	93.62%		2066.41%	73.06%	
2012Q1	99.56%	84307.50%	1857.29%	70.07%	
2012Q2	119.33%	513.83%	1266.64%	27.40%	
2012Q3	101.11%	392.19%	684.74%	31.58%	
2012Q4	86.53%	317.65%	236.05%	28.16%	
2013Q1	92.29%	245.94%	150.76%	55.71%	
2013Q2	86.84%	189.34%	149.24%	42.44%	

表 4-6 欢聚时代 2010Q3-2013Q2 互联网增值服务运营费用及运营利润（千元）

季度	研究及开发费用	销售及市场推广开支	一般及行政支出	总运营费用	运营利润
2010Q3	-13,932	-3,452	-51,307	-68,691	-60,462
2010Q4	-18,123	-2,996	-79,473	-100,592	-97,728
2011Q1	-21,172	-3,722	-28,210	-53,104	-42,984
2011Q2	-22,043	-4,195	-30,955	-57,193	-26,902
2011Q3	-30,894	-2,705	-29,610	-63,209	-23,602
2011Q4	-32,695	-2,759	-29,466	-64,920	-6,000
2012Q1	-36,719	-2,046	-25,330	-64,095	4,256
2012Q2	-41,090	-2,816	-24,840	-68,746	23,886
2012Q3	-44,794	-6,131	-25,876	-76,801	39,531
2012Q4	-54,122	-5,961	-33,741	-93,824	35,224
2013Q1	-54,119	-5,516	-45,651	-105,286	64,488
2013Q2	-70,599	-7,726	-59,043	-137,368	82,569

表 4-7 欢聚时代 2010Q3-2013Q2 互联网增值服务运营费用及运营利润变化

季度	运营费用（环比变化）	运营费用（同比变化）	运营利润（环比变化）	运营利润（同比变化）	运营利润率
2010Q3					
2010Q4					-158.27%
2011Q1	46.44%		61.64%		-228.42%
2011Q2	-47.21%		-56.02%		-90.77%
2011Q3	7.70%		-37.41%		-37.68%
2011Q4	10.52%	-7.98%	-12.27%	-60.96%	-26.83%
2012Q1	2.71%	-35.46%	-74.58%	-93.86%	-5.31%
2012Q2	-1.27%	20.70%	-170.93%	-109.90%	3.11%
2012Q3	7.26%	20.20%	461.23%	-188.79%	12.72%
2012Q4	11.72%	21.50%	65.50%	-267.49%	17.28%
2013Q1	22.17%	44.52%	-10.90%	-687.07%	13.20%
2013Q2	12.22%	64.27%	83.08%	1415.23%	20.47%

3 数据可视化

对上面整理的数据进行图表可视化处理，用 Excel 2013 这样的办公自动化工具来做这件事情效率高，用 Adobe Illustrator 这样的专业图形插画工具做这件事情更美观（关于欢聚时代财务数据的分析图就是使用 Adobe Illustrator 制作的，见图 4-3、图 4-4、图 4-5）。

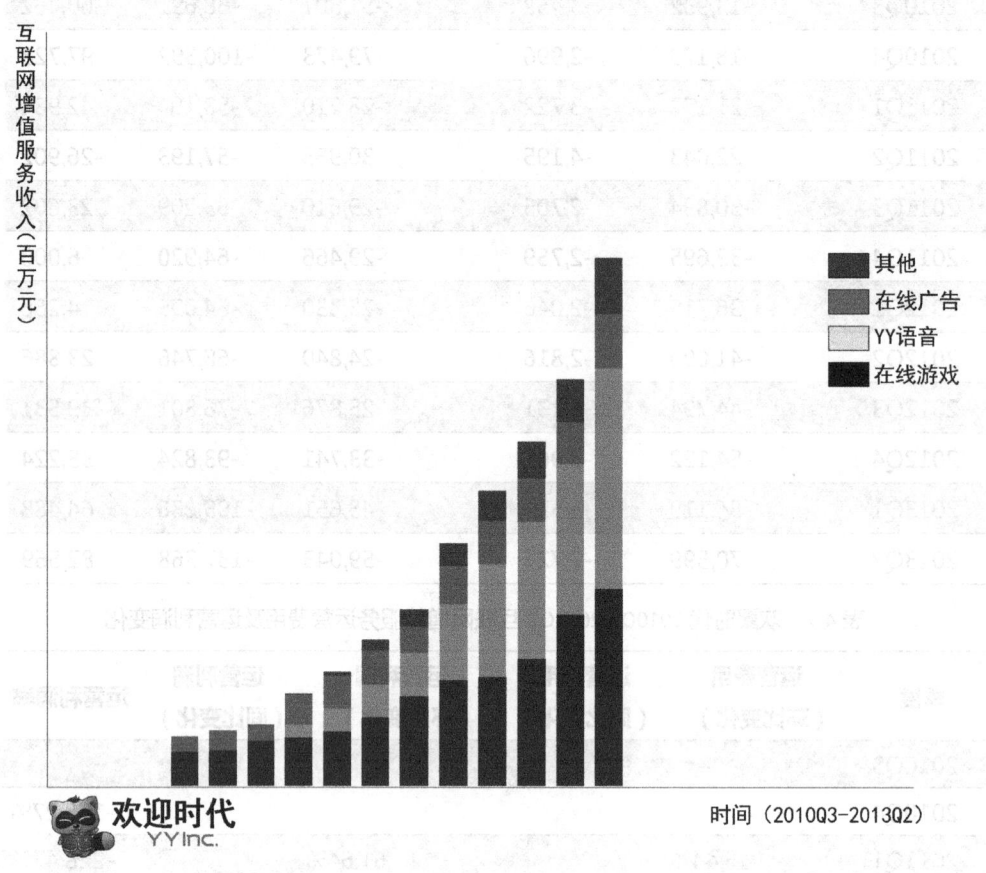

图 4-3　YY 教育的运营数据 1

（1）安装、运行 Office 2013，在 http://office.microsoft.com/zh-cn/下载 Office 2013 试用版并安装。在 Windows 桌面单击"开始"→"所有程序"→"**Microsoft Office 2013**"→"**Excel 2013**"，启动 Excel 2013 程序，单击"空白工作簿"图标创建 Excel 工作簿。

（2）录入数据，进入欢聚时代的投资关系网（http://investors.yy.com），从"**Financial Information**（财务信息）"→"**Annual Reports**（年度报告）/**Quarterly Results**（季度业绩）"页面下载最新的财务数据，将需要的财务数据录入 Excel 2013 工作簿。

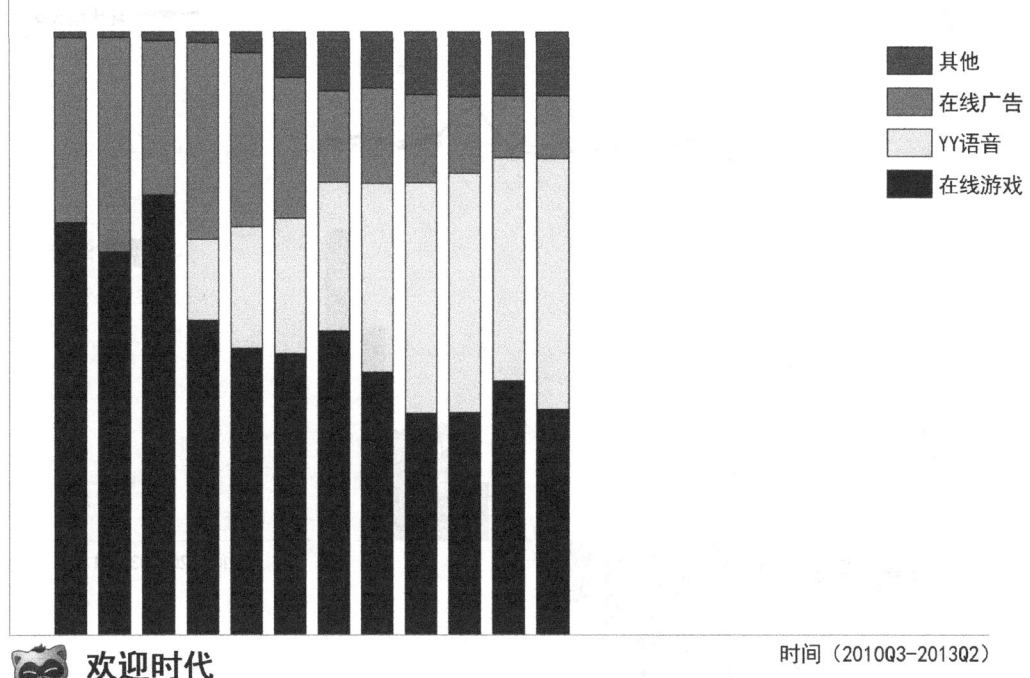

图 4-4　YY 教育的运营数据 2

(3) 绘制图表,在 Excel 2013 工作簿中,拖动鼠标选中 2010Q3-2013Q3 范围内的互联网增值服务收入数据(包括标题),然后从 Excel 2013 菜单栏单击"插入"→"图表"→"柱形图"→"堆积柱形图"命令,Excel 2013 将根据选中数据自动生成新柱形图,调整柱形图大小、位置和元素颜色为所需。以此类推生成所有需要的图表。

(4) 保存,单击 Excel 2013 左上角标题栏上的"保存"图标,保存所编辑的工作簿,单击"文件"→"关闭"命令,退出所编辑的 Excel 2013 文档。

4　数据分析

以 2013 年第二季度为例,欢聚时代净运营收入 4.090 亿元人民币(约合 6660 万美元),比 2012 年同期增长 132.0%;净利润 9280 万元人民币(约合 1510 万美元),同比增长 436.7%。

YY 音乐已取代网络游戏和在线广告成为欢聚时代第一大收入来源，占比高达 41%；在线游戏为第二大收入来源，占比为 37%；网络广告运营收入仅占 10%。YY 教育尚处于培育阶段，运营收入与投入成本还未达到平衡。

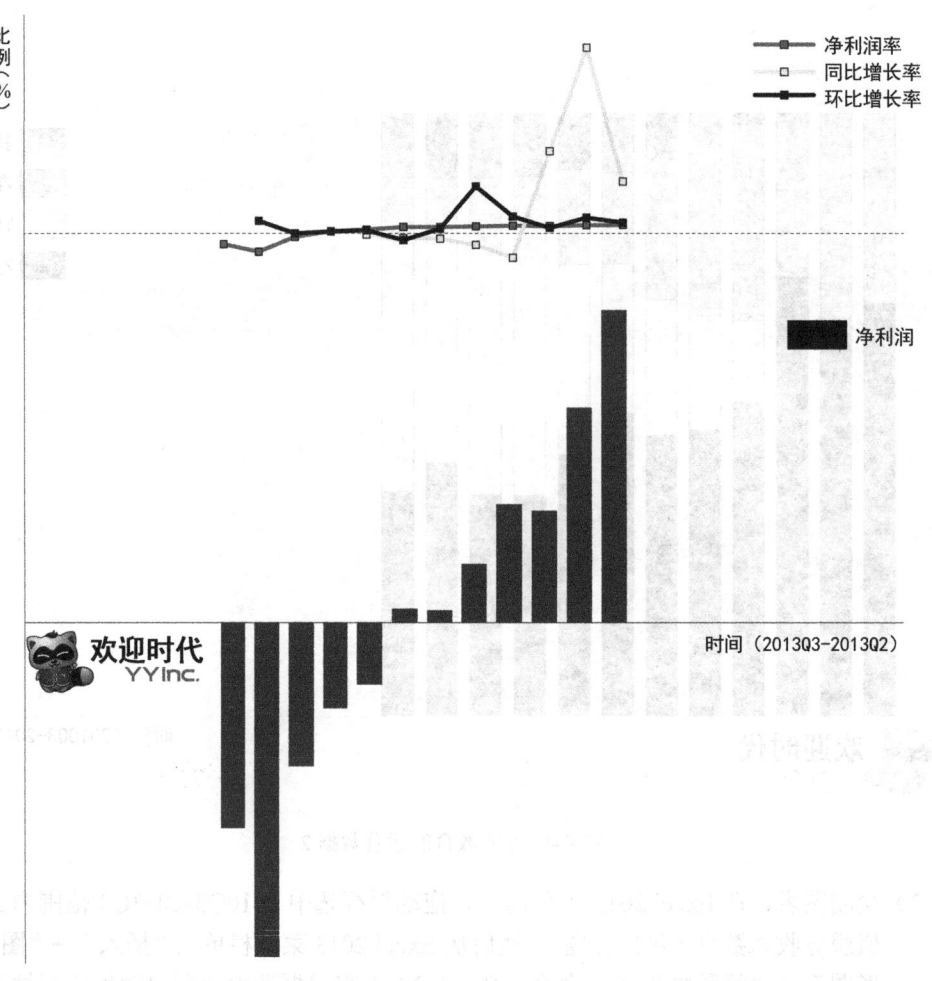

图 4-5　YY 教育的运营数据 3

5　改进与完善

自 2012 年美国、2013 年中国兴起的大规模开放在线课程以来，包括知名高校、社会培训机构、互联网企业纷纷涉足其中，YY 教育因其互联网基因、语音核心技术、先发优势、股票上市得到资本支持，强化其社交功能、吸引优质教育资源的高校加盟，可以打造成欢聚时代未来的核心资产。

4 单元：完成真实任务（True Task）

[说明] 学习者再次尝试完成"1单元"中的真实任务，利用下表再次进行自我评估并接受指导老师的持续评估和工作意见。之后，学习者将自己所属团队完成的任务进行展示、交流（角色情景扮演），与其他团队进行交叉评估。

评估

- 为完成这项任务，我们做了：

- 对比学习目标，我们实现了：

- 对比学习目标，我们还有未完成的有：

学习者自我评价（分值越大越优秀）	□1分	□2分	□3分	□4分	□5分
教师评价（分值越大越优秀）	□1分	□2分	□3分	□4分	□5分

测试

互联网项目的财务数据分析指标主要有哪些？

下载蓝港在线手机游戏《王者之剑》试用，然后设计能够反映其运营绩效的数据分析指标。

移动智能终端的用户行为数据如何追踪？

测试结果（分值越大越优秀）　　□1分　□2分　□3分　□4分　□5分

拓展

没有网站也能玩转 Google Analytics

随着 Google Analytics 的逐渐成熟，越来越多的新功能都有点让网站分析师们目不暇接。如何灵活应用这些新功能，是把它们只当作 Google Analytics 里漂亮的摆设，还是把它们变成你手中的利器？很多网站分析师揣着满腔的热情，却苦于没有网站或又不能为了测验几个新功能就随便更改客户的网站代码。这篇短文就向大家介绍一种没有网站也可以玩转 Google Analytics 的方法：

1　下载 Apache 安装文件

登录官方网站 http://httpd.apache.org/download.cgi，单击页面"**Stable Release- Latest Version:**"→"**2.4.7**"链接（2013.11.25 发布的最新版本，具体版本根据下载时的信息而定），下载 Apache 安装包。

2 安装 Apache

双击下载来的.msi 安装文件，安装过程全部按照默认选项即可，一直单击"**Next**"按钮，最后单击"**Finish**"按钮结束安装。

3 配置 Host 文件

复制 Windows 的 Host 文件（位于 C:\WINDOWS\system32\drivers\etc\文件夹内）到桌面，用写字板编辑 Host 文件，添加以下信息到 Host 文件（也就是测试用的 3 个网站），将修改后的 Host 文件覆盖原 Host 文件。

127.0.0.1www.yourdomain.com

127.0.0.1www.from.com

127.0.0.1www.to.com

4 配置虚拟主机

下载并解压测试网站源文件（http://blog.digitalforest.cn/wp-content/uploads/2012/06/testga/testHTML.zip）到 Apache 文件夹 C:\ProgramFiles\ApacheSoftwareFoundation\Apache2.4\ htdocs 中（注意把网页源代码中的 UA-********-1 替换成自己申请的 GoogleAnalytics 账号，测试网页将用于下面的 Google Analytics 跨域跟踪测试）。

用写字板编辑 Apache 配置文件 httpd.conf（位于 C:\Program Files\Apache Software Foundation\Apache2.4\conf 文件夹内），搜索以下内容并修改：

Virtual hosts

Include conf/extra/httpd-vhosts.conf（修改后 Include conf/extra/httpd-vhosts.conf）

用写字板编辑 Apache 配置文件 httpd-vhosts.conf（位于 C:\Program Files\ Apache Software Foundation\Apache2.4\conf\extra 文件夹内），添加以下内容：

<VirtualHost *:80>

DocumentRoot "C:/Program Files/Apache Software Foundation/Apache2.4/htdocs/from"

ServerNamewww.from.com

ErrorLog "logs/www.from.com-error.log"

CustomLog "logs/www.from.com-access.log" common

</VirtualHost>

```
<VirtualHost *:80>

DocumentRoot "C:/Program Files/Apache Software Foundation/Apache2.4/htdocs/to"

ServerName www.to.com

ErrorLog "logs/www.to.com-error.log"

CustomLog "logs/www.to.com-access.log" common

</VirtualHost>

<VirtualHost *:80>

DocumentRoot "C:/Program Files/Apache Software Foundation/Apache2.4/htdocs/yourdomain"

ServerName www.yourdomain.com

ErrorLog "logs/www.yourdomain.com-error.log"

CustomLog "logs/www.yourdomain.com-access.log" common

</VirtualHost>
```

5 重新启动 Apache

单击 Windows 任务栏"**Apache Service Monitor**"图标（如果没有，可在 Windows 桌面单击"开始"→"所有程序"→"Apache HTTP Server2.4"→"**Apache Service Monitor**"命令，在弹出的对话框中单击"**Restart**"按钮重新启动 Apache）。

6 访问测试网页，进入 Google Analytics 确认跨域跟踪数据

在浏览器中访问 www.yourdomain.com，单击页面上的链接"**Multi-domain test**"，继续单击页面上的链接"**Link To Site www.to.com**"，再单击页面上的链接"**Link To Site www.from.com**"。

然后，登录 http://www.google.com/intl/zh-CN/analytics/，在 GoogleAnalytics 账号的实时访问报告中可以发现数据已经发送成功。

（资料来源：dlnutcs.没有网站也能玩转 Google Analytics [EB/OL].
http://blog.digitalforest.cn/test-google-analytics，2012.10.27）

- 转入下个**工作任务：产品优化与升级**的学习

4.2 产品优化与升级

学习目标（Learning Objectives）

素质：独立创新的理念、清晰的文字组织与表达（口头交流与写作）、使用数学或结构方式进行逻辑分析与推理、脚踏实地的态度与行动。

技能：能够制定网站维护升级的版本控制与管理规则，协助技术开发人员提升用户体验，完成网站的搜索引擎优化。

知识：版本控制与管理、用户体验、搜索引擎优化（Search Engine Optimization）、应用程序（Application software）。

[说明] 学习时间，预计共 24 学时（6 学时课内+18 学时课外）。另外，教学过程采用行动导向的混合学习方式来组织管理，学习过程是围绕解决问题、完成任务、学会知识、掌握技能、胜任工作这样的内在逻辑来进行的。

1 单元：尝试真实任务（True Task）

[说明] 学习者组成 7 人左右的工作团队，将自身置于职业岗位的工作环境，充分调动自己过去积累的经验和已经拥有的知识，也可在互联网搜索借鉴他人的经验，最好能进行现场实践，来尝试解决实际问题（任务）。

任务

> **工作任务：**
> 根据"**产品运营**"中已经上线运行项目的情况，制定并实施项目网站系统版本维护、升级、更新的策略，Google、百度、Bing 搜索引擎优化策略，用户体验优化设计方案（着重在功能、界面、速度和安全性方面），规划移动智能终端应用程序 APP 开发方案。

评估

- 为完成这项任务，我们做了：

- 经过努力，我们完成了下列任务：

- 在完成任务的过程中，我们遇到了下面的障碍（问题）：

解析

- 任务解读：完善已经运营的产品（服务），强化搜索引擎的流量导入能力。
- 关联理论：版本控制与管理、用户体验、搜索引擎优化。
- 问题难点：搜索引擎优化，需要极度熟悉 Google、百度、Bing 等主流搜索引擎的搜索结果排序机制（原理）。

2 单元：相关理论知识学习（Theory Study）

[说明]学习者可以根据自我评估以及指导老师给出的持续学习指导意见，有差异地选择自己需要学习的相关理论知识。如果在没有学习某部分理论知识前，学习者就能够完成对应的任务，则所需的支撑理论知识已经具备，可以在征询指导老师意见后越过这部分理论知识的学习。

学习引导

在网站运行绩效数据分析基础上，结合搜索引擎优化理念，制定产品的改进和升级方案，形成产品可持续发展的良性循环。

理论

● 用户体验

用户体验（User Experience，简称 UX 或 UE）有两重理解。从狭义上来说，"**用户体验**"是指产品前端呈现部分，涉及到用户使用产品过程中的需求、认知、操作、系统反馈、呈现部分的内容；而广义上，"**用户体验**"是指产品在满足用户实现需求的完整过程中，影响用户的行为与感受的所有方面的内容。

用户体验研究方法已经发展了很多（见图 4-6）。Robert Rubinoff 在 2004 年提出了用户体验评价/度量模型，将用户体验分为 4 个要素：品牌（Branding）、可用性（Usability）、功能（Functionality）和内容（Content），并整合运用这 4 个要素来对产品的用户体验设计进行评价。当我们对产品的这 4 个方面评价并且加权计算后，就得出了产品的用户体验整体水平以及改进方向（表 4-8）。

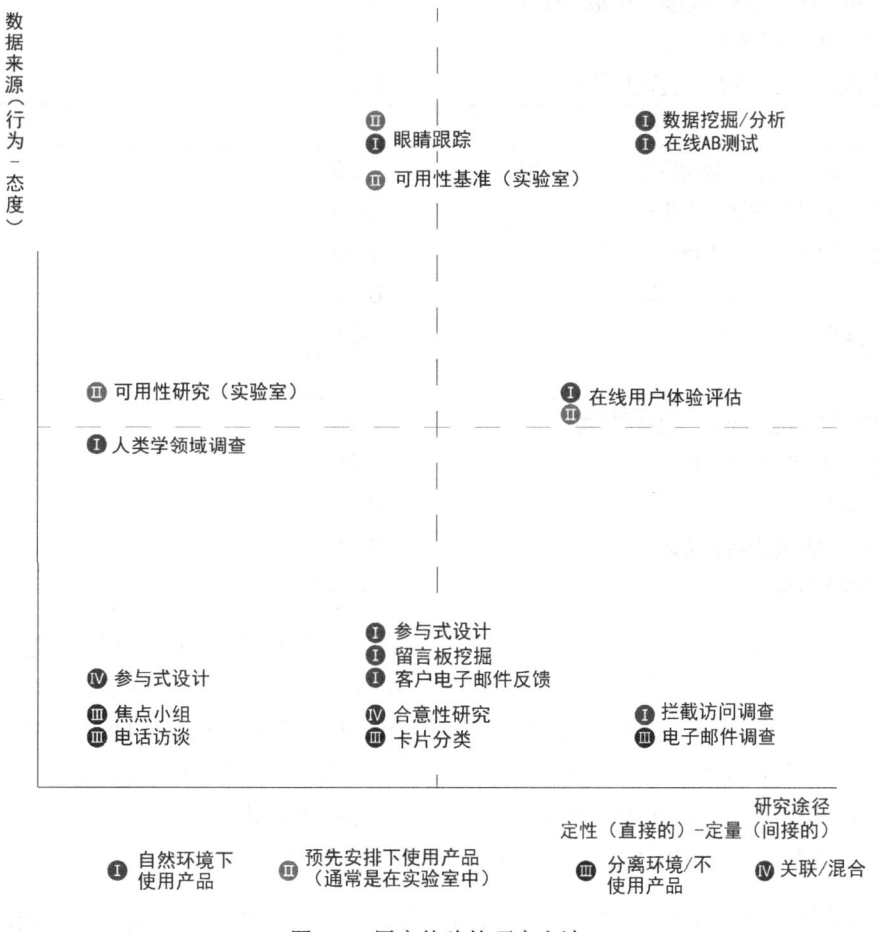

图 4-6　用户体验的研究方法

表 4-8 用户体验评价/度量表

评价参数	取值范围	得分
品牌		
网站提供给访客有吸引力的和难忘的体验	0-20	
网站的视觉效果与品牌特征保持一致	0-20	
图像、附加内容和多媒体对于体验的增值	0-20	
网站传达出品牌的感知预示	0-20	
网站利用了媒体的能力来增强和扩展品牌	0-20	
功能		
用户及时获得对他们查询和提交信息的响应	0-20	
任务进程的清晰告知（比如，成功页面或邮件更新提示）	0-20	
网站和应用严格遵守通用的安全和隐私标准	0-20	
在线功能与离线业务流程结合	0-20	
网站包含管理员工具来加强管理员的效率	0-20	
可用性		
网站防止错误发生，并帮用户从错误中恢复	0-20	
整体网页侧重针对主要受众优化	0-20	
网站帮助访问者达成一般目标和任务	0-20	
网站遵循它自己的一致性和标准	0-20	
网站为残疾用户提供内容	0-20	
内容		
链接密度有足够的清晰度，且容易导航	0-20	
内容组织方便用户达到目标	0-20	
内容及时准确	0-20	
内容适合客户需要和商业需求	0-20	
多语言的综合性内容	0-20	

"**品牌**"包括在网站中所有审美的、设计相关的项目，它带给网站想要的组织形象或信息的创意。"**功能**"包括所有技术方面的和"后台的"进程与应用，它让网站提供给所有最终用户交互式的服务，而且重要的是，有的时候同时意味着前台用户和后台管理员。"**可用性**"带来的是所有网站元素和特性的总体易用性。可用性包括导航和易用性（易用性处理的是使在线内容可用于用户的体验，享受和使用的问题）。"**内容**"指的是网站的实际内容（文本、多媒体、图像）及其结构，或信息架构，要明晰信息和内容是如何按照定义的用户需要和客户的商业需求组织的。

将用户体验评价/度量表中 4 个元素各自的"得分"和作为数值，绘制雷达图表以可视化方式帮助网站开发运营比较（图 4-7）。

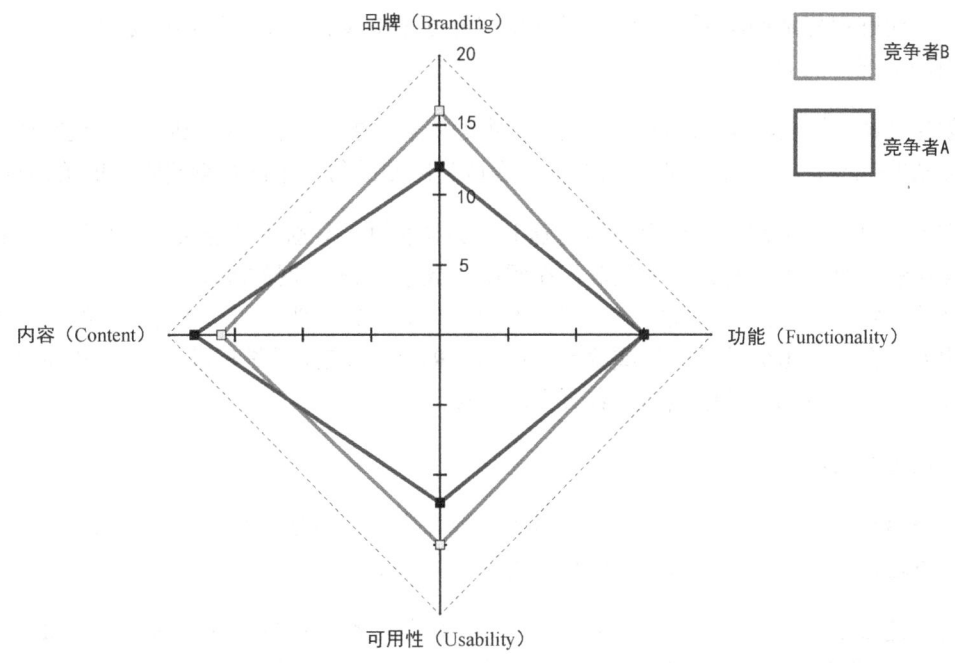

图 4-7 用户体验评价/度量模型

● 搜索引擎优化

搜索引擎优化（Search Engine Optimization，简称 SEO）是利用搜索引擎的检索规则来提高目标网站网页在搜索引擎自然搜索结果（非商业性推广结果）中的收录数量以及排序位置而做的优化行为，目的是从搜索引擎导入更多的免费流量，以及更好地提升知名度与美誉度。而搜索引擎营销（Search Engine Marketing，简称 SEM）是指 SEO+付费的商业推广优化，比如百度搜索引擎的付费竞价排名等。

网站之所以开展搜索引擎优化，是因为用户使用搜索引擎时，通常只浏览搜索结果页面的前几页，也就是说搜索结果被用户浏览或单击的概率与排序位置成反比，导致绝大多数搜索结果被用户忽略，而无法为网站引入流量，因此，网站需要竞争有限的高价值的搜索结果页面中的排序位置。

在网站建设中针对搜索引擎优化具体涉及 3 个问题：如何更好地让搜索引擎收录网站中的内容、如何在搜索引擎中获得良好的排名、如何让用户从众多的搜索结果中单击你的网站，以及随着移动互联网快速升温后产生的移动网站优化问题。

1　优化网站结构

优化 URL 的结构。在 URL 中使用与网站内容和结构相关的单词，使用简单的页面目录结构，能够很好地归纳网站内容，且使用户轻松地知道他们处于网站的哪个位置，为同一文档提供统一的 URL。

创建独特、简短、具描述性（准确描述网页内容）的页面标题（<title>标签通常放在 HTML 文档的<head>标签内），理想情况下，应该为网站的每一个网页创建唯一的页面标题。

在保证页面内部链接结构合理的基础上添加导航页，导航中的链接尽量采用文字链接，这样搜索引擎会更容易识别和抓取；在网站上放置 HTML 网站地图，并使用 XML 网站地图文档，网站地图能有效地链接到网站上的所有页面或主要页面；建立有用的 404 网页（用户偶尔会因单击失效的链接或输入错误的 URL 时的信息反馈标准页面），提供回到网站主页的链接以及到网站中热门内容页面的链接。

2. 优化页面内容

围绕用户而不是搜索引擎提供高质量的内容和服务，包括撰写容易阅读的文字、围绕主题有条理地组织内容、提供新颖而独特的内容。

写好链接锚文本（锚文本是链接上可以被单击的文字，通常被放在锚标记<ahref="..."></a>中）。选择的用作链接的锚文本应该至少能够提供被链接页面的基本信息，尽量使用一些词或短语来写出简短的具有描述性的锚文本，规范链接能够让用户很容易就能分辨出正常文字和锚文本。

优化图片的使用。图片的相关信息是通过"alt"属性表达的，因此，将图片保存在一个专用的目录下并使用可以普遍被支持的图片文件类型，使用简短但是描述性很强的文件名和 alt 文本。

正确使用 heading 标签。Heading 标签（注意别混淆 HTML<head>标签或者 HTTP 标头）通常用来为用户呈现网页的结构。HTML 语言里有 6 种大小的 heading 标签，从最重要的<h1>到<h6>，权重依次降低。找出页面上的要点和分要点，然后决定怎样恰当地使用 heading 标签。当一个页面上有过多的 heading 标签，会对用户浏览内容和分辨出某个标题的起始带来不便。

3. 处理页面抓取

更加有效地使用 robots.txt 文件。"robots.txt"文件主要用来告知搜索引擎它们是否有权抓取网站的特定部分，但仅仅使用 robots.txt 对敏感或者隐私内容进行屏蔽是不够的，使用.htacess 文件对内容进行密码保护或者对内容加密是更加安全的措施。

谨慎使用 rel="nofollow"。通常用"nofollow"打击垃圾留言，且自动给留言板设置为"nofollow"。

4　移动网站优化

配置移动网站以便搜索引擎准确地将其编入索引。用户使用移动搜索进行搜索的比例在迅速增加，要运营移动网站并打入移动搜索用户群中却并非易事，移动网站不仅与普通桌面网站所使用的格式不尽相同，而且所需的管理方式和专业知识也大相径庭。虽然许多移动网站在设计时考虑到了移动因素，但未能提供高质量的搜索体验。

> **微练习：**
> 为自己所在机构的官方网站（包括微博、SNS等）做搜索引擎优化，设计最有搜索价值的关键词。

主要注意的是，搜索引擎优化就是让网站以最理想的姿态出现在搜索引擎的结果中，但是网站最终的服务对象是用户而不是搜索引擎。

- 网站维护

网站维护（Website maintenance）是指对网站运行状况进行监控，发现运行问题及时解决，并对网站运行数据进行统计。

1　系统维护

包括软硬件系统的计划性停机检修、运行环境软件升级、定时浏览网站日志文件，尤其是根据访问流量增加导致的速度瓶颈或服务器崩溃问题严重影响用户体验，要及时发现并与运营商沟通，恢复服务器运行或升级服务器配置。

2　信息更新

包括定期信息更新、临时的专题制作与发布、用户信息反馈等，需要由专人定期完成这些网络编辑任务，并将访问者的反馈提交给技术开发部门，作为后续版本升级的重要依据。

3　版本升级

包括 Bug 修复、功能改进、版式修改等，要建立规范的版本控制与管理规则（制度），形成完整的升级记录文档。

4 安全维护

包括信息备份、灾难恢复、漏洞检查等从日常到紧急情况的安全管理机制，涵盖技术手段、人员安排和制度规章。

5 开发应用程序

开发网站的移动智能终端应用程序（Application software，简称APP），特别是跨平台（支持主流的 Google Android、Applei OS、Windows Phone），可考虑采用HTML5规范开发网站，就可不必分别对应不同平台单独开发应用程序了。

参考

- 王彦平，吴盛峰. 网站分析实战[M]. 北京：电子工业出版社，2013.01
- 昝辉 Zac. SEO 实战密码:60天网站流量提高20倍[M]. 北京：电子工业出版社，2011.01
- Google. Google 搜索引擎优化初学者指南[R]. 北京：Google，2013.12
- 百度互联网创业者俱乐部. 搜索引擎优化指南1.0[R]. 北京：百度互联网创业者俱乐部，2010.08
- [美]Jesse James Garrett. 用户体验要素：以用户为中心的产品设计（原书第2版）[M]. 北京：机械工业出版社，2011.07
- http://www.36kr.net 36氪+ | 36Kr.net | 互联网创业服务平台
- http://zhanzhang.baidu.com 百度站长平台
- http://www.google.com.hk/intl/zh-CN/webmasters/ 网站站长 - Google
- http://cdc.tencent.com 腾讯 CDC
- http://ued.taobao.com/blog/ 淘宝 UED
- http://uxc.360.cn 360UXC 用户体验设计中心
- http://uedc.163.com 网易用户体验设计中心
- http://www.kdued.com "有意思"的用户体验团队
- http://ued.sina.com 新浪 UED
- http://www.alexa.com Alexa 网站排名查询
- http://www.google.com/intl/zh-CN/analytics/ Google Analytics
- http://tongji.baidu.com/web/welcome/login 百度统计

3 单元：跟真实案例学（Follow Case）

[说明]学习者将"1单元"中的真实任务与以下真实案例进行对比，看看真实案例中相似问题（任务）

是怎样解决的（流程、方法和技巧，以及所依据的理论知识），尤其是自己在初次尝试中遇到障碍的方面。

案例

> "Lotus9 在线学习社区"是基于"关联主义"+"建构主义"学习理念，采用"混合学习"教学模式+"翻转课堂"学习过程组织形式，利用开放源代码技术搭建的在线学习平台。Lotus9 提供包括在线课程学习、社交网络服务、学习者求职/用人单位招聘、校友资源管理、广告媒体等 5 大产品（服务），具有社交化、智能化、泛在化、终身化特征，能够满足学习者从学习、交友、求职、应聘等学习生活工作的全链需求。
>
> 现在"Lotus9 在线学习社区"虽然还没有正式运行，但创业者已经根据项目整体发展规划——先 PC 端应用后移动终端应用的策略，在思考更为长远的版本升级问题，以期及时构建起能够支持各类互联网接入终端，以及资源、学习、就业链比较完整生态圈，获得循环可持续发展的前景。

案例解读

1 版本控制与管理

Lotus9 采用分类在线插件升级机制进行版本管理，特别注意的是课程版本更新涉及到正在学习中的学习者的接续问题，在产品开发中采取的是类似线下课程的学期（制）作为课程版本更新切换周期。

（1）功能 F。

在线学习模块 F1；

社交网络服务模块 F2；

求职/招聘模块 F3；

广告模块 F4；

校友资源模块 F5；

搜索模块 F6。

（2）用户界面（版式）U。

（3）课程 C。

（4）后台管理 M。

注册/账户管理模块 M1；

内容管理模块 M2；

安全模块 M3；

支付结算模块 M4。

版本号采用 X0.000.00000000，X 表示上述类型的文字说明（代码），第 1 位数字是主版本号，表示功能结构重大调整（增减），通常 2~3 年更新一次版本，第 2~4 位数字是次版本号，通常每个季度更新一次版本（其中仅仅第 4 位数变化表示 Bug 修复），表示功能结构不变时的优化与修补，第 5~12 位数字是发布日期，表示版本更新的时间。

2 搜索引擎优化

（1）优化网站结构

扁平化树状页面组织结构，URL 包含描述页面结构名称的文字，基于页面结构、内容关联 2 个维度改进网站导航功能。

（2）优化页面内容

改进"用户生成内容（User-generated content，简写为 UGC）"机制，包括课程、教师、教育机构、企业参与 Lotus9 的排名激励机制，也包括用户交友分享中各种类型内容的评价机制。

（3）处理页面抓取

百度 Sitemap 协议（http://zhanzhang.baidu.com/site/format）是百度支持的网页收录标准，将 Lotus9 中的网页 URL 制作成标准的 Sitemap 文件，用于指引百度搜索引擎快速、全面地抓取或更新网站上内容的及处理错误信息。

（4）移动网站优化

网站支持对访问者使用终端类型的自动检测功能，针对移动终端主流分辨率动态调整网页在移动终端上的显示规格、页面布局。

向搜索引擎提交收录申请时，选择"**在线教育**"、"**混合学习**"、"**学习社区**"、"**慕课**"以及"**Moocs**"几个关键词。

3 优化用户体验

Lotus9 网站与同样为 SNS 平台的 Facebook、Google+具有可比性，以 Facebook 的社交功能实现、Google+的信息分享功能实现为基础进行用户体验设计方面的超越（图 4-8~图 4-19）。

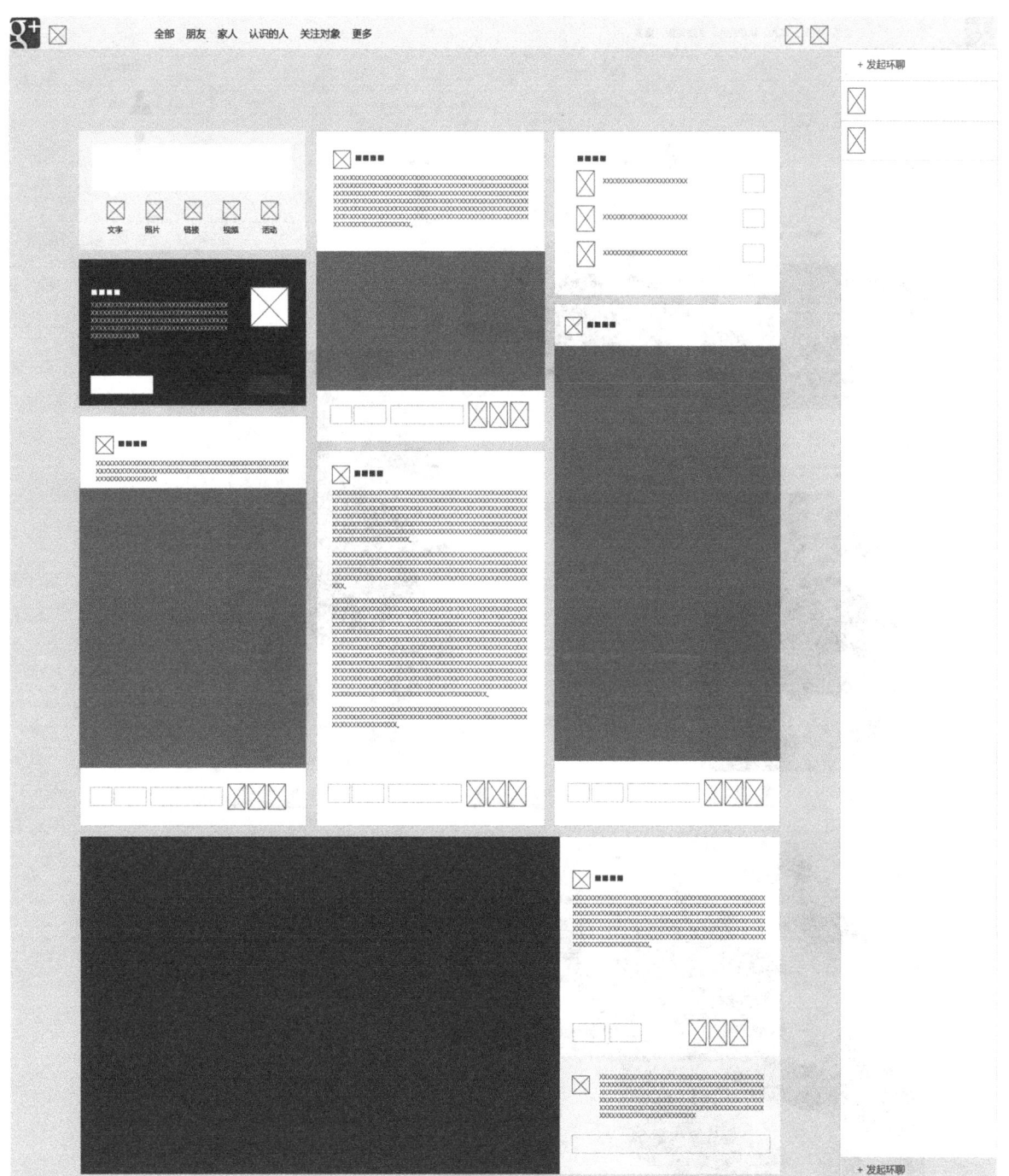

图 4-8 Lotus9 在线学习社区的用户体验优化 1

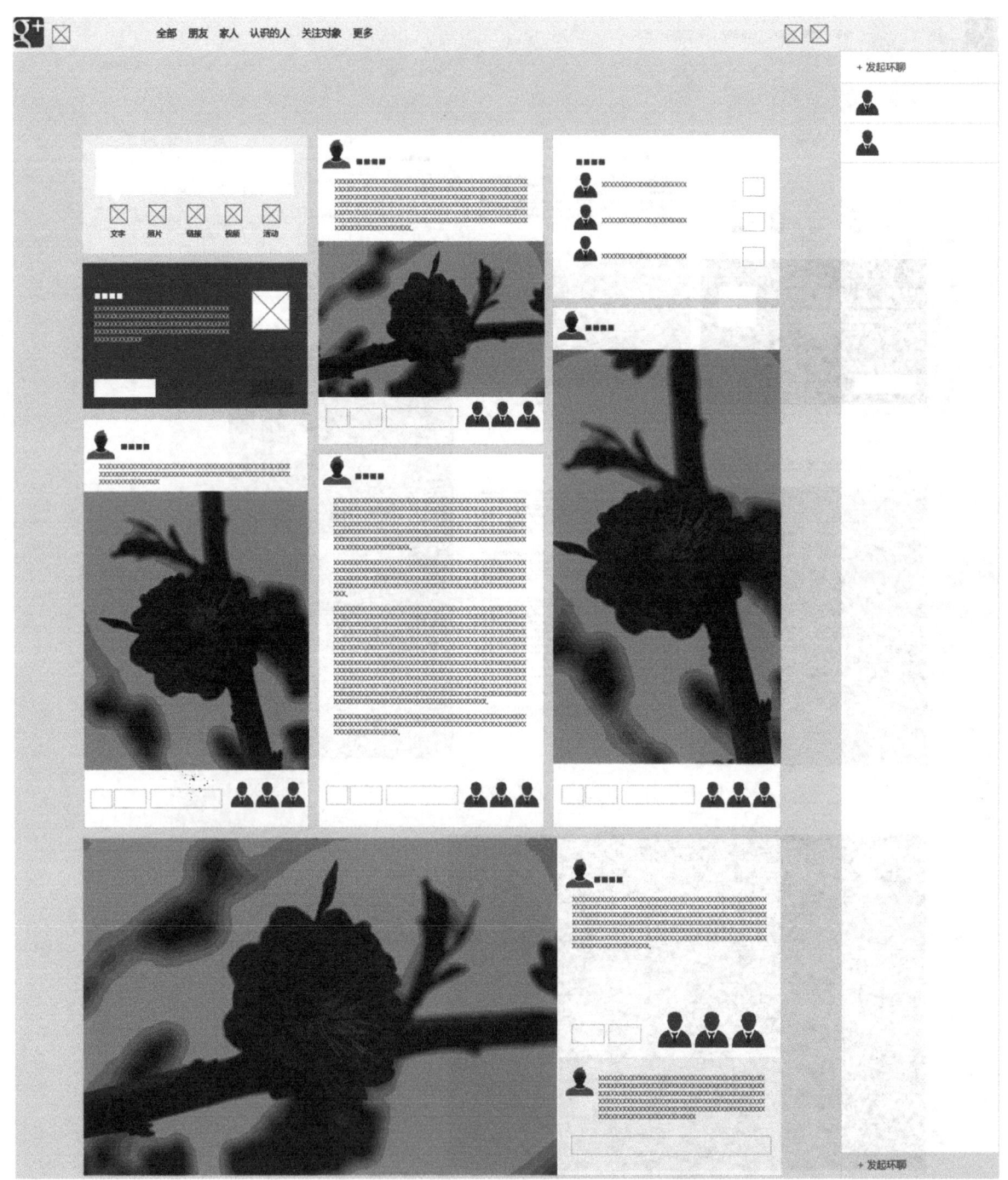

图 4-9　Lotus9 在线学习社区的用户体验优化 2

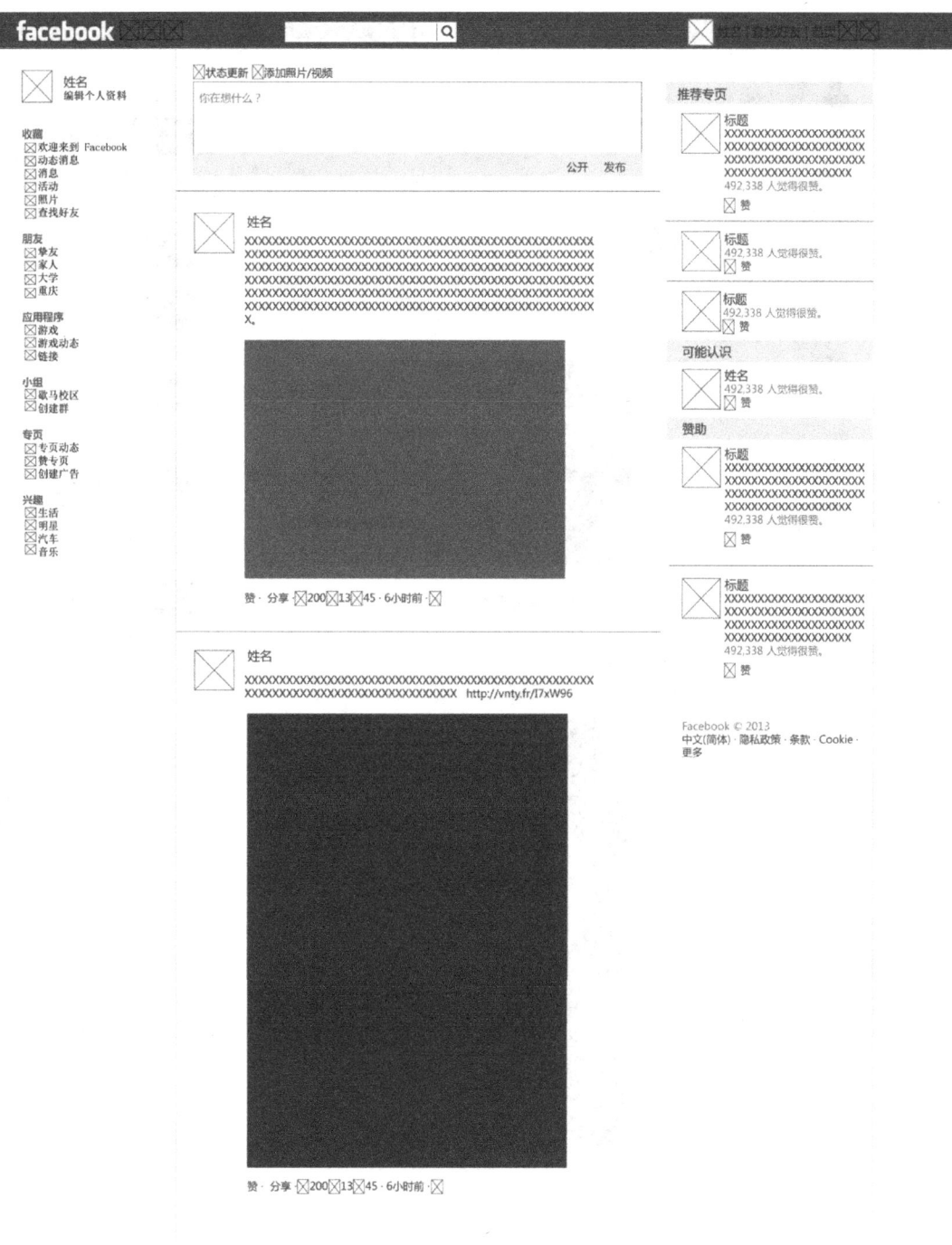

图 4-10 Lotus9 在线学习社区的用户体验优化 3

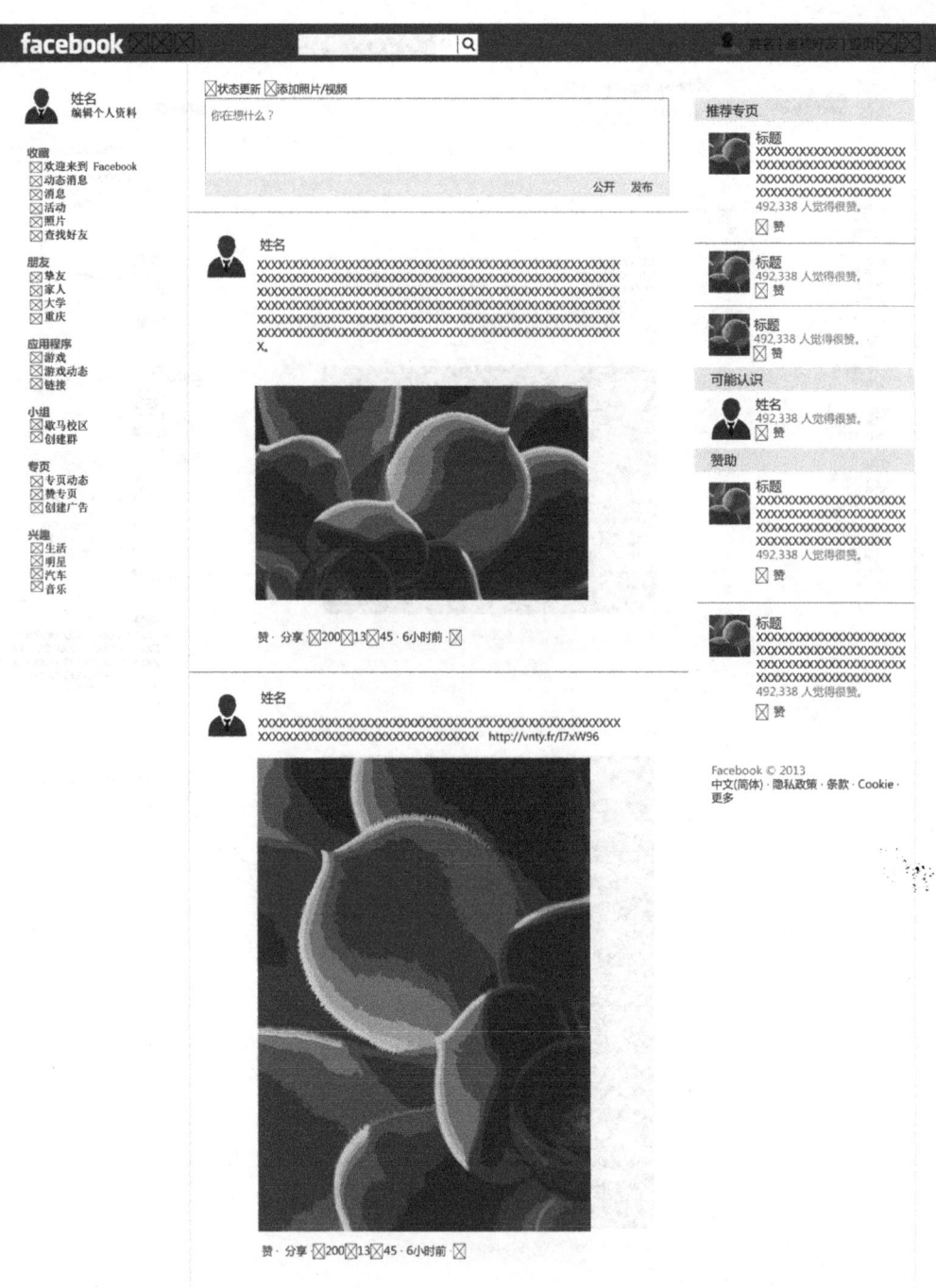

图 4-11 Lotus9 在线学习社区的用户体验优化 4

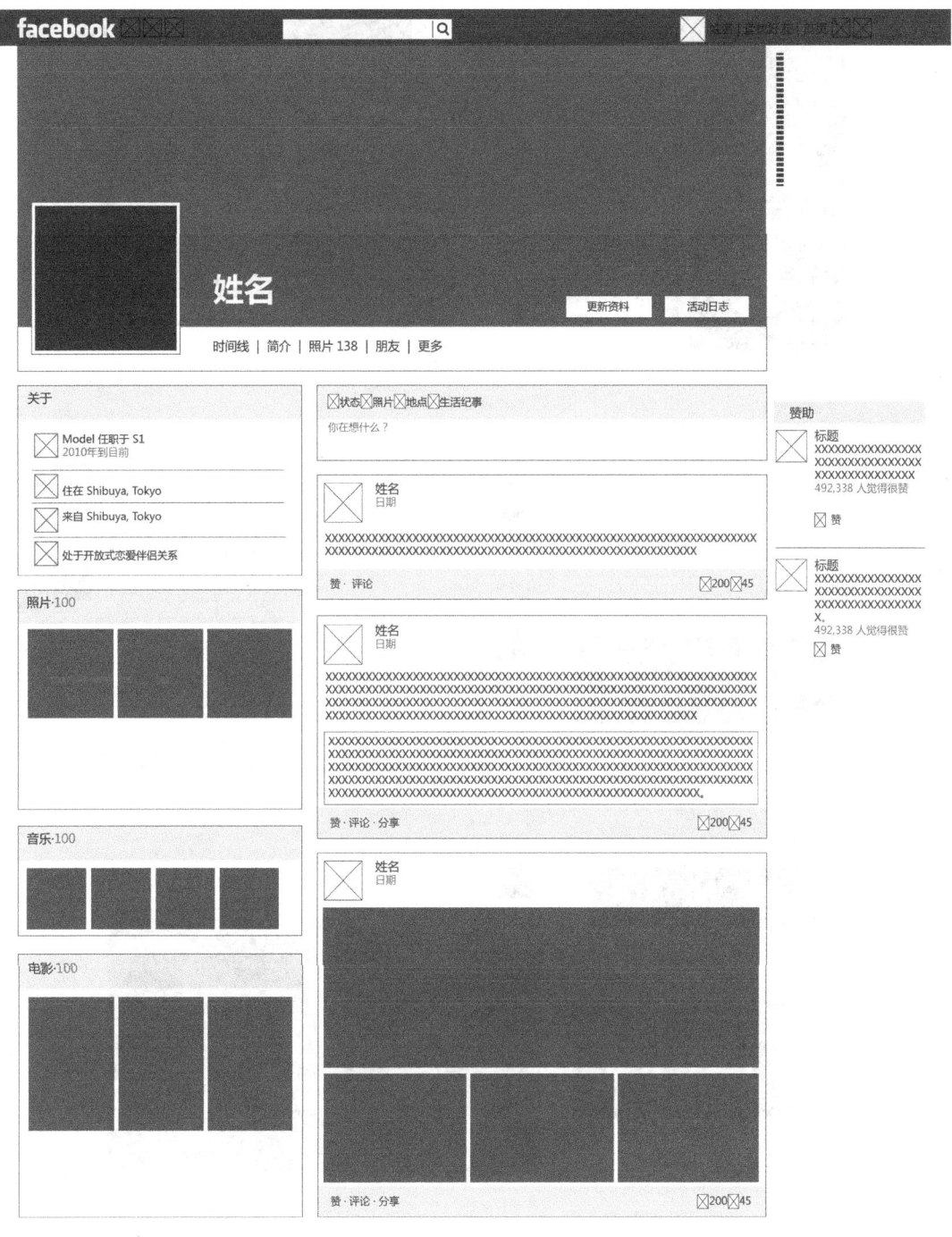

图 4-12　Lotus9 在线学习社区的用户体验优化 5

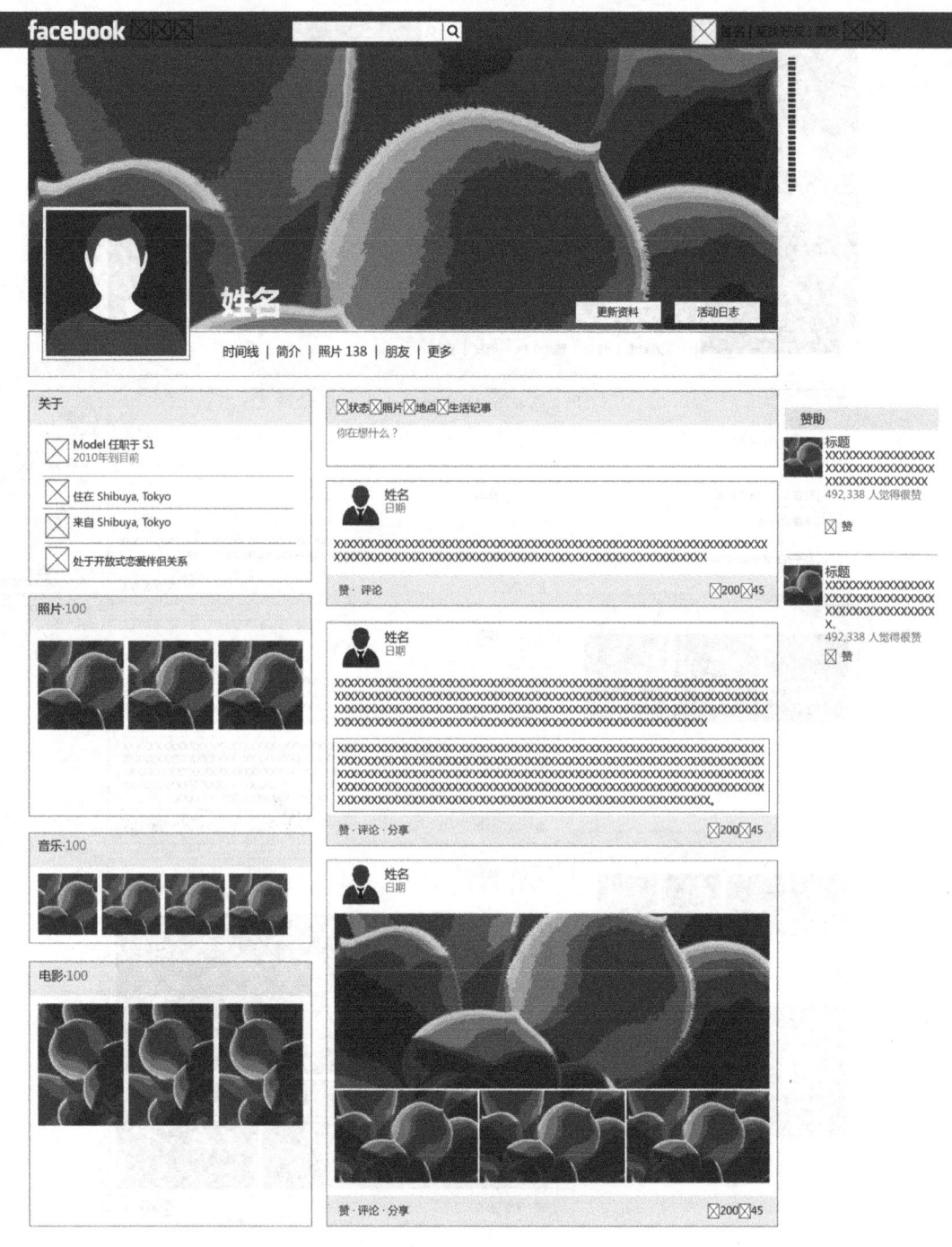

图 4-13　Lotus9 在线学习社区的用户体验优化 6

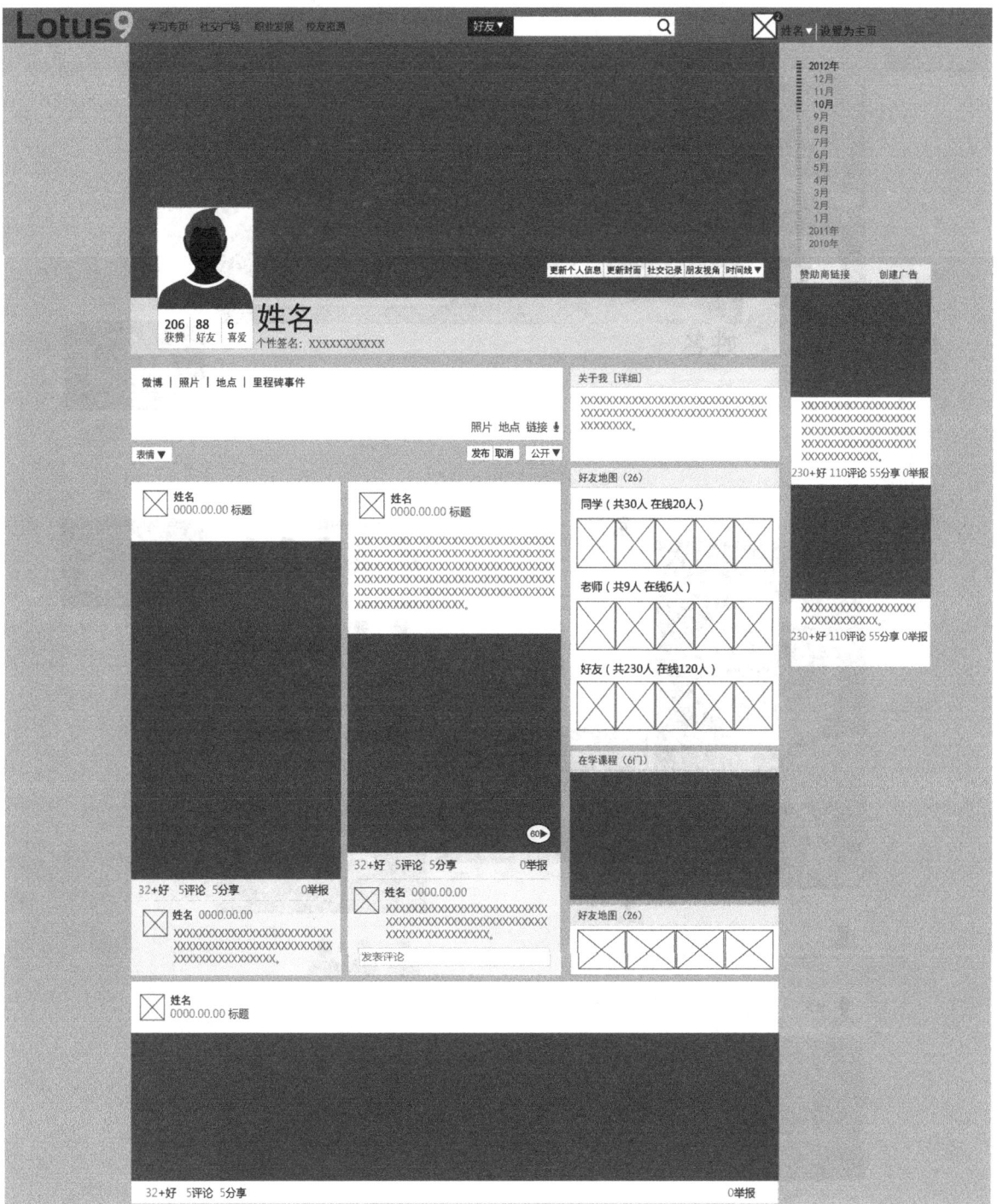

图 4-14　Lotus9 在线学习社区的用户体验优化 7

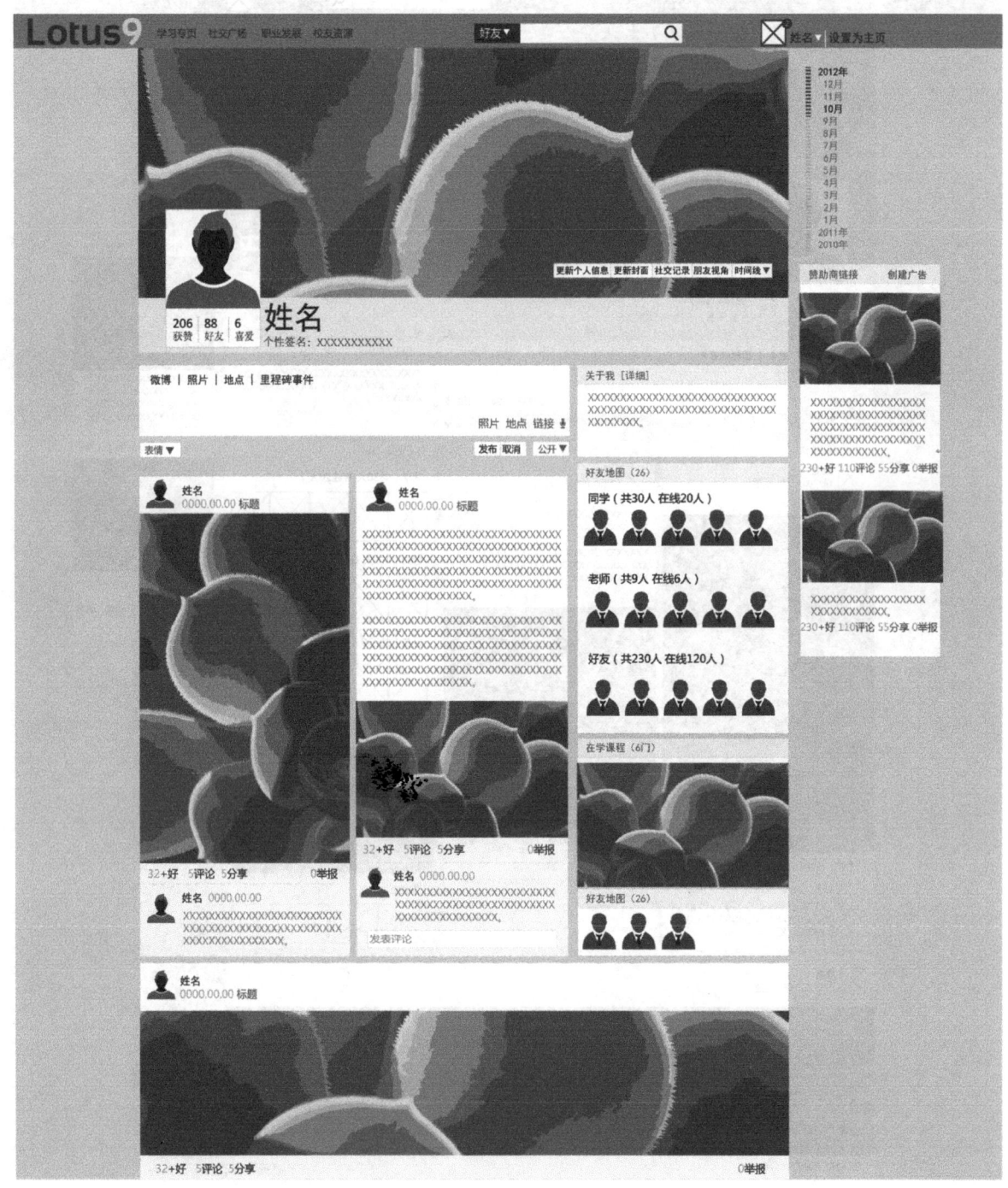

图 4-15 Lotus9 在线学习社区的用户体验优化 8

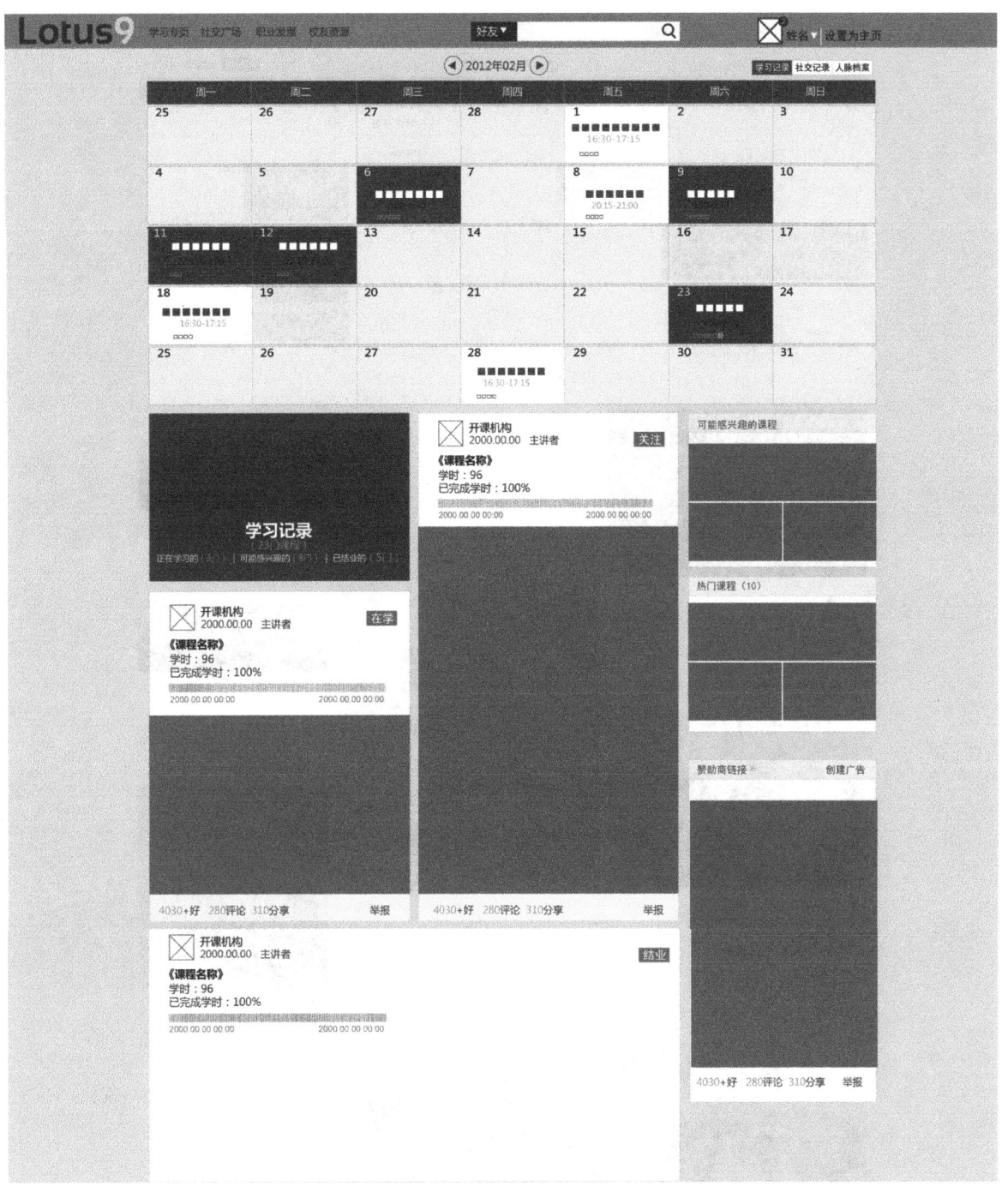

图 4-16 Lotus9 在线学习社区的用户体验优化 9

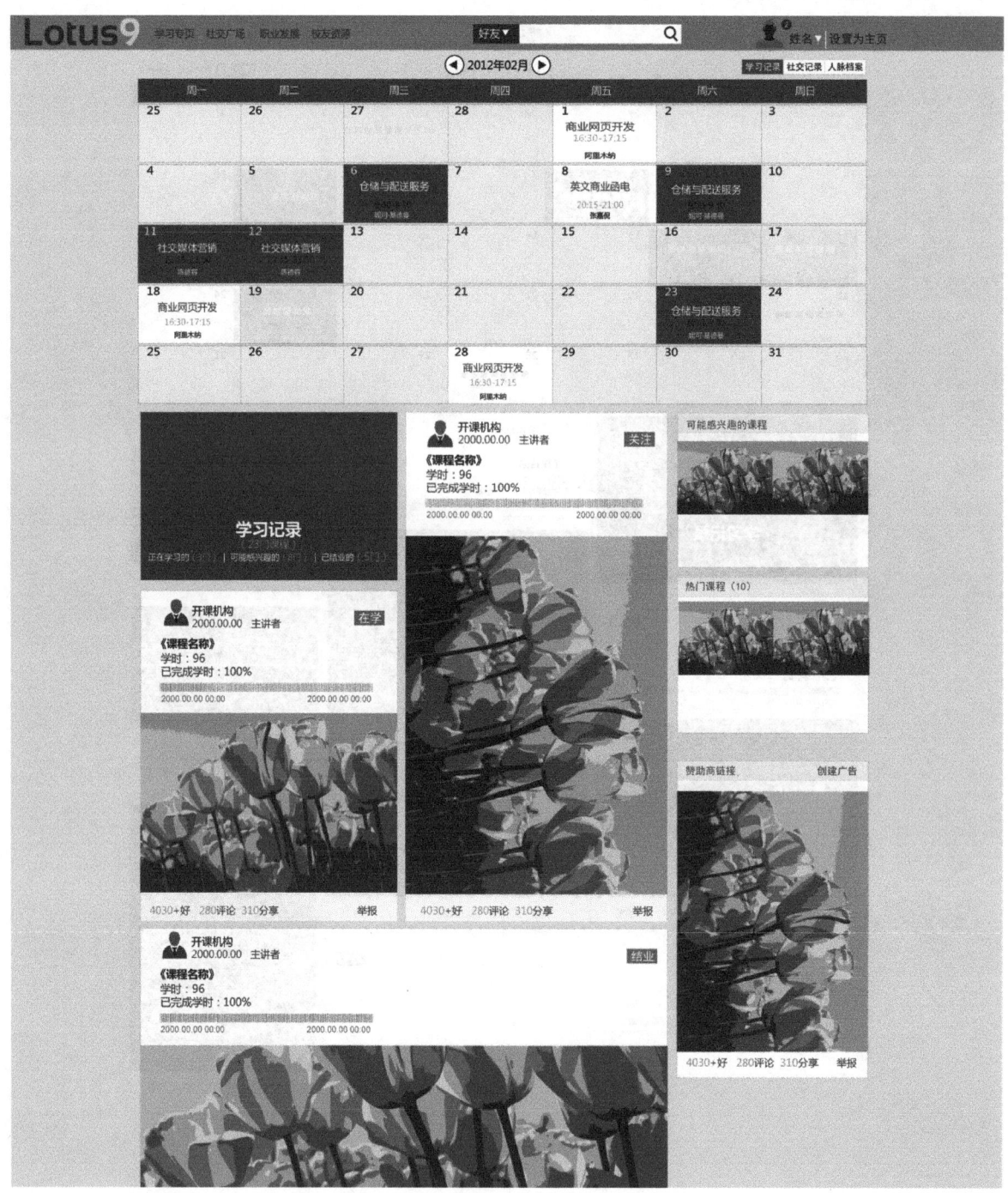

图 4-17 Lotus9 在线学习社区的用户体验优化 10

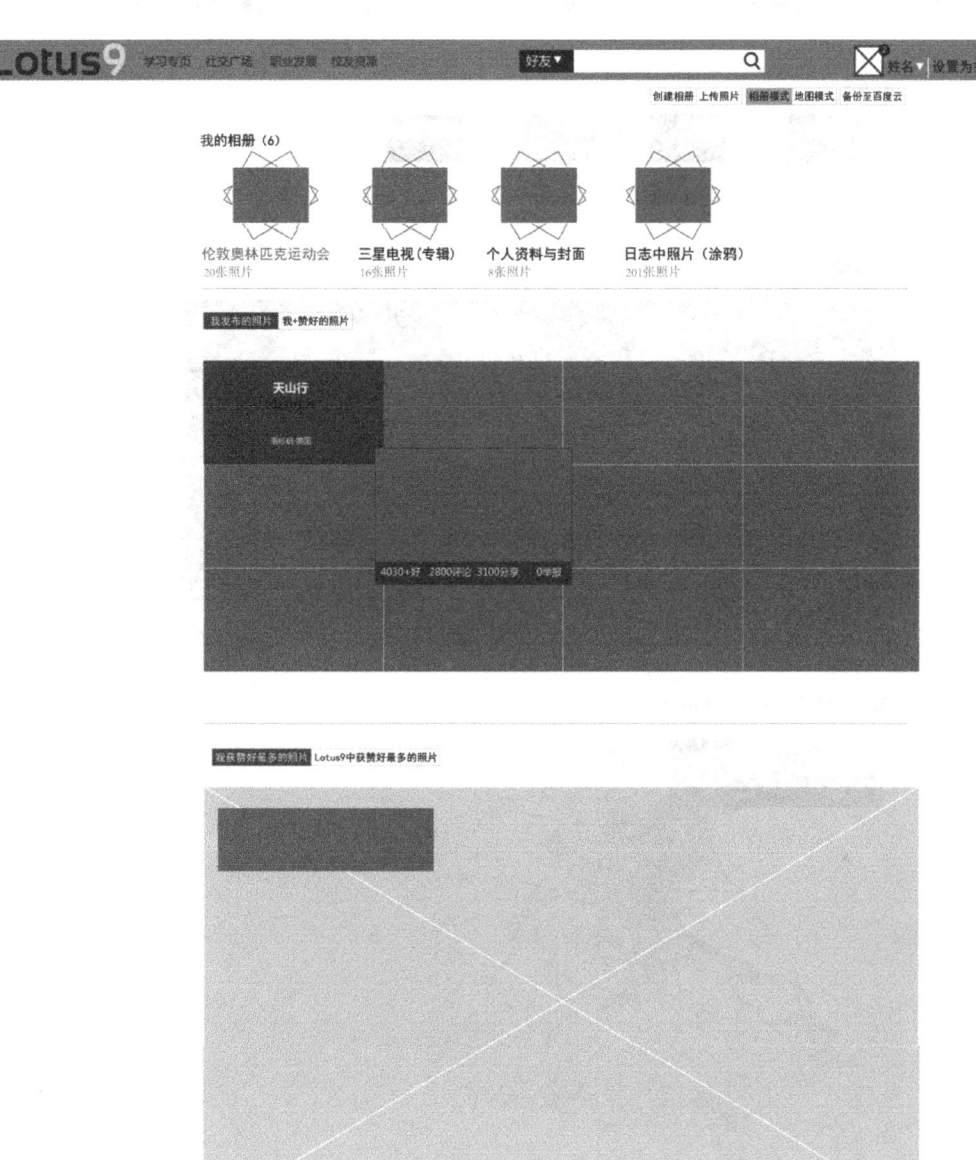

图 4-18 Lotus9 在线学习社区的用户体验优化 11

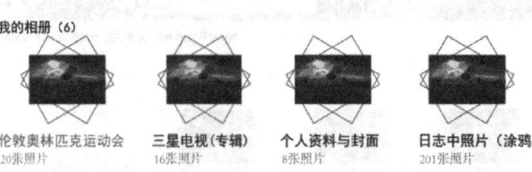
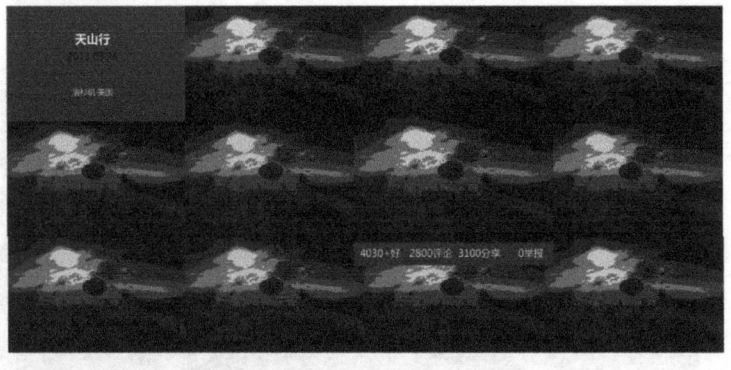
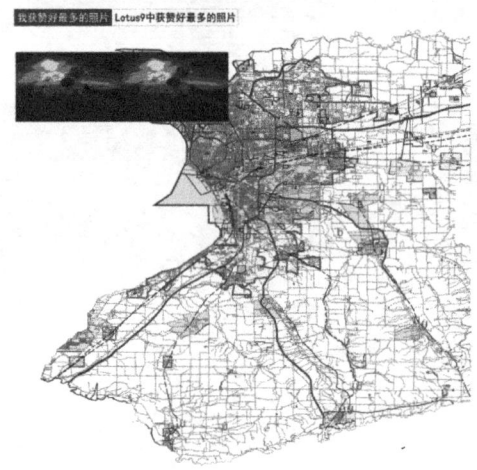

图 4-19　Lotus9 在线学习社区的用户体验优化 12

4　开发移动智能终端应用程序

基于 HTML5 技术规范开发或升级 Lotus9 网站，完成跨 GoogleAndroid、AppleiOS、WindowsPhone 平台支持移动互联网应用，提升用户的移动互联网使用体验（图 4-20、图 4-21、图 4-22）。

图 4-20 Lotus9 在线学习社区的 APP 界面 1

图 4-21　Lotus9 在线学习社区的 APP 界面 2

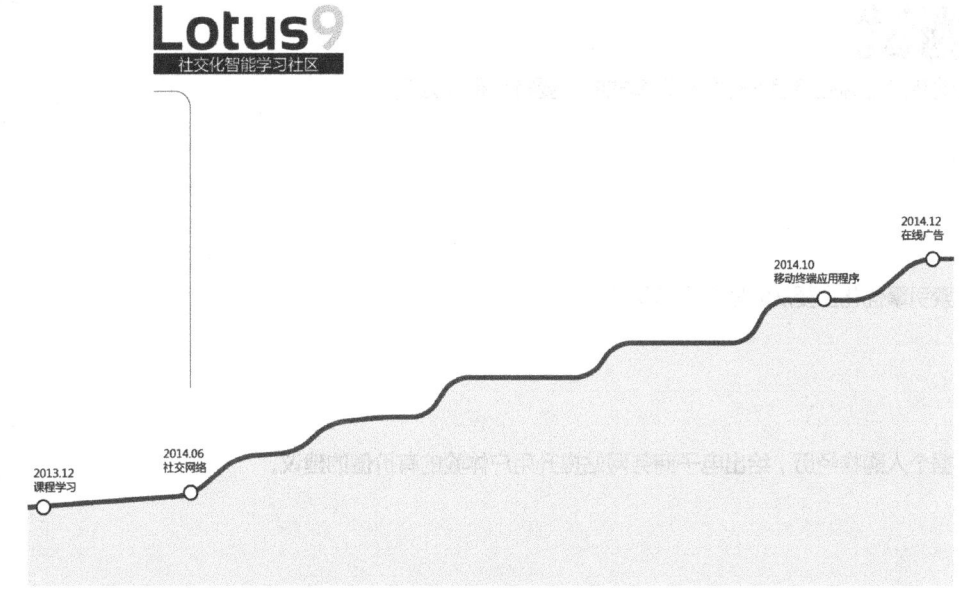

图 4-22　Lotus9 在线学习社区的功能版本迭代

4 单元：完成真实任务（True Task）

[说明] 学习者再次尝试完成"1单元"中的真实任务，利用下表再次进行自我评估并接受指导老师的持续评估和工作意见。之后，学习者将自己所属团队完成的任务进行展示、交流（角色情景扮演），与其他团队进行交叉评估。

评估

● 为完成这项任务，我们做了：
● 对比学习目标，我们实现了：
● 对比学习目标，我们还有未完成的有：

学习者自我评价（分值越大越优秀）	□1分	□2分	□3分	□4分	□5分
教师评价（分值越大越优秀）	□1分	□2分	□3分	□4分	□5分

测试

移动智能终端应用程序开发升级模式的主要特征是什么？

搜索引擎优化主要从哪些方面着手？

根据个人购物经历，给出电子商务网站提升用户体验的有价值的建议。

测试结果（分值越大越优秀）　　□1分　□2分　□3分　□4分　□5分

拓展

网站体验的 76 个体验点。

1 感官体验

这是为呈现给用户视听上的体验，强调舒适性。

（1）设计风格。

符合目标客户的审美习惯，并具有一定的引导性。网站在设计之前，必须明确目标客户群体，并针对目标客户的审美喜好，进行分析，从而确定网站的总体设计风格。

（2）网站 Logo。

确保 Logo 的保护空间，确保品牌的清晰展示而又不占据过分空间。

（3）页面速度。

正常情况下，尽量确保页面在 5 秒内打开。如果是大型门户网站，必须考虑南北互通问题，应进行必要的压力测试。

（4）页面布局。

重点突出，主次分明，图文并茂。与企业的营销目标相结合，将目标客户最感兴趣的，最具有销售力的信息放置在最重要的位置。

（5）页面色彩。

与品牌整体形象相统一，主色调+辅助色不超过 3 种颜色。以恰当的色彩明度和亮度，确保浏览者的浏览舒适度。

（6）动画效果。

与主画面相协调，打开速度快，动画效果节奏适中，不干扰主画面浏览。

（7）页面导航。

导航条清晰明了、突出，层级分明。

（8）页面大小。

适合多数浏览器浏览（以 15 寸及 17 寸显示器为主）。

（9）图片展示。

比例协调、不变形，图片清晰。图片排列既不过于密集，也不会过于疏远。

（10）图标使用。

简洁、明了、易懂、准确，与页面整体风格统一。

（11）广告位。

避免干扰视线，广告图片符合整体风格，避免喧宾夺主。

（12）背景音乐。

与整体网站主题统一，文件要小，不能干扰阅读。要设置开关按钮及音量控制按钮。

2　交互体验

这是呈现给用户操作上的体验，强调易用性或可用性。

（1）会员申请。

介绍清晰的会员权责，并提示用户确认已阅读条款。

（2）会员注册。

流程清晰、简洁。待会员注册成功后，再详细完善资料。

（3）表单填写。

尽量采用下拉选择，填写部分需注明要填写内容，并对必填字段做出限制（如手机位数、邮编等，避免无效信息）。

（4）表单提交。

表单填写后需输入验证码，防止注水。提交成功后，应显示感谢提示。

（5）按钮设置。

对于交互性的按钮必须清晰突出，以确保用户可以清楚地单击。

（6）单击提示。

单击浏览过的信息颜色需要显示为不同的颜色，以区分于未阅读内容，避免重复阅读。

（7）错误提示。

若表单填写错误，应指明填写错误之处，并保存原有填写内容，减少重复工作。

（8）在线问答。

对用户提问后台要及时反馈，后台显示有新提问以确保回复及时。

（9）意见反馈。

当用户在使用中发生任何问题，都可随时提供反馈意见。

（10）在线调查。

为用户关注的问题设置调查，并显示调查结果，提高用户的参与度。

（11）在线搜索。

搜索提交后，显示清晰列表，并对该搜索结果中的相关字符以不同颜色加以区分。

（12）页面刷新。

尽量采用无刷新（Ajax）技术，以减少页面的刷新率。Ajax是新兴的网络开发技术的象征，它将JavaScript和XML技术结合在一起，用户每次调用新数据时，无需反复向服务器发出请求，而是在浏览器的缓存区预先获取下次可能用到的数据，界面的响应速度因此得到了显著提升。

（13）新开窗口。

尽量减少新打开的窗口，以避免打开过多的无效窗口，设置弹出窗口的关闭功能。

（14）资料安全。

确保资料的安全保密，对于客户密码和资料进行加密保存。

（15）显示路径。

无论用户浏览到哪一个层级，哪一个页面，都可以清楚看到该页面的路径。

3　浏览体验

这是呈现给用户浏览上的体验，强调吸引性。

（1）栏目的命名。

与栏目内容准确相关，简洁清晰，不宜过于深奥。

（2）栏目的层级。

最多不超过3层，导航清晰，运用JavaScrip等技术使得层级之间伸缩便利。

（3）内容的分类。

同一栏目下，不同分类区隔清晰，不要互相包含或混淆。

（4）内容的丰富性。

每一个栏目应确保足够的信息量，避免栏目无内容情况出现。

（5）内容的原创性。

尽量多采用原创性内容，以确保内容的可读性。

（6）信息的更新频率。

确保稳定的更新频率，以吸引浏览者经常浏览。

（7）信息的编写方式。

段落标题加粗，以区别于内文。采用倒金字塔结构。

(8) 新文章的标记。

为新文章提供不同标识（如 new），吸引浏览者查看。

(9) 文章导读。

为重要内容在首页设立导读，使得浏览者可以了解到所需信息。文字截取字数准确，避免断章取义。

(10) 精彩内容的推荐。

在频道首页或文章左右侧，提供精彩内容推荐，吸引浏览者浏览。

(11) 相关内容的推荐。

在用户浏览文章的左右侧或下部，提供相关内容推荐，吸引浏览者浏览。

(12) 收藏夹的设置。

为会员设置收藏夹，对于喜爱的产品或信息，可进行收藏。

(13) 栏目的订阅。

提供 RSS 或邮件订阅功能

(14) 信息的搜索。

在页面的醒目位置，提供信息搜索框，便于查找到所需内容。

(15) 页面打印。

允许用户打印该页资料，以便于保存。

(16) 文字排列。

标题与正文明显区隔，段落清晰。

(17) 文字字体。

采用易于阅读的字体，避免文字过小或过密造成的阅读障碍。可对字体进行大中小设置，以满足不同的浏览习惯。

(18) 页面底色。

不能干扰主体页面的阅读。

（19）页面的长度。

设置一定的页面长度,避免页面过长而影响阅读。

（20）分页浏览。

对于长篇文章进行分页浏览。

（21）语言版本。

为面向不同国家的客户提供不同的浏览版本。

（22）快速通道。

为有明确目的的用户提供快速入口。

4　情感体验

这是呈现给用户心理上的体验,强调友好性。

（1）客户分类。

将不同的浏览者进行划分（如消费者、经销商、内部员工）,为客户提供不同的服务。

（2）友好提示。

对于每一个操作进行友好提示,以增加浏览者的亲和度。

（3）会员交流。

提供便利的会员交流功能（如论坛）,增进会员感情。

（4）售后反馈。

定期进行售后的反馈跟踪,提高客户满意度。

（5）会员优惠。

定期举办会员优惠活动,让会员感觉到实实在在的利益。

（6）会员推荐。

根据会员资料及购买习惯,为其推荐适合的产品或服务。

（7）鼓励用户参与。

提供用户评论、投票等功能,让会员更多地参与进来。

（8）会员活动。

　　定期举办网上会员活动，提供会员网下交流机会。

（9）专家答疑。

　　为用户提出的疑问进行专业解答。

（10）邮件或短信问候。

　　针对不同客户，为客户定期提供邮件或短信问候，增进与客户间的感情。

（11）好友推荐。

　　提供邮件推荐功能。

（12）网站地图。

　　为用户提供清晰的网站指引。

5　信任体验

这是呈现给用户的信任体验，强调可靠性。

（1）搜索引擎。

　　查找相关内容可以显示在搜索引擎前列。

（2）公司介绍。

　　真实可靠的信息发布，包括公司规模、发展状况、公司资质等。

（3）投资者关系。

　　上市公司需为股民提供真实准确的年报，财务信息等。

（4）服务保障。

　　将公司的服务保障清晰列出，增强客户信任。

（5）页面标题。

　　准确地描述公司名称及相关内容。

（6）文章来源。

　　为摘引的文章标注摘引来源，避免版权纠纷。

（7）文章编辑作者。

为原创性文章注明编辑或作者，以提高文章的可信度。

（8）联系方式。

准确有效的地址、电话等联系方式，便于查找。

（9）服务热线。

将公司的服务热线列在醒目的地方，便于客户查找。

（10）有效的投诉途径。

为客户提供投诉或建议邮箱或在线反馈。

（11）安全及隐私条款。

对于交互式网站，注明安全及隐私条款可以减少客户顾虑，避免纠纷。

（12）法律声明。

对于网站法律条款的声明可以避免企业陷入不必要的纠纷中。

（13）网站备案。

让浏览者确认网站的合法性。

（14）相关链接。

对于集团企业及相关企业的链接，应该具有相关性。

（15）帮助中心。

对于流程较复杂的服务，必须具备帮助中心进行服务介绍。

（资料来源：蒜.网站用户体验的76个体验点[EB/OL]. http://www.douban.com/group/topic/11206566/，2010.05.06）

- 转入下个**工作任务**：**寻找电子商务的需求**的学习（选择新的练习案例重复"电子商务项目设计与实施"工作流程）